숭례문 세우기

숭례문 세우기

숭례문복구단장 5년의 현장 기록

최종덕 지음

2014년 2월 3일 초판 1쇄 발행
2014년 2월 20일 초판 2쇄 발행

펴낸이 한철희 | 펴낸곳 돌베개 | 등록 1979년 8월 25일 제406-2003-000018호
주소 (413-756) 경기도 파주시 회동길 77-20(문발동)
전화 (031) 955-5020 | 팩스 (031) 955-5050
홈페이지 www.dolbegae.com | 전자우편 book@dolbegae.co.kr
블로그 imdol79.blog.me | 트위터 @Dolbegae79

책임편집 이현화
본문디자인 이은정
마케팅 심찬식·고운성·조원형 | 제작·관리 윤국중·이수민
인쇄·제본 상지사

ⓒ최종덕, 2014

ISBN 978-89-7199-590-7 (03610)

이 도서의 국립중앙도서관 출판시도서목록(CIP)은 서지정보유통지원시스템 홈페이지(http://seoji.nl.go.kr)와
국가자료공동목록시스템(http://www.nl.go.kr/kolisnet)에서 이용하실 수 있습니다.
(CIP제어번호: CIP2014001668)

책값은 뒤표지에 있습니다.

숭례문을 세우다

숭례문복구단장 5년의 현장 기록

최종덕 지음

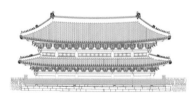

돌베개

'어제'의 건축물을 '오늘' 다시 세운다는 것

나는 문화재청에 몸 담은 후 주로 옛 건축물을 고치는 일을 해왔다. 이 일을 하면서 늘 아쉽게 생각해온 것은 그 과정을 이해하는 사람이 의외로 드물다는 사실이다. 심지어는 문화재청에 근무하는 직원들조차 이 일을 담당해본 사람들 외에는 잘 모르고 있는 것이 현실이다.

2008년 9월, 숭례문 복구에 참여하게 되면서 나는 그 과정을 일반인에게 알려야겠다고 마음먹었다. 옛 건축물을 고치는 과정을 이해하면 그것을 보는 눈이 달라질 것이다. 옛 건축물을 제대로 고치기 위해서는 탄생부터 현재까지 그 건축물의 변천과정을 빠짐없이 꿰어야 하기 때문이다. 2009년 중반부터 나는 이를 실천에 옮기기 위해 조금씩 글을 써모았다.

우리가 흔히 '문화재'라고 부르는 옛 건축물을 보존하는 것이 어느 정도 가능할까. 나는 문화재청에 근무하면서 줄곧 이 막연한 의문에 대한 답을 찾아 헤맸지만, 숭례문 복구 전까지는 답이 보이지 않았다. 대한민국 건국 이후 1956년 최초로 수리된 강진 무위사 극락전부터 1980년대에 복원된 창경궁, 1991~2011년 사이에 복원된 경복궁까지 상황은 점점 나빠졌다. 1960년대 말부터 일본으로부터 흘러들어온 목공기계와 석공기계가 문화재 공사 현장에서 살금살금 우리 전통연장을 몰아냈다. 장인들은 선대 장인으로부터 물려받은 연장과 기법을 슬그머니 뒷전으로 감추고 기계의 편리함과 능률에 탐닉했다. 전통재료도 별반 상황이 다르지 않다. 1977년 이후 문화재관리국에서는 공식적으로 전통단청을 폐기했다. 재료가 비싸고 공해에 취약하다는 점이 부각되었다. 1970년대까지 명맥을 유지하던 전통기와는 1980년대 이후 자취를 감추었다. 전통기와의 물성과는 전혀 다른 품질기준이 '한국공업규격', 즉 KS란 이름으로 기와에 적용되었기 때문이다. 공장에서 기계로 찍어낸 '현대기와'가 손으로 빚은 '전통기와'보다 품질이 우수하다고 인정 받았다. 그 저변에는 산업화의 밑바탕이 된 대량생산과 높은 능률에 대한 굳건한 믿음과 숭배가 자리잡고 있다.

숭례문 복구는 지금까지 당연한 것으로 여겨졌던 잘못된 관행을 바로잡을 수 있는 계기가 되었다. 화재로 인한 상실감은 숭례문을 화재 전보다 더욱 숭례문답게 만들자는 국민적 공감대를 형성하면서 승화되었기 때문이다. 2008년 5월 20일 문화재청장이 발표한 '숭례문 복구 기본원칙'은 이러한 사회적 분위기를 반영했다. 특히 전통기법과 연장을 사용한다는 원칙은 그간 문화재청에서 애써 외면해왔던 문화재 수리의 핵심이다. 이로써 숭례문 복구는 그전에 비해 옛 건축물을 제대로 보존하는 길에 한걸음 더 가까이 다가선 셈이다. 그러나 잊혀진 기법을 되살리는 데에는 분명 한계가 있다. 한 시대의 기법은 그 시대의 여건을 총체적으로 반영한다. 19세기 이전의 전통사회와 21세기 현대사회는 너무나 다르다. 이는 전통기법과 재료 그리고 연장으로 옛 건축물을 수리하거나 복원하는 일에 그만큼 한계가 있을 수밖에 없다는 것을 의미한다. 이러한 한계 속에서 숭례문 복구는 실시되었다.

2013년 5월에 있었던 숭례문 복구 준공식 이후 한동안 잠잠하던 숭례문이 다시금 언론의 집중적인 스포트라이트를 받는다. 2013년 10월, 단청이 벗겨졌다는 언론보도를 시발점으로 모든 것이 잘못되었다는 지적이다. 공사기간이 짧아 덜 마른 목재를 썼다, 목재는 최소한 7년 이상은 말려야 하는데 2~3년밖에 말리지 않았다, 기와의 색상이 변했다, 장인들에게 임금을 너무 적게 주었다, 엉터리 재료를 썼다…… 등등 생각할 수 있는 모든 것이 잘못되었다는 보도가 연일 꼬리에 꼬리를 문다. 심지어는 손으로 만든 기와는 흡수율이 높아 겨울이 지나면 모두 동파될 것이라는 예언도 등장한다.

나는 숭례문 복구를 담당했던 책임자의 한 사람으로 참담한 심정으로 이 현상을 지켜보고 있다. 잘못된 것은 비판을 받아 마땅하고, 반면교사의 교훈으로 삼아야 한다. 숭례문 복구가 한창일 때, 청와대 행정관 한 사람이 하던 말이 지금 내 가슴에 와닿는다.

"문화재는 휘발성이 큰 것 같습니다. 다른 것은 크게 이슈화되기 쉽지 않은데, 문화재만큼은 여론의 불이 금방 붙습니다. 특히 조금만 잘못되었다가는……"

숭례문 복구 중에도 이런저런 언론보도가 있었고, 때로는 적잖은 반향을 불러일으켰지만, 숭례문 단청이 벗겨진 것이 도화선이 된 최근의 '분노' 같지는 않았다. 숭례문 화재로 인한 안타까움이 그대로 '부실 복구'에 대한 분노로 뒤바뀐 듯하다. 이러한 분노는 '우리 것에 대한 당연함'에서 비롯된 것이 아닐까 싶다. 우리 것의 원천인 문화재는 평소에는 지극히 당연한 것이라 그 소중함을 느끼지 못한다. 그러나 막상 훼손된다고 생각하면 밑바닥에 잠자고 있던 감정이 폭발하는 것이다.

2009년부터 시작한 숭례문 복구에 대한 나의 글쓰기가 이제 막 한 권의 책으로 결실을 맺으려 한다. 그러나 '부실 복구'라는 딱지가 숭례문 용마루 위에 큼직하게 씌워진 지금, 책을 내는 내 심경은 결실의 뿌듯함보다는 얽히고설킨 실타래를 풀어야 하는 또 다른 숙제를 짊어진 느낌이다. 50년 후, 100년 후에 내려질 숭례문 복구에 대한 평가를 기대할 따름이다.

2014년 2월
최종덕

차 례

제 2 부
현장

제 3 부

끝을 향하여

되돌아 만나는
숭례문의 지난 날

조선을 건국한 태조 이성계는 태조 2년(1393) 8월 5일 한양도성의
공사를 시작했다. 이성계는 다음해에 고려의 수도였던 개경에서 한양으로
수도를 옮겼으니 한양도성 공사는 천도를 위한 준비였다.

태조 5년(1396) 9월 24일에는 한양도성 각 문의 이름을 지었다. 동
서남북에 각각 문을 두고 순서대로 흥인문興仁門, 돈의문敦義門, 숭례문崇禮
門, 숙청문肅淸門이라 했다. 흥인문과 숭례문의 속칭을 동대문, 남대문이라
했다. 그러나 돈의문과 숙청문의 속칭은 언급되지 않았다. 후일 돈의문은 '서
대문'이란 별칭이 실록에 몇 차례 보이지만, 숙청문을 '북대문'이라 한 기록

태조 2년 8월 5일   태조 5년 9월 24일

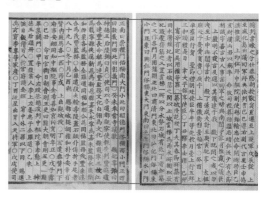

12

은 없다. 실록에서 숙청문은 그냥 '북문'北門이라 했다. 또한 각 대문 사이에 4소문小門을 두었다. 동북東北은 홍화문弘化門으로 속칭 동소문東小門, 동남은 광희문光熙門으로 속칭 수구문水口門, 소북小北은 소덕문昭德門으로 속칭 서소문西小門이라 했다. 서북西北은 창의문彰義門인데 별다른 속칭이 없었다. 조선시대를 통해 각 문의 이름에 약간의 변화가 있었다. 홍인문은 홍인지문興仁之門으로 변했다. 한양을 중심으로 풍수적인 관점에서, 서쪽의 인왕산仁旺山과 마주 보고 있는 동쪽의 낙산駱山이 산세가 빈약하다 하여 이를 보완하기 위해 꾸불거리는 산맥의 모양을 한 '之' 자를 넣었다. 『세조실록』에 먼저 '홍인지문'이란 이름이 등장한다. 숙청문은 숙정문肅靖門으로 바뀌었다. 『중종실록』에서 최초로 보인다. 홍화문은 중종 6년(1511)년 혜화문惠化門으로 개칭되었다. 창경궁 정문의 이름이 역시 홍화문이라 혼돈되었기 때문이다. 소덕문은 영조 때 소의문昭義門으로 바뀌었다. 창의문은 『조선왕조실록』에는 계속 창의문이라 했지만 동시에 자하문紫霞門이라고도 불리었다. 문의 이름을 왜 바꾸었는지에 대해서는 기록이 없어 그냥 추정만 하는 경우가 많다.

태조 7년(1398) 2월 8일 숭례문이 완공되어 임금이 둘러보았다고 했다. 공사기간은 얼마나 걸렸을까. 태조 5년(1396) 1월 9일 도성의 기초를

태조 7년 2월 8일

놓았다는 기록이 실록에, 그 해 10월 6일 상량했다는 기록이 1960년대 수리 때 발견된 상량문에 나온다. 태조 5년 봄에 숭례문 공사를 시작했을 것이다. 그런데 상량 이후 완공까지 1년 이상 걸렸다는 것은 당시로서는 예사롭지 않다. 늦어도 태조 6년 가을쯤에 완공되는 것이 정상이다. 자재 조달에 문제가 있었거나 계획을 수정했거나 필시 무슨 이유가 있었을 것이다.

세종 7년(1425) 4월 19일에는 흥천사興天寺의 종을 숭례문에 옮겨달았다. 조선시대에는 인정人定과 파루罷漏 때 각각 통행금지와 그 해제를 알렸기 때문에 숭례문에 종이 필요했다. 밤 열 시경인 인정 때는 서른세 번, 새벽 네 시경인 파루 때는 스물여덟 번 종을 쳐 백성들에게 시각을 알렸다. 그런데 무슨 연유인지는 몰라도, 이때 숭례문에 설치한 종이 나중에 없어진 듯하다. 중종 31년(1536), 정릉과 원각 두 폐사지廢寺地에 있던 종을 흥인문과 숭례문에 매달았다는 기록이 실록에 보인다. 그 뒤에도 종의 철거와 설치가 이어졌다. 명종 18년(1563), 숭례문의 종을 떼어내 내수사에 보내라고 명하는가 하면, 선조 27년(1594)에는 다시 종을 달았다. 그 뒤 기록이 없으니 숭례문에 있던 종의 행방이 궁금하다.

세종 7년 4월 19일

세종 15년(1433) 7월 21일, 숭례문의 산세山勢가 낮은 것을 못마땅하게 여긴 세종은 영의정 황희, 좌의정 맹사성, 우의정 권진 등을 불러 한양과 경복궁의 지리地理에 대해 논하면서 다음과 같이 숭례문의 산세에 대한 처방을 내놓았다.

경복궁의 오른팔은 대체로 모두 산세가 낮고 미약하여 널리 헤벌어지게 트이어 품에 안는 판국이 없으므로, 남대문 밖에다 못을 파고 문 안에 지천사支天寺를 둔 것은 그 때문이었다. 나는 남대문이 이렇게 낮고 평평한 것은 필시 당초에 땅을 파서 평평하게 한 것이었으리라고 생각한다. 이제 높이 쌓아올려서 그 산맥과 연하게 하고, 그 위에다 문을 설치하는 것이 어떠하겠는가. 또 청파역靑坡驛부터 남산까지 잇닿은 산맥의 여러 산봉우리와 흥천사興天寺 북쪽 봉우리 등에 소나무를 심어 가꿔서 무성하게 우거지도록 하는 것이 어떠하겠는가.

이에 대해 정승들은 세종의 말에 동의했지만, 며칠 후 사간원에서는 숭례문의 산세를 높이는 일은 급하지 않으니 백성들의 수고를 고려해 나중으로 미루어줄 것을 상소했다. 그 후 산세를 높이고 숭례문을 다시 세우고자 했던

세종 15년 7월 21일

세종의 뜻은 10년 이상 늦추어졌다.

마침내 세종 29년(1447) 8월 30일, 세종은 左參贊좌참찬 鄭苯정분 등을 감독으로 임명하여 숭례문을 새로 짓게 했다. 같은 해 11월 12일 『세종실록』 기사에 의하면, 사헌부에서 추위로 공사의 중지를 건의했으나 세종은 봄이 되면 유행병이 성행할 것이라며 들어주지 않았다. 다음해 5월 12일 기사에는 숭례문 공사가 이미 끝났다고 했다. 이로 미루어 숭례문 공사는 세종 29년(1447) 겨울을 넘기지 않은 듯하다. 석재며 목재 등 기존부재를 많이 활용했다고 하더라도, 땅을 북돋우고 숭례문을 새로 세운 공사기간이 채 6개월도 걸리지 않았으니 요즘 상식으로는 놀라울 따름이다. 그러나 놀랄 일이 아니다. 옛날에는 흔히 그랬다. 정조 즉위년인 1776년 3월 임금의 명에 의해 착공된 창덕궁 주합루宙合樓는 그 해 9월 준공되었다. 이뿐 아니다. 수백 동으로 이루어진 경복궁 중건도 3년밖에 걸리지 않았다. 고종 2년(1865) 4월 2일 대왕대비의 명으로 시작된 경복궁 중건은 고종 5년(1868) 7월 2일 임금이 창덕궁에서 경복궁으로 거처를 옮김으로써 일단락되었다. 예전에는 요즘보다 훨씬 빨리 공사를 해치웠다. 당시에는 요즘처럼 공사를 위한 가설물이 완벽하지 못해 공사가 길어지면 비바람에 집이 상하기 쉽고, 부역에 동원된 백

세종 29년 8월 30일

성들이 농사를 지을 수 없었기 때문이다.

세종 이후 숭례문에 대한 대대적인 수리는 성종 대에 있었다. 성종 9년 (1478) 3월부터 숭례문 수리에 대한 논의가 시작되어 성종 10년 (1479) 4월 2일 상량했으니, 그 해 가을쯤 완공했을 것이다. 그런데 공사를 하다 중지한 듯한 대목이 여러 차례 실록에 있는 것으로 봐서 실제 공사기간은 이보다 훨씬 짧았을 것이다. 한양도성에 옹성饔城이 있는 문은 동대문인 흥인지문뿐이다. 숭례문에 옹성을 쌓자는 논의가 세조 대 이후 몇 차례 있었다. 옹성은 문을 둘러싸 적의 돌격으로부터 문을 보호하도록 만든 특별한 성이다. 성종 10년(1479)에 있었던 숭례문 수리 때, 옹성도 함 께 쌓자는 의견이 있었으나 임금은 허락하지 않았다. 도적이 도성의 남대문까지 이르면 이미 나라 구실을 못할 것이니 옹성을 쌓는 실익이 없다 고 임금은 생각했다. 명종 대에도 여러 차례 옹성에 대한 논의가 있었다. 임금은 종2품 이상 신하들을 모아놓고 의견을 들었다. 그 결과 옹성을 쌓기 위해 성문 주변의 민가를 철거하면 원망이 많을 것을 우려한 신하들의 건의를 받아들였다. 그 후 선조 대에도 옹성을 쌓자는 의견이 있었으나 결국 쌓지는 않았다.

성종 10년 1월 17일

고종 5년 9월 7일

고종 대에는 경복궁을 중건하면서(1865년에 시작, 1868년 고종 경복궁으로 이어 移御) 궁궐의 외곽담장인 도성의 성문도 함께 수리했다. 이번 숭례문 복구의 일환으로 숭례문의 목부재를 조사한 결과, 기존부재 중 상당수의 벌채 연도가 1860년대 중반인 것으로 나타나 『고종실록』의 기록을 확인할 수 있었다.

숭례문의 운명은 그가 지키고자 했던 조선의 운명과 다를 수 없었다. 1905년 을사늑약 이후 조선은 근대화의 물결과 외세의 압력에 휘둘렸고, 숭례문 또한 그 위세를 비켜가지 못했다. 고종 44년(1907), 숭례문 좌우 성벽은 교통에 방해가 된다는 이유로 철거되고 더이상 한양도성의 남대문이 아니라 구시대의 유산이라는 '구경거리'로 그 역할이 바뀌고 말았다. 숭례문 밖에는 '남지'南池라 하여 못이 있었다. 성종 13년(1482) 11월 9일자 『성종실록』의 기사에 의하면, 한양의 주산主山인 북악산이 본래 화산火山의 형국形局이어서 숭례문 밖에 못을 파서 이를 진압하고자 했다. 불기운을 막기 위해 만들었다는 남지 또한 숭례문 좌우 성곽의 운명과 함께 했다. 성곽이 헐리던 해인 1907년 남지도 매몰되었다.

1950년 발발한 한국전쟁의 동족상잔에 숭례문도 그 아픔을 함께 했다. 전쟁의 포화에 숭례문은 만신창이가 되었다. 처마는 뒤틀어지고 육축

1911년에 출간된 『일본지조선』日本之朝鮮에 수록된 숭례문

한국전쟁 당시 숭례문, 국가기록원 소장.

은 총탄으로 곰보가 되었다. 현판은 총탄으로 구멍이 숭숭 났다.

전쟁 직후 숭례문은 1953년 응급복구를 거쳐 1961년부터 1963년 까지 수리를 거쳤다. 우리가 보아왔던 '국보 제1호'의 익숙한 모습이다.

2008년 2월 10일, 숭례문은 한 노인의 방화로 어이없이 주저앉고 말았다. 태조 7년(1398) 창건된 지 꼭 610년 만이다.

• 위 내용은 『조선왕조실록』을 비롯한 옛 기록에서 발견한 숭례문의 변천에 대한 몇몇 사실들을 중심으로 저자 가 다시 정리한 것입니다. │ 편집자 주

1963년 숭례문 중수 준공식, 국가기록원 소장.

2008년 2월 11일 화재 다음 날, 문화재청 소장.

2008년 2월 10일,
숭례문 쓰러지다

"아휴 모르겠다. 이 정도에서 결론을 맺어야지. 설 연휴에 쉬지도 못하고 이게 뭐람."

2008년 2월 10일 밤, 나는 2007년 초부터 써오던 논문을 마무리하느라 설 연휴 마지막 날에도 책상을 떠나지 못하고 있다. 2007년을 넘기지 않고 끝낼 계획으로 시작한 논문이었는데 마음대로 되지 않아 음력 2007년 말까지 늘어지고 말았다. 이마저 해를 넘겨버렸지만 이제 대략 정리되는 것 같다. 나는 다시 결론 부분을 읽어본다.

본 논문에서는 2000년부터 2003년까지 이루어진 경복궁 근정전 수리를 문화재 보존의 원칙을 통해 살펴본 결과 다음과 같은 특성을 발견하였다.

첫째, 원형에 대한 변경을 무릅쓰고 구조적인 안전과 건축적인 성능을 우선적으로 고려했다. 구조적인 안전을 위해 지붕 속의 적심을 없애고 원래는 없었던 덧서까래를 설치함으로써 지붕의 무게를 가볍게 하고자 했다. 지붕의 방수성과 기밀성을 높이기 위해 기존의 가로개판을 세로개판으로 변경하고 원래는 없었던 강회다짐 층層을 설치하여 건축적인 성능을 향상하고자 했다.

둘째, 현대재료를 신뢰하고 이를 널리 사용했다. 1978년 일본으로부터 국내에 도입되어 1980년대 이후 일반화된 인공수지人工樹枝를 손상된 부재의 수리에 널리 사용했다. 또한 전통기와 대신 현대기와를 사용했다. KS규정에 현대기와가 적합했기 때문이다.

셋째, 1867년 근정전 중건 당시 사용되었던 전통연장은 거의 사용하지 않고 현대공구를 사용했다. 전통연장으로 구현되는 전통기법보다 현대공구에 의한 작업의 효율성을 더 중시했기 때문이다.

넷째, 구조안전진단을 실시하고 이에 따라 구조적 안전을 위해 지붕구조를 변경했다. 시간적으로 증명된 전통구조보다 현대적인 구조해석을 신뢰했기 때문이다.

그러나 위에서 살펴본 근정전 수리의 특성은 다음과 같은 몇 가지 문제점을 내포하고 있다.

첫째, 덧서까래와 강회다짐 층의 설치 그리고 개판의 변경은 외관만 유지한 채 지붕의 내부구조를 변경하는 것이다. 이는 근정전이 가졌던 초기 상태의 건축적 구성을 없애버리는 결과를 초래했다.

둘째, 인공수지는 비가역적非可逆的이고 내구성이 검증되지 않았다. 비가역적인 방법으로 수리된 부분은 나중에 다시 수리하는 것이 어렵다. 내구성이 검증되지 않은 재료는 단기적으로는 효과가 있더라도 장기적으로 어떤 부작용이 따를지 예측할 수 없다.

셋째, 현대기와와 현대적인 도구의 사용은 전통기법의 보존에 위배되고 건축물의 질감과 색상의 변화를 초래했다.

넷째, 현대적 구조해석에 의한 구조안전진단은 현재까지 전통목조건축물에 대해 공인된 구조해석법이 없다는 점을 고려할 때 판단의 도구가 될 수 없다. 근정전은 지어진 후 지금까지 130년 이상 별다른 수리 없이 견뎌온, 시간적으로 증명된 구조체다. 안전성이 시간적으로 증명된 건축물을 공인되지 않은 구조해석법으로 해석하고 안전하지 못하다고 판단하는 것은 합리적이지 못하다.

연휴 동안 틀어박혀 있었던 덕택에 논문 초안은 그럭저럭 마무리했지만, 결론이 너무 비판적이라 마음이 영 편치 않다. 냉장고를 뒤져 맥주 한 캔을 들고 소파에 몸을 맡기며 텔레비전을 켠다. 편치 않은 마음을 가벼운 술과 연휴의 특선영화로 달랠 생각이다. 리모컨으로 채널을 이리저리 돌리다 YTN에 맞추자 숭례문에서 화재가 발생했다는 자막이 텔레비전 화면의 아랫단에 나타난다. 마치 기분 나쁜 뱀이 혓바닥을 날름거리며 슬금슬금 기어다니는 것처럼.

저녁 여덟 시 50분쯤 숭례문 상층 문루에서 화재가 발생했다. 지붕 위로 연기만 조금씩 피어오르고 있어 이내 진화될 것 같다는 뉴스다. 잠시 후, 불길이 잡혔고 소방관들이 잔불을 정리하는 중이라는 보도가 이어진다. 그러나 나는 기왓장 사이로 계속 연기가 피어오르는 것을 발견하고 일이 심상치 않음을 직감한다. 지붕 속 적심에 불이 붙었을 것이다! 나는 숭례문 지붕의 내부구조를 머릿속으로 그린다.

지붕구조가 시작되는 서까래 위에는 서까래 사이의 빈틈을 메우기 위해 판자를 덮는다. 이 판자를 '덮는 판자'라는 뜻에서 '덮을 개'蓋 자를 써서 '개판'蓋板이라 하는데, 흙과 같은 지붕 속의 이물질이 건물의 내부로 떨어지는 것을 방지한다. 개판 위에는 큼직한 목재를 쌓고 그 위에 다시 흙을 덮어 지붕의 물매를 잡는다. 지붕 속에 들어가는 목재를 '적심'積心 혹은 '적심목'積心木, 흙을 '보토'補土라 한다. 이들은 열을 차단하는 성질이 커서 여름에 시원하고 겨울에 따뜻한 집이 되게 한다.

개판 사이 빈틈으로 불길이 들어가 적심에 불이 붙었다면 불을 끄기가 마땅치 않을 것이다. 개판은 건조되면서 사이가 벌어질 수 있다. 소방관들이 아무리 물을 뿌려도 지붕 속에 있는 적심으로 물을 집어넣을 수는 없다. 적심은 오랜 시간 건조되어 불쏘시개 역할을 할 것이다. 더구나 적심 사이에 쌓인 먼지는 화약처럼 작은 불씨에도 쉽게 반응할 수 있다. 과연 불길이 잡혔다는 조금 전의 보도와는 달리 연기가 계속 번진다. 자정이 넘자 이제는 기왓장 사이로 조금씩 불길이 보인다. 덩달아 아나운서의 목소리가 다급해지기 시작한다.

나는 화재 생방송을 토해내는 텔레비전 앞에 못 박혀 있다. 이윽고 지붕 위로 불길이 솟구치자 이제 불길을 잡는 것이 불가능하다고 판단한 소방관 한 사람이 현판을 떼어낸다. 중력의 원리는 예외가 없다. 현판은 날개 잃은 비행기처럼 땅바닥으로 곤두박질친다. 곧이어 3~4분이나 지났을까. 지붕 위의 기왓장들이 거센 불길에 떠밀려 터진 봇물처럼 밑으로 쏟아진다. 창건 후 임진왜란을 비롯한 온갖 전란을 견딘 숭례문이 작은 화마를 견디지 못하고 쓰러지는 순간이다. 태조 7년, 1398년 음력 2월 8일, 한양도성의 정문으로 세워진 지 꼭 610년 만이다.

어이가 없었지만 밤새 졸리는 잠을 쫓으며 텔레비전 앞을 지켜야만 했던 이 '불구경'은 믿기지 않는 현실이다. 희붐하게 동이 트면서 생방송이 끝난다. 단 몇 시간 만에 온갖 풍파 속에서도 늘 그 자리를 지키고 있던 숭례문이 잿더미로 변했다. 세상에 이럴 수가! 문화재청 직원으로 국제교류과를 맡고 있는 내가 무엇을 해야 할지 마땅히 떠오르는 것이 없다. 다만 하나, 청장이 지금 해외출장 중인 것이 마음에 걸린다.

준비

제1부

그날 그리고 다음날

●

숭례문이 불에 타다

화재현장의 사람들

불행 중 다행이라는 말을 숭례문 화재에 갖다붙이는 것이 어떨까. 긴박했던 숭례문 화재현장에서 그나마 현판을 구한 것을 두고 하는 말이다. 여기에는 몇 사람의 숨은 공이 있다. 수훈갑은 숭례문이 본격적으로 불타오르기 시작할 무렵 상황의 급박함을 인식하고 건물로부터 현판을 떼어낸 소방관에게 돌아가야 할 것이다. 그 다음은 이를 안전한 곳으로 옮긴 사람들이다.

경복궁관리소장 C는 숭례문 화재 소식을 접하고 곧바로 현장으로 달려간다. 처음에는 연기만 내뿜던 숭례문이 본격적으로 타기 시작할 무렵, C소장은 마침 옆에 있던 문화재위원 Y와 함께 발만 동동 구른다. Y위원 역시 화재 소식을 듣고 한걸음에 숭례문으로 달려왔다. 절망적인 상황임을 직감한 Y위원이 현판부터 떼어내야 한다고 소리친다. 이 소리를 듣고 C소장은 사다리를 타고 지붕 위에서 불을 끄던 소방관에게 현판을 떼라고 목이 터져라 외친다.

서울 정릉이 집인 문화재청 K사무관은 설 연휴를 집에서 보내고 다음 날 직장이 있는 대전으로 출근하기 위해 준비 중이다. 1998년 완공된 정부대전청사에는 문화재청을 비롯한 여러 청 단위 정부기관들이 입주해 있다. K사무관은 부인 직장이 서울에 있어 주말부부로 지낸 지

벌써 수년째다. K의 휴대전화기가 울린다. 문화재청 건축문화재과 L주무관으로부터의 전화다. 숭례문 문루에서 연기가 나고 있으니 빨리 현장에 가보라는 다급한 목소리다. L주무관은 숭례문 지붕에서 연기가 피어오른다는 YTN 뉴스 속보를 보고 서울이 집인 같은 과 K사무관이 떠올랐기 때문이다.

K사무관은 택시를 잡아타고 숭례문으로 향한다. 사정 이야기를 하자 택시기사는 비상등을 켠 채 속도를 높인다. 9시 20분쯤 K사무관이 현장에 도착한다. 아직 주변 통제가 이루어지지 않아 숭례문으로의 접근이 자유롭다. 소방관들이 숭례문 문루에 물을 뿌리고 있고 기자들이 숭례문 동쪽 협문으로 들어가 사진 찍는 모습이 보인다. K는 기자들에게 안전을 위해 나가줄 것을 요청한 후 숭례문 주변을 한 바퀴 돌아보고 곧바로 문루로 올라간다. 하층 문루는 이미 뿌려진 소화수로 인해 발목까지 물이 차오른다. 상층 문루 내부는 매캐한 연기가 가득하여 숨 쉬는 것이 힘들 정도다. 그러나 어디에도 불꽃은 보이지 않는다. 문루 밖으로 나온 K는 다시 한 번 문루 주변을 둘러본다. 그때 상층 문루 남쪽 좌측 지붕 서까래와 서까래 사이 단골에서 불꽃이 보인다. 여태껏 모습을 숨기며 연기만 피우던 화마가 모습을 드러낸 것이다. 한번 드러낸 화마는 이제 노골적으로 자신의 세력을 과시한다.

순간 K사무관 바로 앞으로 뭔가가 떨어지며 엄청난 굉음을 낸다. 본능적으로 K는 머리를 감싼 채 얼굴을 뒤로 돌린다. 현판이 떨어진 것이다. 곧이어 K의 휴대전화기가 울린다. 정부대전청사 당직사령으로 야간근무 중인 문화재청 G과장이 텔레비전으로 화재현장을 지켜보던 중 현판이 떨어지는 것을 확인하고 K에게 이를 구하라고 전화로 지시한다. 현판이 떨어진 위치는 안전하지 않아 보인다. 곧 지붕에서 잿더미가 떨어지면 현판은 파묻히기 십상이다. 정부청사의 당직사령은 청사에 입주한 부서의 과장급 공무원이 번갈아가면서 일과시간이 지난 후 근무하면서 만약의 상황에 대처한다. 문화재청은 직원 수가 적어 정부청사 당직사령을 맡을 확률이 낮다. 그럼에도 숭례문 화재 당일 문화재청 과장이 당직사령을 맡아 요긴하게 연락을 취할 수 있는 것이 그나마 다행이다.

인천이 집인 문화재청 M전문위원은 설 연휴 마지막 날을 모처럼 가족과 함께 지내고 있다. M 역시 부인 직장이 인천에 있는 주말부부다. 늦은 저녁상을 물리고 컴퓨터 앞에 앉는다. 혼자 생활하는 데 익숙하다 보니 틈만 나면 들여다보는 것이 인터넷이다. 혼자 생활하는 그에게 인터넷은 자신이 혼자가 아니라 세상과 연결되어 있다는 것을 느끼게 하는 친구가 된 지 오래다. M은 본래 문화재 관련 시민단체에서 적극적으로 활동하던 열성분자였다. 점점 시민단체와의 협업이 중요한 이슈로 부각됨에 따라 문화재청에서 그를 시민단체 업무를 담당하는 전문위원으로 채용하기에 이르렀다. 문화재청 직원들은 그를 'M위원'이라고 부른다. 인터넷 포털에 연결하는 순간 숭례문 화재 소식이 속보로 뜬다. 성격이 급하고 사명감이 강한 그는 부인에게 양해를 구하고 숭례문으로 향한다. M이 숭례문에 도착한 때는 현장접근이 차단된 후라, 그는 문화재청 공무원증을 경찰에게 보여주며 통사정을 한 다음에야 겨우 현장으로 들어가는 것이 허용된다.

K사무관은 G과장의 지시대로 현판을 안전한 곳으로 옮기기 위해 처마 밑으로 달려간다. 아직 처마에서 떨어지는 것은 없다. 앞으로 1~2분 동안은 안전할 것 같기도 하다. 어쩌면 아닐지도 모른다. 현판은 떨어지면서 하층 지붕에 맞고 튕기면서 모서리가 먼저 땅에 닿아 부서진 정도가 심하지는 않은 것 같다. 처마 바로 밑 홍예 앞에 떨어져 있다. 혼자 2~3미터는 끌고 갔을까. 더 이상은 어림도 없다. 어느 틈엔가 경복궁관리소장 C도 K와 함께 현판을 끌고 있다. 주변에서 K와 C가 애쓰는 모습을 지켜보던 사람들이 한 명 또 한 명 이렇게 여러 명이 다가와

화재 다음 날 숭례문의 모습

©문화재청

1398년 창건되어, 610년 동안 자리를 지킨 숭례문이 한 노인의 방화로 불에 타 주저앉았다.

힘을 합친다. 그런데 뭔가 부족해 보인다. 낙하의 충격으로 현판이 부서지며 조각 몇 쪽이 떨어져 나가고 없다. 이를 발견한 K와 C가 현판을 옮기다 말고 떨어져 나온 목재편과 현판 연결철물을 닥치는 대로 주위 두 팔 가득히 끌어안고 현판 뒤를 따라간다. 이들은 10미터 정도 떨어진 잔디밭으로 현판을 옮긴다. 급한 김에 이 정도면 우선은 안전할 것 같다.

인파를 헤치고 화재현장 가까이 접근한 M위원은 잔디밭에 엎어진 채 놓여 있는 현판을 발견한다. 조금 전에 C소장과 K사무관이 옮겨놓은 것이다. 이제 아무도 현판에는 관심이 없는 듯하다. 불길이 점점 거세지고 있는 상황에서 M의 눈에는 이 자리도 안전하지 않아 보인다. 곧 지붕이 무너져 내리면 잿더미가 현판을 덮칠 것 같다. M은 주변에 줄지어 인파를 통제하고 있는 경찰들에게 현판을 안전한 곳으로 옮겨야 된다고 호소한다. 처음에는 망설이던 경찰들의 도움으로 현판을 들어 운

반한다. 물을 잔뜩 머금은 데다 굵은 대못이 여기저기 삐죽이 나와 있
어 현판을 잡는 것조차 어렵다. M을 포함해 열 명이 넘는 사람이 현판
을 들어 숭례문관리소로 옮긴다. 이제는 안전할 것이다. M이 한숨 돌
리며 고개를 들어 숭례문을 바라본다. 봇물 터지듯 숭례문 처마는 이제
허물어지기 시작한다.

누구에게 책임을 물을 것인가

　　문화재청장은 프랑스 파리와 네덜란드 호린험Gorinchem
방문을 위해 며칠 전 출국한 상태다. 파리에서는 유네스코 세계유산센
터 소장 면담과 루브르박물관 한국어 음성서비스 개통식 참석이, 호린
험에서는 호린험 시장市長 면담이 각각 계획되어 있다.

　한국의 세계유산등재를 위한 전략적인 차원에서 진작부터 문화재청
장의 유네스코 세계유산센터 방문과 센터 소장 면담이 계획되어 있었
다. 몇 번 계획을 잡았지만 두 사람 사이의 일정을 맞추기가 어려워 차
일피일 미루다가 어렵게 성사되었다. 루브르박물관 한국어 음성서비스
는 대한항공이 한국문화에 대한 홍보와 자사의 이미지 제고 차원에서
기증하는 행사다. 한국의 대표적인 문화계 인사가 참석하면 그 효과가
배가될 것이라는 대한항공 측의 거듭된 요청으로 문화재청장이 참석하
기로 했다.

　호린험은 『하멜 표류기』를 쓴 하멜Hendrik Hamel의 고향이다. 문화
재청장의 방문은 강진군에서 하멜기념관을 세우기로 하면서 호린험 시
장을 초청한 것이 계기가 되었다. 하멜은 효종 4년(1653), 제주도에 표
착한 후 조선에 억류되었다가 효종 17년(1666) 강진에서 탈출했다. 그는
그 후 『하멜 표류기』를 써서 조선을 서양에 최초로 알렸다. 강진군은 이
역사적인 사실을 기념하여 하멜기념관을 짓기로 하면서 호린험 시장을

강진으로 초청했다. 강진을 방문한 호린험 시장은 문화재청장을 만나게 되었고 급기야 문화재청장을 호린험으로 초청하기에 이르렀다. 곧 정권이 바뀌는 마당에 청장의 해외출장은 오해의 소지가 있어 세 가지 일정을 하나로 묶고 일부러 설 연휴기간을 이용한 것이었다. 그러나 일이 꼬이려니 숭례문 화재라는 전대미문의 사건이 터지고 말았다. 어찌 되었건 청장이 국내에 없으니 모양새가 좋지 못하다. 청장은 아직 파리에 있다. 모든 일정을 취소하고 바로 돌아오기로 한다.

언론은 일제히 문화재청장의 해외출장을 문제 삼는다. 그러나 문화재청장이 국내에 있었다고 무엇이 달라졌을까. 숭례문 화재에 대한 책임은 1차적으로 방화범이 숭례문에 접근하는 것을 막지 못한 서울시 중구청에 있다. 「문화재보호법」은 문화재청장으로 하여금 문화재의 관리를 지방자치단체에 위임할 수 있게 했고, 이에 따라 대한민국 정부수립 이후 전국에 있는 대부분의 문화재는 소재지 지방자치단체에 그 관리가 위임되어왔다. 다만 서울에 있는 조선의 궁궐과 종묘 그리고 서울과 경기 일원에 산재한 조선왕실의 무덤만은 국가기관인 문화재청에서 직접 관리한다. 이 법의 취지는 소재지 지방자치단체에서 책임과 권한을 가지고 문화재를 관리하라는 것이다. 전국 방방곡곡에 산재한 문화재를 문화재청이 직접 관리하는 것은 현실적으로 불가능하다. 문화재청은 지방조직이 없다. 숭례문에 대한 관리 역시 소재지 지방자치단체인 중구청에 위임되어 있다.

다음으로는 결과적으로 방화범이 손쉽게 숭례문에 접근할 수 있는 여건을 조성해준 서울시에게 책임이 있다. 숭례문은 본래 도로 한가운데에 있어 일반인의 접근이 어려웠으나, 2006년 서울시는 숭례문 주변을 시민공원으로 조성하여 개방했다. 주변을 공원으로 만들어 숭례문을 시민에게 돌려준다는 취지는 좋았지만, 거기에 걸맞게 숭례문을 지킬 수 있는 안전대책을 마련했어야 한다. 서울시는 2005년 3월부터 숭례문을 개방하여 시민들에게 되돌려주겠다며 숭례문 주변에 광장을 조성하기 시작했다. 9월까지 예정했던 광장조성공사는 초고속으로 진행해 7월에 완료했다. 2006년 3월 3일, 마침내 서울시는 숭례문 및 주변광장을 말끔히 정비하고 숭례문 홍예虹霓, arch 통로에 일반인의 통행을 허용했다. 이러한 과정에서 문화재청은 숭례문 문루에 보관 중이던 숭례문 옛 부재를 2005년 7월과 12월 두 차례에 걸쳐 부여에 있는 한국전통문화대학교로 옮겼다. 마침 그곳에 전통부재창고가 마련되어 있었고, 숭례문 문루 개방을 이유로 옛 부재를 옮겨달라는 서울시의 요청이 있었기 때문이다. 2006년 숭례문 개방행사 때 큰북을 치던 당시 서울시장의 모습이 연기로 뒤덮인 숭례문 속에서 희미하게 떠오른다. 당시 서울시장은 '국보 제1호'의 개방행사를 하면서 그 많은 초청자 명단에 문화재청장은 포함시키지 않았다. 그날 문화재청장은 '초대 받지 않은 손님'으로 숭례문을 찾았다.

문화재청장의 책임도 결코 가볍지 않다. 문화재정책을 총괄하는 문화재청장은 서울시에서 숭례문을 공원화하여 개방하겠다고 했을 때, 미리 방화와 같은 재난 가능성을 염두에 두고 이에 대한 대비책을 서울시에 요구했어야 한다.

화재의 원인은 사회에 불만을 가진 한 70대 남자의 방화로 밝혀진다. 그는 문화재 방화에 전력이 있다. 2006년 4월 26일, 창경궁 문정전文政殿에 불을 질렀으나 미수에 그쳤다. 당시 주위에 있던 관람객들과 창경궁 직원들이 재빨리 힘을 합쳐 주변에 비치된 소화기로 불을 껐다. 법원은 그가 초범이고 나이가 많다는 점을 참작하여 징역 1년 6개월에 집행유예 2년을 선고했다. 2008년 2월 10일의 숭례문 방화는 2년의 집행유예 기간이 끝나기도 전에 반성은커녕 첫 실패를 경험 삼아 주도면밀한 준비 아래 이루어졌다.

국보 제1호의 지위는 그대로

숭례문이 불탔다는 것은 문화재가 훼손되었다는 것을 의미한다. 당연히 문화재로서의 가치를 재평가할 필요가 있다.

화재 진화 바로 다음날, 문화재청은 불탄 숭례문의 문화재적 가치를 논의하기 위해 문화재위원회를 개최한다. 문화재위원회는 「문화재보호법」에 의해 설치된 기구로 문화재 보존에 관한 사항을 조사하고 심의한다. 문화재위원은 대학교수를 비롯한 문화재 관련 전문가들로 구성되어 문화재행정에서 최고의 전문가로 인정받고 있다. 국보나 보물 등과 같은 국가지정문화재를 지정하거나 해제할 때는 반드시 문화재위원회의 심의를 받게 되어 있다.

문화재위원회는 화재로 불탔음에도 불구하고 숭례문은 국보로서의 지위를 유지한다고 의견을 모은다. 그 이유는 숭례문을 국보 제1호로 지정한 것은 목조건축으로서만이 아니라 장소 등 숭례문이 가지는 역사적 의미를 복합적으로 고려했기 때문이다. 숭례문은 다듬은 큰 돌로 축대를 쌓고 그 위에 상하층 문루를 올린 구성이다. 화재 진압 다음날 확인한 바에 의하면, 문루 윗부분은 피해를 입었지만 하층 대부분과 그 밑에 있는 석축은 온전하다.

숭례문 복구의 기본원칙

공사의 원칙을 세우다

화재 전으로의 복구, 원형으로의 복원

2008년 5월 20일, 문화재청장은 숭례문 복구 기본원칙을 발표한다.

- 숭례문의 성문은 화재 전 모습대로 복구한다.
- 기존부재는 최대한 재사용하도록 하고, 구체적인 사용범위는 현장 확인조사 등 숭례문복구자문단의 자문을 받아 추진한다.
- 고증과 발굴을 통해 일제 때 철거 및 변형된 좌우측 성곽과 지반도 원형대로 복원한다.
- 중요무형문화재 등 우리나라 최고의 장인들이 참여하여 전통기법과 도구를 사용하여 복구한다.
- 문화재위원, 학계 등 전문가로 '숭례문복구자문단'을 구성하여 운영한다.
- 국가직영 추진방식으로 예산, 기술지원, 공사시행 등은 문화재청에서 담당한다.

문화재청은 공식적으로 '숭례문 복구'라는 용어를 사용했다. 그런데 숭례문 복구 기본원칙에서, 불탄 "성문은 화재 전 모습대로 복구"하고 화재 전 일제 때 이미 없어진 성곽과 변형된 지반은 "원형대로 복원한다"고 구분했다. 여기서 복구는 화재 전으로, 복원은 원형으로 되돌리는 것임을 알 수 있다.

시대에 따라 숭례문의 모습은 달랐다. 600여 년 전에 세워진 숭례문은 처음 그 모습 그대로 유지된 것이 아니라 개축이나 수리 등을 통해 계속 변해왔다. 화재 전 숭례문은 처음 세워진 태조 대부터 21세기까지 여러 시대의 흔적이 중첩되어 있었다. 복구를 위해서는 그중 어떤 시점을 기준으로 할 것인지를 정해야 한다. 그래야 변화무쌍했던 숭례문의 모습 중 한 시대를 택해 거기에 합당한 모습으로 복구할 수 있다. 숭례문 복구 기본원칙에서 "숭례문의 성문은 화재 전 모습대로 복구한다"고 했으므로 복구의 기준시점은 일단 화재 직전인 2008년으로 볼 수 있다.

그러면 2008년의 숭례문 모습은 어디서 비롯되었는가. 그것은 2008년과 가장 가까운 과거에 이루어진 변화의 결과일 것이다. 가까이는 1997년에 있었던 지붕공사를 꼽을 수 있다. '번와'라고 해서 이때 기와를 교체했다. 그 다음으로는 1988년에 있었던 단청공사다. 1988년 이전에도 1973년, 1970년, 1963년, 1954년에 새로운 단청이 있었다. 이들 공사가 지붕과 단청에 한정된 것이라면, 전체적으로는 한국전쟁으로 입은 피해를 복구하기 위해 1961~1963년에 실시한 대규모 수리가 최근의 숭례문 모습을 결정했다고 할 수 있다. 그러면 1997년의 지붕공사, 1988년의 단청공사, 1960년대의 수리가 오늘날 신뢰할 수 있을 만큼 완벽한 것이었느냐 하는 문제가 대두된다. 잘못 고친 것도 그대로 인정하고 계승해야 하느냐 하는 의문이 제기되기 때문이다.

숭례문 복구 기본원칙은 "일제 때 철거 및 변형된 좌우측 성곽과 지반도 원형대로 복원한다"고 함으로써 성곽과 지반에 대한 기준시점을 숭례문 자체와 구별했다. 그러나 여기서 '원형'이라는 말이 어떤 시점의 모습을 가리키는지 명확하지 않다.

문화재를 고칠 때 흔히 "원형대로 복원한다"고 말하지만, 원형이 무엇인지 의문을 가지기 시작하면 그것은 간단히 정의되기 어려운 개념이란 것을 금방 알 수 있다. 조선 개국 초기인 태조 7년(1398) "도성都城 남문南門이 완성되어 임금이 가서 보았다"는 기록이 『태조실록』에 있다.[1] 그러나 이것은 시작에 불과할 뿐이다. 세종 29년(1447)에는 아예 "숭례문을 새로 세웠다"는 기록이 『세종실록』에 있다.[2] 이와 더불어 1960년대에 숭례문을 수리할 때 발견된 상량문에 의하면, 성종 10년(1478)에 숭례문을 크게 고쳤다.[3] 이후에도 숭례문은 시간의 흐름에 따른 퇴락을 만회하기 위해 여러 차례 수리되었다. 고종 때는 경복궁을 중건하면서 궁궐의 외곽담장이라 할 수 있는 한양도성과 성문도 함께 수리했다.[4] 만약 태조 대에 처음 지어진 모습을 '원형'이라고 하고 그 모습대로 숭례문을 복구한다면, 그 이후의 변화는 부정하는 꼴이 된다.

여기서 우리는 자연스럽게 21세기를 사는 우리가 옛 사람들의 행위를 부정할 권리가 있을까 하는 의문에 봉착하게 된다. 역사는 시간적으로 정지된 정적靜的인 한 시점이 아니라 연속적으로 진화하고 발전하는 동적動的인 과정이다. 고정된 한 시점을 숭례문 복구의 기준으로 잡는 것은 역사를 시간적으로 왜곡하는 것이다. 그러나 현실적으로 여러 시대가 중첩된 숭례문을 복구하는 것은 불가능하기 때문에 복구를 위해서는 고정된 하나의 시점이 필요하다. 그 고정된 하나의 시점은 어떻게 정해야 하나. 숭례문이 최초로 완성된 태조 때? 아니면 숭례문이 한양도성의 정문으로 제 역할을 한 마지막 시점, 즉 조선 후기? 그것도 아니면, 최근의 변화까지 인정해 화재 직전으로 해도 좋을까? 기준시점에 대한 명분을 어떻게 가져가느냐에 따라 다양한 생각의 스펙트럼을 펼칠 수 있다. 우리에게 옛 사람들의 행위를 부정할 권리가 없다면, 일제강점기 일본인에 의해 변형된 숭례문의 모습도 역사적 실체이므로 인정해야 한다는 딜레마에 빠진다. 숭례문 복구 기본원칙은 "일제 때 철

● 숭례문의 시기별 모습

1888~1891

1920

1904

하야시 무이치, 『조선국진경』 수록

조지 로스, 「호주 사진가의 눈을 통해 본 한국」

국립중앙박물관 소장

1960

1971

1954

1930

「조선박람회기념사진첩」 수록   국가기록원 소장

1979

2000

국가기록원 소장   ©김성철

거 및 변형된 좌우측 성곽과 지반도 원형대로 복원한다"고 함으로써 일제강점기의 변화를 인정하지 않는다. 이는 우리가 가지는 보편적인 역사인식이 원형을 판단하는 하나의 준거가 된다는 것을 의미한다. 이렇게 볼 때, 옛 건축물 원래의 모습이란 우리들 머릿속에 관념적으로만 존재하는 '이상형'이다.

또 하나의 의문점이 떠오를 법하다. 왜 하나의 숭례문에서 성문은 화재 직전의 모습으로 복구하고 성곽과 지반은 원래의 모습으로 복원해야 하나. 그만한 정당성이 있는 것인가. 숭례문의 성문과 성벽 그리고 지반은 모두 한양도성의 일부로 별개의 것이 아니다. 숭례문 복구 기본원칙은 한양도성이라는 한 대상물의 구성요소에 대해 각기 다른 시대기준을 적용하는 모순을 내포하고 있다. 성문, 성곽, 지반의 높이 등은 모두 한양도성을 이루는 구성요소이니 따로따로 떼어내 별개로 생각할 수 있는 것이 아니다.

복구의 기준시점을 정하고 나면 다음으로는 복구의 공간적 범위를 정해야 한다. 원래 숭례문은 외적의 침입으로부터 한양을 방어하기 위해 쌓은 도성의 남대문이어서 문의 좌우로 성곽이 연결되어 있었다. 그러나 고종 44년(1907) 한양에 도입되었던 전차의 선로를 부설하기 위해 숭례문 좌우의 성벽을 절단했다. 한편으로는 같은 해 10월로 예정되었던 일본 황태자의 한국방문 때문에 일본인들이 철거했다는 주장도 있다. 1907년 헤이그밀사사건을 빌미로 고종을 강제로 퇴위시킨 일본은 차관정치를 시작했다. 이때 내각령 제1호로 성벽처리위원회를 설치하고 성벽철거를 담당하게 했다. 이로써 숭례문은 한양도성의 정문으로서의 위용을 잃어버렸다. 그것이 우리가 기억하는 화재 전 '단독 건축물' 숭례문의 모습이다.

도시의 대동맥인 도로가 복잡하게 얽혀 있는 오늘날의 서울을 생각하면, 숭례문을 복구한다고 도로를 가로막을 수는 없다. 숭례문 복구 기본원칙은 이미 철거된 성곽도 복원한다고 했다. 때문에 숭례문이 한양도성의 정문이었다는 것을 상징적으로 보여줄 수 있는 만큼 성곽을 복원하면 된다. 구체적으로 좌측으로 얼마, 우측으로 얼마만큼 복원할지는 주변의 상황이 허락하는 정도에 달려 있다.

기존부재를 다시 쓸 것, 전통기법과 도구를 사용할 것

우리가 옛 건축물에서 받는 감동의 상당 부분은 오래된 재료에서 느끼는 독특한 질감과 색감에서 온다. 풍화된 석재의 표면과 섬유질이 도드라진 목재의 나뭇결은 그들이 가지는 아스라한 색채와 함께 세월의 흔적을 웅변한다. 또한 옛 장인의 손길이 스며 있는 옛 부재는 과거의 흔적을 보여주는 실체로 우리에게 감동을 준다. 이러한 점을 고려하여 숭례문 복구 기본원칙은 불타고 남은 "기존부재는 최대한 재사용한다"고 했다.

숭례문의 구조를 살펴보면, '육축'이라 불리는, 돌로 쌓은 높은 기단 위에 상하층 문루가 있고, 육축의 양측은 성곽으로 연장되어 있었다. 육축의 중앙에는 한양도성의 출입을 위해 홍예 모양의 통로가 뚫려 있다. 두꺼운 판자에 철판을 입힌 '철엽문'이 통로를 가로막고 있다.

상층 문루는 화재로 큰 피해를 입었지만, 하층은 피해가 10퍼센트 정도에 불과해 기존부재를 재활용할 수 있는 여지가 많다. 기존부재를 재활용한 사례는 1960년대 숭례문 수리에서도 찾아볼 수 있다. 당시의 기록에 의하면, 가능한 한 기존부재를 재사용한 것은 "원재原材의 표본을 후세에 전하려는 의도"였다.[5] 심지어는 부패가 심해 안전이 우려되었던 기둥 한 본은 기존부재를 재사용하기 위해 부패한 부분을 잘라내고 신재로 이어 사용했다. 일부 부식되거나 파손된 부재는 그 부분을 도려내고 나무를 덧대어 재사용함으로써 옛 장인들의 솜씨를 남기려고

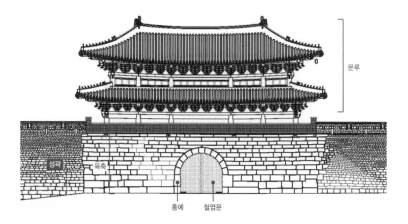

문루

성곽 육축

홍예 철엽문

숭례문의 구조
숭례문은 육축이라 불리는 돌로 쌓은 높은 기단, 그 위에 상하층 문루가 있다. 육축의 양측은 성곽으로 연장되어 있으며, 중앙에는 한양도성의 출입을 위한 홍예 모양의 통로가 뚫려 있다. 홍예에는 두꺼운 판자에 철판을 입힌 철엽문이 달려 있다.

애썼다.[6] 이처럼 문화재 수리 때 기존부재를 가능한 한 재사용하는 것은 문화재라는 개념이 도입된 이후 지극히 당연한 원칙이다.

　이번 숭례문 복구는 특히 화재로 손상된 문화재를 다시 세우는 것이어서, 부득이 발생할 수밖에 없는 옛 부재의 손실을 최대한 억제해야 한다. 다시 세워질 숭례문을 구성하는 재료가 얼마나 예전 것인가 하는 것이 문화재의 정당성을 가늠하는 척도가 될 수 있기 때문이다. 완전히 새로운 목재와 석재로 숭례문을 복구한다면, 아무리 감쪽같아도 복구된 숭례문은 문화재로서의 가치를 인정받기 어려울 것이다. 완전히 새로운 재료에서는 예전의 분위기를 느낄 수 없기 때문이다.

　숭례문 복구에는 "중요무형문화재 등 우리나라 최고의 장인들이 참여하여 전통기법과 도구를 사용"한다고 했다. '중요무형문화재'를 가장 솜씨 있는 최고의 장인으로 보았다. 여기서 일컫는 중요무형문화재는 엄밀하게 말하면 「문화재보호법」에서 규정한 '중요무형문화재 보유자'

를 가리키는 말이다.

「문화재보호법」에 의하면, '무형문화재'란 연극·음악·놀이·의식·공예기술 등 무형의 문화적 소산으로서 역사적 예술적 또는 학술적 가치가 큰 것을 말한다. 중요무형문화재란 무형문화재 중에서 문화재청장이 문화재위원회의 심의를 거쳐 중요하다고 특별히 정한 것이다. 중요무형문화재는 그 기능을 가진 사람에 의해 구현되기 때문에, 중요무형문화재를 지정하면 반드시 문화재청장은 중요무형문화재 보유자를 지정한다. 그러나 일반인들이 중요무형문화재 보유자라는 용어를 낯설어 하기 때문에, 중요무형문화재 보유자들은 '인간문화재'로 불리는 것을 더 좋아한다.

집 짓는 일은 각 분야의 장인이 철저한 분업의 형태로 각자의 기능을 발휘함으로써 이루어진다. 건축문화재를 복구하는 일도 마찬가지다. 숭례문 복구를 위해서는 기둥·보·처마·추녀·서까래 등 목부재를 다듬고 이를 조립하여 집의 골격을 짜는 목수, 육축이나 성벽 등에 사용되는 돌을 다듬고 쌓는 석수, 벽이나 천장 등에 흙이나 회반죽을 바르는 미장일을 하는 니장, 기와를 이는 번와장, 기와를 만들고 굽는 제와장, 쇠를 다루는 대장장이, 단청을 하는 단청장 등 각 분야의 장인이 필요하다. 이들 장인의 분야 중 니장과 대장장이를 제외한 나머지 분야에는 현재 모두 중요무형문화재 보유자가 있다.

전통기법은 전통연장과 그것을 다루는 장인에 의해 실현된다. 이 셋은 따로 떼어 생각할 수 없다. 도구는 점점 더 일을 효율적으로 할 수 있는 방향으로 진화하는 속성이 있다. 이러한 속성에 따라 전통연장도 시대마다 조금씩 변했다. 숭례문 복구 전까지 문화재 공사현장에서 기계장비와 전동공구가 사용되는 일이 비일비재했다. 그나마 사용되는 손연장도 옛날과 꼭 같은 것은 거의 찾아볼 수 없었다. 현재 전통연장이라고 여겨지는 것의 대부분은 일제강점기 이후 근대화과정을 거치면서 외국의 영향을 받아 기능적으로 보완된 것이다. 우리 주변에서 비교적 쉽게 볼 수 있는 대패, 끌, 톱 등 손연장의 모양과 기능이 조선시대의 것과 많이 다르다. 편리하고 능률적이라면 연장은 국적을 가리지 않는다. 이처럼 도구가 변했으니 전통기법을 엄밀하게 적용하는 데는 한계가 있다.

숭례문복구단

●

숭례문복구단의 구성과 역할

문화재청, 복구의 주체가 되다

건축문화재를 복구하는 것은 그 건축물이 예전에 어떠했는가를 밝히고 이를 근거로 복구의 구체적인 방향을 결정하는 과정이다. 건축문화재의 복구를 주관하는 시행청은 자신이 직접 문화재를 수리할 수 있는 전문인력을 가지고 있지 않기 때문에 문화재 수리를 전문으로 하는 업자에게 공사를 의뢰한다. 대신 전문지식을 가진 공무원을 감독관으로 임명하여 공사의 내용과 진행을 감독하게 한다. 이와 더불어 시행청은 복구에 신중을 기하고 주요사항을 검토하기 위해 전문가로 구성된 자문단을 운영한다. 이러한 전례에 따라 숭례문 복구도 문화재위원 및 학계 등을 망라한 전문가로 '숭례문복구자문단'을 구성하기로 한다.

숭례문은 국보로 지정된 국가 소유의 문화재지만 서울시 중구청이 관리단체로 지정되어 있어, 평상시 같으면 중구청에서 복구한다. 이때 문화재청은 중구청에 필요한 예산과 기술력을 지원하게 된다. 중구청과 함께 중구청의 상급 지방자치단체인 서울시도 예산의 일부를 부담한다. 한국전쟁 후 1960년대에 실시된 숭례문 수리가 당시 숭례문에 대한 관리책임자였던 서울시에 의해 시행되었던 것도 이러한 이유 때문이다. 당시 중앙정부의 문화재관리 책임부서였던 문교부에서는 서울시에 전문인력과 예산을 지원했다. 같은 맥락에서 1997년에 숭례문 지

45

붕 기와교체공사가 있었는데, 당시 문화재관리국에서는 전문인력과 예산만 지원하고 공사는 숭례문 관리책임자인 서울시 중구청에서 시행했다. 그러나 이번에는 국민적인 관심사로 떠오른 숭례문 화재의 특수성을 고려하여, 문화재청에서 직접 숭례문을 복구하기로 한다. 이를 위해 문화재청은 숭례문 복구를 위한 전담조직으로 '숭례문복구단'을 구성한다.

조선시대 영건도감, 숭례문복구단

숭례문복구단은 조선시대로 말하면 나라에서 중요한 건축물을 짓거나 고칠 때 '영건도감'營建都監이라는 임시기구를 설치했던 것과 견줄 만하다.

영건도감은 공사의 기본방향을 정하고 이를 집행하고 감독하는 관료 집단, 각 분야의 기술력을 가지고 공사를 직접 수행하는 장인 집단, 단순 노동력을 제공하는 일꾼으로 구성되었다.

영건도감의 정점에는 정3품 이상 고위관료인 당상관堂上官이 '도제조'都提調, '제조'提調, '부제조'副提調란 직책으로 지휘부를 이루었다. 도제조는 정1품, 제조는 정2품 이상, 부제조는 정3품이 맡는 것이 관례였다. 이들을 구분 없이 그냥 '당상'堂上이라고도 했다. 당상은 임금과 함께 나라의 정사를 돌보는 핵심적인 위치에 있었기 때문에 공사에 있어서도 기본방향을 정하고 중요한 결정을 했다.

당상 아래에는 '도청'都廳과 '낭청'郎廳이 있어 공사의 실무를 담당했다. 공사는 한 곳에서 이루어지는 것이 아니라 공정工程에 따라 여러 개별 작업장에서 이루어졌기 때문에, 낭청은 그중 하나의 작업장을 감독했다. 도청은 여러 작업장을 통합 관리하며 좀 더 높은 시각에서 각 작업장 별로 이루어지는 개별 공정을 조율하고 통합하는 역할을 했다. 도

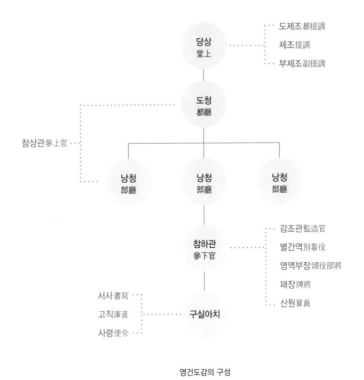

도제조 都提調

제조 提調

부제조 副提調

당상 堂上

도청 都廳

참상관 參上官

낭청 郎廳   낭청 郎廳   낭청 郎廳

참하관 參下官

감조관 監造官

별간역 別看役

영역부장 領役部將

패장 牌將

산원 算員

서사 書寫

고직 庫直

사령 使令

구실아치

영건도감의 구성

청과 낭청은 정6품 이상인 참상관參上官이 맡는 자리였다.

낭청 밑에는 관료집단의 최말단인 참하관參下官이 '감조관'監造官, '별간역'別看役, '영역부장'領役部將, '패장'牌將, '산원'算員 혹은 '계사'計士 등의 직책을 받았다. 감조관은 '감역관'監役官이라고도 했는데 낭청 밑에서 실제 업무를 관장하는 일을 했다. 별간역은 감조관과는 달리 일반적인 감독업무가 아니라 장인 못지않은 기술력을 가지고 장인의 기술적인 업무를 감독하고 해결하는 역할을 했다. 영역부장은 장인을 포함한 단순노동자인 일꾼의 작업을 감독하는 일을 맡았다. 공사에는 장인뿐만 아니라 물건을 운반하는 등 단순 노동력이 필요했기 때문에, 이들을 동원하고 감독할 수 있어야 했다. 패장은 장인이나 일꾼들을 동원할 계획을 세우고 투입인력을 기록하는 일을 담당했다. 이 일을 '역기'役記

라 했다. 또한, 패장은 나태한 장인이나 일꾼을 곤장으로 벌하는 일도 맡았다. 공사를 하다보면 여러 물자가 오고갔기 때문에 물자를 정확히 파악할 필요가 있었다. 이를 담당한 관리를 산원 혹은 계사라 했다.

참하관 밑에는 '서사'書寫, '고직'庫直, '사령'使令이라 불리는 구실아치가 있었다. 서사는 공사가 진행되는 동안 생산된 문서를 정리하고 새롭게 정서하는 일을, 고직은 전국에서 모인 공사용 물자를 분류하여 창고에 보관하고 지키는 일을, 사령은 자질구레한 심부름을 각각 맡았다.

영건도감에서는 목공사, 석공사, 흙공사, 단청공사, 철공사 등 분야에 따라 장인을 선발하여 썼다. 장인은 조선 초기에는 관청에 소속된 '관공장'官工匠이 대부분이었으나 후기로 가면서 점차 관청의 예속에서 벗어난 '사공장'私工匠이 주류를 형성했다.

공사를 수행하기 위해서는 감독관과 장인 이외에 비숙련 단순노동 인력이 많이 필요했다. 이를 충당하는 방법으로는 부역, 승역, 모군이 이용되었다. 부역은 가장 전통적인 인력동원 방법으로 나라의 필요에 따라 개별 백성의 노동력을 무상으로 징발하는 제도였다. 승역은 승려를 동원하는 것이고, 모군은 임금을 주고 노동력을 제공할 백성을 모집하는 제도였다.[7]

숭례문복구단은 숭례문 복구를 위해 문화재청 내에 만든 임시조직이다. 숭례문복구단장은 문화재보존국장이, 부단장은 문화재보존국 소속의 건축문화재과장이 맡는다. 단원에는 건축문화재과 사무관 한 사람과 주무관 세 사람 그리고 학예연구사 한 사람이 임명된다. 때문에 실질적으로는 문화재청 문화재보존국 건축문화재과에서 숭례문 복구를 담당하는 셈이다. 숭례문복구단 직원 중 대외업무를 담당하는 행정직 주무관 한 사람을 제외하고는 단장과 부단장을 포함해 모두 건축전공자들이다. 2009년 4월 이후, 문화재청의 직제 개편으로 건축문화재과는 수리기술과로 명칭이 변경된다. 숭례문복구단의 업무는 주무관들

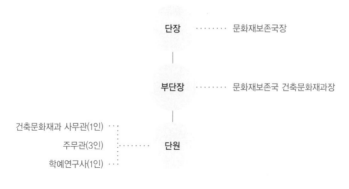

단장 ········ 문화재보존국장

|

부단장 ········ 문화재보존국 건축문화재과장

|

건축문화재과 사무관(1인) ⋯⋮

주무관(3인) ········ 단원

학예연구사(1인) ⋯⋮

숭례문복구단의 구성

과 학예연구사가 업무를 적절하게 분담하고, 사무관이 이들의 업무를 통합적으로 조정하며, 단장과 부단장이 종합적으로 검토하고 결정한다. 단장을 포함한 모든 숭례문복구단 직원들은 겸직이어서 자기 본연의 업무는 별도로 스스로 챙겨야 한다.

숭례문복구단의 역할

조선시대의 영건도감에서는 필요한 장인과 인부를 직접 선발하거나 고용하여 공사를 수행했으나, 숭례문복구단은 계약에 의해 복구공사를 문화재업자에게 위탁한다. 복구공사에 참여하는 문화재 업자는 문화재 수리를 위해 「문화재보호법」에서 규정하고 있는 문화재 실측설계업자, 문화재 수리업자, 문화재 감리업자다. 문화재 실측설계업자는 복구공사를 위한 설계도서의 작성을, 문화재 수리업자는 복구공사를 맡는다. 문화재 감리업자는 복구공사가 제대로 되고 있는지 세부적으로 점검하는 일을 책임진다. 그렇다고 숭례문복구단이 문화재 업자에게 모든 일을 전적으로 맡겨놓을 수는 없다. 문화재를 수리하거나 복구하는 일은 기본적으로 선택의 연속이며 그 선택은 누가 대신해줄 수 있는 것이 아니기 때문이다. 선택은 옛 모습에 대한 고증에 바탕을 두지만, 아무리 풍부한 자료가 있다고 해도 완벽할 수는 없기 때문에 부득이 추정이 부족한 부분을 메우게 된다. 충분한 고증자료에 근거한 선택이건 그렇지 못한 경우의 추정이건, 좀 더 근본적으로는 사회구성원들이 가지는 역사에 대한 인식이 문화재의 수리나 복구에 영향을 미친다.

건축물과 관련된 역사인식에 대해 국내외의 실례를 살펴볼 수 있다. 일제강점기의 쓰라린 기억을 가지고 있는 우리는 조선의 궁궐에서 일제의 흔적을 없애고 싶어 한다. 일제가 창경원으로 이름까지 바꾸며 훼손했던 창경궁을 복원하면서 일제가 꾸며놓았던 일본식 조경은 물론 일본산 나무까지 뽑고 나서야 속이 후련했던 게 우리의 정서다. 논란이 있었지만 경복궁 복원을 위해 경복궁 앞마당을 차지하고 있던 구 조선총독부청사를 1995년 철거한 것도 같은 맥락으로 이해할 수 있다. 외국도 마찬가지다. 1990년 독일 통일 후 구舊 동독의 공화국궁Palast der Republik의 처리가 독일사회에서 '뜨거운 감자'로 떠올랐다. 제2차 세계대전 후 동베를린을 차지한 사회주의국가 동독은 베를린 도심에 있던 500년 전통의 옛 베를린 궁Berliner Stadtschloss을 군국주의의 상징이라며 없애고 그 자리에 자신들의 정치적인 상징으로 공화국궁을 세웠다. 독일 통일 후 많은 독일인들은 베를린의 역사적인 도심에 사회주의의 상징인 공화국궁이 어울리지 않는다며 이 건물을 철거하고 옛 베를린 궁을 복원할 것을 주장했다. 결국 독일연방정부는 2003년 구 동독의 공화국궁을 철거하기로 결정했고, 2008년 철거를 완료했다. 한편 옛 베를린 궁은 2013년 6월 복원공사가 시작되어 2019년 완공될 예정이다.[8] 이러한 결정은 통일 후 다분히 구 동독 체제를 못마땅하게 여긴 독일인들의 역사인식에서 비롯된 것이다.

고증과 선택 그리고 역사에 대한 인식이란 측면에서 숭례문복구단의 임무는 업자에게 위임될 수 없다. 다만, 기본방침이 정해진 후 이를 실현하기 위한 수단은 일의 효율성을 위해 통제 가능한 범위 내에서 문화재업자가 대행한다.

숭례문 복구를 위한 첫 단계는 옛 모습과 그 변천과정에 대한 고증이다. 철저한 고증이 이루어져야 이를 바탕으로 현재의 상태를 평가하고 현재의 모습을 유지할 것인지 과거의 모습으로 돌아갈 것인지 선택할 수 있다. 그런데 문제는 건축물은 지어진 후 끊임없이 변화한다는 사실이다. 변화의 요인은 사용자의 요구와 시간이다. 사용자의 요구가 변할 때, 건축물은 새로운 요구를 수용하기 위해 개축된다. 건축물의 용도가 바뀌어 모양이나 구조를 바꿔야 할 때도 있고, 현재의 규모로는 감당할 수 없을 만큼 사용자가 늘어나 증축해야 할 경우도 생긴다. 건축물은 세월이 지남에 따라 낡고 퇴락한다. 계속적인 사용을 위해 주기적인 수리가 필요하다. 수리는 필연적으로 그 시대의 기술과 유행을 반영하기 때문에, 수리를 거친 건축물은 이미 옛 건축물 그대로가 아니다. 한 건축물에 투영된 과거의 모습은 하나가 아니고 여러 개로 중첩된다. 여기에서 과거의 어떤 모습을 복구의 기준으로 삼느냐 하는 선택이 요구된다. 선택은 문화재의 가치와 사회구성원들의 역사인식에 따라 달라질 수 있다. 한국인에게 구 조선총독부청사는 나라를 빼앗긴 치욕의 역사를 대변하지만, 일본 우익인사에게 그것은 길이길이 기억할 승리와 영광의 상징물일 수 있다. 여기에 숭례문복구단의 존재 이유가 있다. 숭례문복구단의 가장 중요한 임무는 철저한 고증과 대한민국 국민이 가지는 보편적인 역사인식을 바탕으로 복구의 방향을 결정하는 것이다.

숭례문 복구를 위한 두 번째 단계는 복구의 범위를 정하는 것이다. 화재로 불탄 문루는 물론이고 일제강점기에 없어진 성곽도 함께 복원한다고 했으므로, 성곽 복원의 범위를 정해야 한다. 이 또한 누구에게

도 위탁할 수 없는 숭례문복구단의 임무다.

　세 번째는 어떤 재료와 기법으로 복구할 것인지 정해야 한다. 숭례문 복구 기본원칙은 "전통기법으로 숭례문을 복구한다"고 했지만, 옛날과 달라진 시대적 여건을 감안하면 모든 것을 전통기법으로 복구하는 것은 이상에 불과하다. 전통기법은 전통재료와 도구를 바탕으로 한다. 그러나 전통재료 중에는 현재는 생산되지 않는 것도 있고 생산할 수 없는 것도 있다. 어떤 전통재료와 전통기법으로 복구할 것인지를 구체적으로 정하는 것 또한 숭례문복구단의 주요한 임무다.

　"과장님 인사가 났네요. 건축문화재과장님으로 전공 찾아가시네요. 저희들은 버리시고……하하하. 아무튼 축하 드려요."

　2008년 9월 1일, 인사발령 소식에 국제교류과 사무실이 아침부터 소란스럽다. 청장이 바뀌고 4개월 만에 하는 인사인 만큼, 한 달 전부터 큰 폭의 자리바꿈이 있을 것이라는 소문이 나돌았다. 국제교류과를 두 번째 맡고 있는 나는 무엇보다 내 전공을 찾아 자리를 옮기게 된 것이 반갑다.

　건축문화재과의 숭례문복구단 직원들이 건축문화재과장으로 부임한 내게 숭례문 복구 추진현황을 보고한다. 숭례문 복구는 2012년 말까지 약 5년 동안 추진하는 것으로 계획되어 있다. 그 과정을 구체적으로 살펴보면 3단계로 나누어진다. 화재 진압 후 이루어진 응급조치가 제1단계다. 불타고 남은 숭례문에 대한 안전조치를 실시해 추가적인 붕괴를 예방하고 불탄 부재를 수습했다. 지난 2008년 5월말까지 완료하고 이에 대한 보고서를 발간했다. 제2단계는 고증조사와 복구를 위한 설계다. 현재 진행 중이며 2008년 6월에 시작해 2009년 12월까지 마칠 예정이다. 고증조사는 문헌조사와 발굴조사로 이루어진다. 문헌자료로는

1960년대에 발간된 『서울 남대문 수리보고서』를 비롯한 해방 이후의 것과 『조선왕조실록』 등 조선시대의 것이 있다. 한국전쟁으로 숭례문이 피해를 입자, 서울시는 1961년부터 1963년까지 전면 해체 보수를 실시한 후 보고서를 발간했다. 발굴조사를 통해서는 숭례문 주변의 지반을 발굴함으로써 그 변화 상태를 시대별로 규명하게 된다. 고증조사를 통해 숭례문의 시대적인 변화를 파악하게 되면, 이를 바탕으로 복구를 위한 설계를 한다. 마지막으로 제3단계는 복구를 위한 공사다. 2010년 1월부터 2012년 12월까지 3년 동안 복구공사를 실시할 예정이다.

1단계	응급화재 진압 후 응급조치	2008년 2월 11일~5월 31일
2단계	고증조사와 복구를 위한 설계	2008년 6월~2009년 12월
3단계	복구공사	2010년 1월~2012년 12월

숭례문 복구 추진 초기 계획

숭례문 복구와는 별도로 서울시에서는 숭례문 복구가 완료된 후 숭례문을 관리하고 숭례문과 관련된 자료들을 모아 전시할 '숭례문 전시관'을 짓기로 했다.

국민들의 관심이 모아지다

성금과 소나무 기증으로 이어진 국민들의 관심

마음만 받아야 했던 국민의 성금

숭례문 화재에 대한 국민적인 충격은 곧 복구를 위한 성금을 내겠다는 사람들의 발길로 이어진다. 숭례문 복구에 직접 사용할 수 있는 소나무를 기증하겠다는 사람들도 있다.

언론에서 성금과 소나무 기증에 대한 보도를 연일 내보내자 분위기는 한층 고조된다. 이러한 분위기에 편승하여 광복회는 국민들의 성금 모금을 독려할 '숭례문 복원 범국민추진본부'라는 조직을 구성한다. 화재 보름 후 대통령에 취임하게 될 대통령 당선인은 숭례문을 아예 국민의 성금으로 복구하는 것이 좋겠다는 의견을 내놓는다. 당선인은 화재 사흘 후에 열린 대통령직인수위원회 회의에 참석하여 자신의 뜻을 밝힌다.

"국민 모두의 문화유산이 붕괴돼 국민들이 큰 충격에 휩싸였습니다. 정부예산으로 할 수도 있지만 우리 국민 모두가 십시일반으로 국민성금을 모아 복원하는 게 국민들에게 위안도 되고 의미도 있지 않겠나 생각합니다."

그러나 당선인의 한마디는 오히려 자율적인 성금운동에 찬물을 끼

없는 결과를 가져온다. 비판론자들은 "정부가 태워먹고 왜 국민더러 돈을 내라고 하느냐", "숭례문이 무슨 불우이웃이라도 되느냐"며 비아냥거린다. 여론이 악화되자 자연스럽게 국민성금에 의한 숭례문 복구는 없던 일로 흐지부지된다. 자발적인 모금운동도 활기를 잃는다.

　사실 정부에서 기부금을 모금하는 것은 법으로 금지되어 있다. 「기부금품의 모집 및 사용에 관한 법률」은 국가는 물론이고 국가에서 출자 혹은 출연하여 설립된 법인과 단체는 자발적으로 기탁하는 금품이라도 이를 접수할 수 없도록 규정하고 있다. 더구나 당선인의 한마디로 자발적으로 시작한 성금은 '눈치'로 전락하고 만다. 내일모레 대통령이 될 당선인의 신분을 고려할 때, 당선인이 성금을 제안한 이상, 더 이상 자발적인 성금이 될 수 없다. 결과적으로 법에서 금지하고 있는 정부에 대한 기부금을 대통령 당선인이 독려한 꼴이 되었다.

　광복회가 모금한 성금은 5,000만 원이 조금 넘는다. 화재 발생 후 1년이 가까워지자 성금은 점차 부담이 된다. 성금모금은 법으로 금지되어 있지만, 이미 국민들과 해외동포들이 낸 성금을 되돌려주는 것이 현실적으로 어렵다. 숭례문복구단은 화재 1주년이 되기 전에 광복회가 모금한 성금을 전달받기로 하고, 먼저 「기부금품의 모집 및 사용에 관한 법률」을 운용하는 행정안전부와 협의한다. 이 법은 국가에서 출연한 단체인 광복회가 기부금을 모집하는 것을 원칙적으로 금지하고 있으나, 기부금심사위원회의 심의를 거칠 경우 예외적으로 허용한다. 기부금심사위원회는 행정안전부장관을 위원장, 행정안전부차관을 부위원장, 각부차관과 몇몇 국회의원을 위원으로 하고 있는 녹록치 않은 심의기구이나, 숭례문 복구라는 명분으로 심의는 무난히 통과된다.

　그러나 성금을 낸 국민의 뜻과 숭례문복구단의 기대와는 달리 성금을 숭례문 복구에 직접 사용할 수 없다. 문화재청이 광복회로부터 전달받은 성금은 문화재청 입장에서는 금전적인 수입에 해당한다. 「국고금

관리법」은 "중앙관서의 장은 그 소관에 속하는 수입을 국고에 납부하여야 하며 이를 직접 사용하지 못한다"고 규정하고 있다. 이에 따라 문화재청은 광복회로부터 건네받은 성금을 숭례문 복구에 직접 사용하지 못하고 국고에 납부해야 한다. 성금을 낸 사람들은 자신들의 성의가 숭례문 복구에 보태지길 바랐지만, 법은 그것을 허용하지 않는다. 그렇다고 다음해 숭례문 예산이 국고에 보태진 성금만큼 증액되지도 않는다. 성금은 그저 성금일 뿐이다.

소나무 최초 기증자 166명, 최종 기증자 열 명

성금을 내겠다는 것은 그렇다고 하더라도, 소나무를 기증하겠다고 나선 분위기는 어디서 나온 것일까. 집 짓는 목재로는 소나무 외에도 다양한 나무가 있다. 큰 목재에는 크게 자라는 느티나무나 전나무 등도 쓰일 법하다. 실제로 오래된 사찰 건물의 큰 기둥에는 '괴목'이라 하여 느티나무가 많이 사용되었다. 그럼에도 불구하고 소나무를 기증하겠다고 한 것은 숭례문에 쓰이는 목재는 당연히 소나무라고 사람들이 생각하기 때문이다.

우리나라는 전통적으로 건축재료로 소나무를 으뜸으로 쳤다. 조선 후기 실학자 서유구徐有榘, 1764~1845는 자신의 저서 『임원경제지』林園經濟志에서 소나무 이외의 나무는 비록 좋은 목재가 있어도 마구간이나 창고 등 별로 중요하지 않은 건축물에 쓴다고 했다.[9] 한양도성의 정문인 숭례문을 소나무로 짓는 것은 지극히 당연했다. 누가 일러준 것도 아닌데 대다수의 한국 사람들은 궁궐이나 관아건축물 등 나라에서 지었던 중요 건축물의 목재는 소나무라고 알고 있다. 전문가들도 매한가지다. 2000년, 경복궁 근정전의 추녀가 기울고 지붕이 내려앉는 징후가 있어 건물을 해체하여 크게 수리한 적이 있다. 그때 큰 기둥의 상당수가 소나무가 아니라 전나무란 사실이 밝혀져 모두들 적이 놀랐다. 설마 궁궐의 으뜸 전각인 근정전에 소나무 이외의 나무가 재목으로 사용되었으리라고 누구도 의심하지 않았기 때문이다. 나중에 안 사실이지만 1865년 경복궁을 중건할 당시 기둥감으로 쓸 수 있는 큰 소나무를 구하지 못해 부득불 '꿩 대신 닭'을 쓴 것이다. 전나무는 소나무보다 빨리 자라는 속성수라 큰 재목을 구하기 쉽지만 소나무보다 약하다. 근정전의 추녀가 기운 것도 하층 문루 지붕의 추녀와 연결된 기둥이 부러졌기 때문이다.

화재 직후 소나무를 기증하겠다고 알려온 사람은 모두 166명이다. 숭례문복구단은 기증자들의 나무가 숭례문 재목으로 적절한지를 두고 다양한 검토를 거친다. 기증의사가 계속 유효한지가 첫 번째다. 확인하자마자 86명은 곧바로 기증의사를 철회한다. 마음이 바뀐 사람도 있고, 자세히 확인한 결과 자신의 소유가 아닌 경우도 있다. 연락이 안 되는 사람도 있고, 어떤 사람은 대가를 요구하기도 한다.

다음은 기증의사가 확실한 나머지 80명이 소유한 나무에 대한 가치평가다. 숭례문복구단은 문화재기능인협회에 의뢰해 대상 나무를 확인하는 현장조사에 도움을 줄 세 사람의 목수를 선발한다. 숭례문 재목으로 적당한지 목수의 안목으로 판단할 필요가 있기 때문이다. 2008년 5월부터 7월 사이에 숭례문복구단과 목수들이 함께 80명의 나무에 대해 수종과 수형 그리고 목질의 측면에서 현장조사를 실시한다. 그 결과, 27명의 나무가 적합한 것으로 판명된다. 기증자들은 자신의 나무가 소나무라고 믿고 있지만, 전나무 등 소나무와 유사한 수종인 경우도 있고 나무의 생김새가 건축용 재목으로 적합하지 못한 경우도 있다. 부분적으로 썩었거나 벌레가 많이 먹어 부적합 판정을 받기도 한다.

마지막으로 경제성과 법적인 검토를 거친다. 아무리 좋은 나무가 있더라도 운반할 수 있는 임도林道를 낼 수 없으면 소용이 없다. 시장에서 구입하는 경우에 비해 기증 나무를 벌채하고 운반하는 비용이 더 많이 드는 것도 제외한다. 마지막으로 모든 조건이 맞더라도 법적인 요건이 맞지 않으면 소용이 없다. 현행법 상 벌채가 가능한 지역의 나무라야 한다.

이들 까다로운 조건을 통과한 나무는 열세 명이 기증한 나무에 불과하다. 이들 중 최종단계에서 한 사람이 기증의사를 철회해 기증자는 열두 명으로 줄어든다. 마지막 관문은 지역 주민의 의사다. 열두 명의 기증 나무가 있는 지역 중 세 곳은 지역 주민들이 벌채에 반대해 제외된다. 이렇게 해서 벌채 가능한 곳은 아홉 명이 기증 의사를 밝힌 곳으로 줄어든다. 이러한 와중에 한 사람이 모든 조건이 맞는 나무를 추가로 기증해와 최종 기증자는 열 명이 된다. 이들이 기증한 나무는 모두 입목立木 21주와 원목 338개다. 기증자 중 한 사람이 자신의 집을 짓기 위해 보관 중이던 원목을 내놓았다. 2009년 2월 숭례문복구단은 중요무형문화재 대목장 세 사람을 참여시킨 가운데 기증 소나무 21주를 벌채한다. 벌채는 나무에 물이 오르기 전인 겨울에 해야 한다는 목수들의 조언에 따른 것이다.

나머지 나무는 준경묘의 소나무로

조선시대에도 나라에서 공사를 할 때 큰 재목을 구하는 데 애를 먹었다. 구체적으로는 효종 7년(1656)에 시행된 창덕궁 만수전萬壽殿 수리, 영조 28년(1752)에 거행된 의소묘懿昭廟 영건공사, 순조 5년(1805)에 거행된 창덕궁 인정전 영건공사, 순조 32년(1832)에 있었던 서궐西闕 영건공사 등 17세기 이후 실시된 궁궐공사의 여러 사례에서 그 사정을 엿볼 수 있다. 창덕궁 만수전 수리 때 목재 조달내역을 살펴보면, 전라도·강원도·황해도·충청도에서 골고루 목재를 구했는데, 각

지역 모두 물길이 닿는 강가나 바닷가였다. 충청도에서는 안면도가 거리도 가깝고 가장 큰 소나무 산지였음에도 불구하고, 이곳에서 구하지 않고 멀리 호남 연안에서까지 조달한 것을 보면 당시에도 소나무 공급이 원활하지 않았음을 짐작할 수 있다. 영조 때 거행된 의소묘 공사에서는 강원도 강변 지역인 양구, 홍천, 낭천狼川(지금의 화천華川) 등지에서 필요한 목재를 구하도록 배정했다. 그러나 벌목 책임자인 낭천현감은 할당된 양을 구하지 못해 목재의 운송이 불편한 강의 상류지역인 금성金城에서 나머지를 구해 육로로 목재를 운반하는 어려움을 겪었다. 순조 때 거행된 창덕궁 인정전 공사에 소요된 목재의 경우, 처음에는 장산곶과 안면도에 배정하였으나 큰 목재를 구하기 어려워 일부를 강원도에 다시 배정하여 구할 수 있었다. 이를 통해 19세기 초에도 강원도 깊은 산골이나 남해 도서지방의 깊은 산림 이외에는 세 자 이상의 큰 목재는 구하기 어려웠던 것을 알 수 있다. 순조 때에 있었던 서궐 공사 때에는 강원도에서도 목재를 구하기 힘들어 개인 소유의 사양산私養山에서 돈을 지불하고 구해야 했다.[10] 경복궁 중건 때에도 목재의 수급 때문에 애를 먹은 흔적을 여러 기록에서 확인할 수 있다. 특히 대량과 고주高柱 등 큰 목재를 구하는 데 애를 먹었다. 큰 목재를 구하기 위해 왕실의 능陵, 원園, 묘墓에서 소나무를 벌채하는가 하면, 민간신앙의 대상이었던 각 고을의 거목巨木과 양반들 소유의 산림에서도 벌채를 명하는 정도였다.[11]

그러면 옛날에는 벌채 후 몇 년 만에 목재로 사용했을까. 목재 연륜연대법年輪年代法을 활용한 연구결과에 의하면, 궁궐건축을 포함한 대부분의 경우 공사 1~2년 전에 벌채한 나무를 곧바로 사용했다. 인조 4년(1626)에 중건된 것으로 기록되어 있는 남원 광한루廣寒樓에 사용된 목재는 1625년 겨울에서 1626년 봄 사이에 벌채된 나무다.[12] 정조 18년(1794)에 완공된 수원 화성의 팔달문八達門에 사용된 목재는 1793년 가

준경묘 벌채
2008년 12월 10일, 강원도 삼척에 있는 태조 이성계의 5대조 무덤인 준경묘에서 천지신명에게 벌채를 알리는 고유제를 거행한 뒤 소나무를 베었다.

©문화재청

을에 벌목되었다.[13] 또한 고종 4년(1867) 중건된 근정전의 경우, 대부분의 목재가 1864년부터 1865년 사이에 벌채되었다.[14] 목재 연륜연대법은 나무의 생장이 환경, 특히 기후의 영향을 받는다는 데 착안한다. '나이테 연대법'이라고도 한다. 특정 시기 한 지역에 자라는 나무는 사람의 지문과 같은 독특한 나이테 패턴을 공유한다. 이를 이용해 나무의 벌채 연도와 지역을 알아낼 수 있다.

숭례문 복구에 필요한 목재를 국민이 기증한 나무만으로 충당할 수는 없다. 국민이 기증한 나무는 국민이 숭례문 복구에 자발적으로 동참했다는 상징적인 의미가 크다. 문화재청에서는 전통목조건축에 필요한 목재를 크기에 따라 일반재(직경 30센티미터 이하, 길이 3.6미터 이하), 특수재(직경 30~45센티미터, 길이 3.6~7.2미터), 특대재(직경 45센티미터 이상, 길이 7.2미터 이상)로 구분한다. 일반재와 특수재는 시장에서 쉽게 구입이 가능하지만, 특대재는 구할 수 없는 경우가 많다. 이러한 사정 때문에 경복궁 복원에 필요한 특대재 중 상당수는 외국산 목재를 사용해야 했다. 그러

나 이번에는 숭례문 복구의 중요성을 감안할 때 외국산 나무를 사용할
수는 없다.

　문화재청이 소유한 산림 중 강원도 삼척에 있는 태조 이성계의 5대
조 무덤인 '준경묘'濬慶墓가 있다. 준경묘는 약 500만 평방미터의 광활
한 면적을 차지하고 있고, 약 15만 주의 소나무를 품고 있다. 문화재청
은 경복궁 복원 때도 구하기 어려운 특대재를 조달하기 위해 이곳의 소
나무를 염두에 두었으나 주민들의 반대로 포기해야 했다. 숭례문 복구
라는 국민적인 관심사에 이곳 주민들도 마음을 바꾼다. 이에 문화재청
은 준경묘에서 20주의 소나무를 베어 10주는 광화문 복원에, 10주는
숭례문 복구에 각각 사용하기로 한다.

　광화문 복원공사의 경우, 2009년부터 2010년까지로 계획된 목공사
에 추녀, 창방, 평방 등 주요 구조부에 필요한 특대재를 구하지 못해 애
를 먹고 있었다. 준경묘 소나무 벌채는 광화문 복원을 담당하는 문화재
청 궁능문화재과에서 맡는다. 2008년 12월 10일, 천지신명天地神明에게
벌채를 알리는 고유제告由祭가 거행된다. 광화문 복원을 담당하고 있는
S대목장이 벌채할 나무의 선정에서부터 벌채, 운반, 보관을 도맡는다.

화재 1주년에 열린 숭례문 전시회

시간의 흐름에 따른 숭례문의 변화

전시회 준비

2008년 12월 중순 숭례문 화재를 뒤로한 채 한 해가 저물어갈 무렵, 숭례문 복구현장에서 무얼 하는지 도대체 눈에 띄는 것이 없다는 지적이 여기저기서 들린다. 1년이 지나고 있는데 밖에서 보면 달라진 것이 없으니 복구는 하고 있는지 궁금할 만도 하다. 이에 숭례문복구단은 화재 1주년이 되는 2009년 2월 10일에 맞추어 숭례문의 옛 모습을 보여줄 전시회를 계획한다. 복구의 첫 단계가 숭례문의 옛 모습에 대한 고증이기 때문에, 숭례문의 옛 모습에 관한 전시는 곧 복구과정의 일부이기도 하다.

전시회를 구상함에 있어 제일 먼저 해야 할 일은 전시회의 성격을 규명하는 일이다. 거기에 맞추어 전시회의 이름과 기본구도가 정해진다. 숭례문복구단은 숙고 끝에 '시간의 흐름에 따른 숭례문의 변화'를 전시회의 주제로 정한다. 전시회의 이름을 '숭례문—기억, 아쉬움 그리고 내일'로 붙인다. 기본구도는 과거, 현재, 미래의 시간 축軸에 따라 숭례문에 관한 이야기를 전개하는 것이다.

'과거'는 현대인이 모르는 역사 속 숭례문의 모습이다. 사진으로 만날 수 있는 가장 오래된 숭례문은 1888년에서 1892년 사이에 일본인 사진작가 하야시 무이치林武一가 찍은 사진이다. 『조선국진경』朝鮮國眞

景이란 사진집에 실린 이 사진에서 숭례문 좌우에는 성곽이 있고 문 앞 양쪽으로 상점들이 줄지어 있다. 숭례문의 흐트러짐 없는 처마선과 우뚝 선 모습은 한양도성의 정문임에 손색이 없다. 그러나 성곽의 맨 윗부분인 여장은 곳곳이 허물어져 앞으로 펼쳐질 조선의 운명을 암시하는 듯하다. 성문 밖 바로 앞으로 줄지어 늘어선 상점 앞에는 초가로 된 가가假家가 본채인 기와집에 덧붙어 있어 활기찬 상가의 모습을 대변한다. 초가로 된 가가는 오늘날 시장 점포 앞에 물건을 내놓기 위해 치는 천막과 같은 역할을 했다. 양쪽 상가 사이로 오가는 사람들과 달구지의 모습이 분주하다.

그 다음 것으로는 1934년 발간된 『경성부사』京城府史에 실린 작가미상의 사진으로 1895년에 촬영된 것이다. 여전히 좌우에 성곽을 거느린 채 앞으로 상가가 줄지어 있고 사람들의 왕래가 많은 숭례문의 모습을 보여준다. 이때에는 상점 앞을 점령하고 있던 초가의 가가가 사라지고 기와집이 상가를 형성하고 있는 말쑥한 모습이다. 이것이 도시의 정비를 뜻하는지 상권의 몰락을 의미하는지 흥미롭다. 길 가운데 우두커니 주인을 기다리는 소달구지와 벌거벗은 어린이의 모습에서 후자에 무게가 간다. 그 이후 1906년까지 숭례문의 여러 옛 사진에서 숭례문 좌우 성곽의 모습을 확인할 수 있다.

그러나 1907년의 사진에서 숭례문 좌우의 성곽은 자취를 감추고 만다. 당시 비록 한일강제병합 전이었지만, 1905년의 을사늑약으로 조선은 이미 주권을 빼앗긴 상태였다. 일제는 1907년에 있었던 일본 황태자의 방한을 축하한다는 명분으로 숭례문 좌우의 성곽을 허물어버렸다. 친일단체인 일진회一進會가 일본 황태자의 방한을 환영하기 위해 임시로 세운 봉영문奉迎門이 숭례문 앞에 버티고 있다. 봉영문 꼭대기를 장식하고 있는 일본황실문양이 조선의 운명을 보여주는 듯하다. 또한 숭례문 홍예를 관통하고 있는 전차의 모습에서 조선을 침략하는 일본의

1

2

3

숭례문의 과거 모습
사진으로 만날 수 있는 가장 오래된 숭례문은 1888~1892년에 일본인 사진작가 하야시 무이치가 찍은 사진 속 모습이
다. 숭례문 좌우에는 성곽이 있고 문 앞 양쪽으로 상점들이 줄지어 있다. 그 다음 것으로는 1934년 발간된 『경성부사』
에 실린 작가미상의 사진으로 1895년에 촬영된 것이다. 여전히 좌우에 성곽을 거느린 채 앞으로 상가가 줄지어 있고 사
람들의 왕래가 많은 숭례문의 모습을 보여준다. 1907년의 사진에서 숭례문 좌우의 성곽은 자취를 감추고 만다. 일제는
1907년에 있었던 일본 황태자의 방한을 축하한다는 명분으로 숭례문 좌우의 성곽을 허물어버렸다. 친일단체인 일진회가
일본 황태자의 방한을 환영하기 위해 임시로 세운 봉영문이 숭례문 앞에 버티고 있다. 1950년대의 숭례문은 한국전쟁
으로 만신창이가 되어 처마선이 뒤틀어져 있고 육축은 곳곳이 붕괴되어 있다. 1. 1888~1892년 당시의 숭례문. 『조선국
진경』, 1892, 동경 2. 1895년 당시의 숭례문, 국립중앙박물관 소장. 3. 숭례문과 봉영문, 『황태자 한국어도항기념사진
첩』, 1907, 동경 4. 한국전쟁으로 피해를 입은 1950년대 숭례문, 국가기록원 소장.

정체를 느끼게 한다. 그 이후의 사진에서 더 이상 숭례문은 한양도성의 정문으로서의 위용을 보여주지 못한다. 이제 숭례문은 좌우의 성곽을 잃어버린 채 외로운 섬 같은 모습이다.

1950년대의 숭례문은 한국전쟁으로 만신창이가 되어 처마선이 뒤틀어져 있고 육축은 곳곳이 붕괴되어 있다. 도심에서 벌어진 시가전으로 각종 총탄이 숭례문을 향했고 박격포탄이 석축에 깊이 박히기까지 했다. 곧 허물어질 듯한 숭례문의 모습이 민족상잔의 아픈 상처를 대변하고 있다.

'현재'는 비록 화재로 사라졌지만 우리가 봐왔던 익숙한 모습의 숭례문을 '기억'과 '악몽 그리고 참회'를 통해 바라본다. '기억'이란 제목 아래 화재 전 우리가 기억하는 숭례문의 다양한 모습을 문화재 사진작가로 이름을 떨쳤던 고故 김대벽의 사진으로 만난다. 김대벽은 우리가 미처 발견하지 못했던 숭례문의 참 모습을 다양한 앵글로 담아 생명을 불어넣었다. 김대벽의 유족들이 흔쾌히 고인의 숭례문 사진을 기증했다.

'악몽 그리고 참회'에는 붉게 이글거리는 불길 속에 놓인 숭례문의 모습, 화재를 진압하는 소방관들의 모습, 불타버린 후 폐허로 변한 숭례문의 모습, 망연자실한 시민과 숭례문에게 사과하는 글을 쓰는 어린이의 모습이 보인다. 허망함과 안타까움이 사진의 분위기 곳곳에 배어 있다.

'미래'는 복구를 통해 되살아날 숭례문을 '되삶'이란 제목으로 조망한다. 화재 수습을 위해 타고 남은 부재를 선별하는 모습, 숭례문 복구를 위해 나무를 자르는 모습, 숭례문 주변을 발굴조사하는 모습을 망라한다. 훌훌 털고 일어나 미래를 준비하기 위해 분주히 움직이는 결의에 찬 모습이 주조를 이룬다.

그러나 막상 숭례문과 관련된 전시회를 계획하다보니 사진 외에는 전시할 만한 물건이 마땅치 않다. 과거와 관련된 것이라야 이미 알려진 조선 말기부터 일제강점기에 걸친 숭례문 옛 사진이 고작이다. 더 있다면 숭례문 지붕이 살짝 보이는 조선시대의 그림과 화재 전부터 보관 중이던 숭례문 옛 기와와 몇 점의 목부재가 추가될 수 있을 뿐이다. 전시할 것이 너무 없으니 조금이라도 관련 있는 것 하나가 아쉽다. 그러던 중, 숭례문복구단 J연구사가 뜻밖의 물건을 찾아낸다. 숭례문 바로 밖에 있었던 연못인 남지南池에서 발굴된 독특한 유물을 국립중앙박물관 수장고 목록에서 발견한 것이다. 전시회 내용 중 남지를 중심으로 하나의 섹터를 만들면 재미있을 것이다. 남지는 지금까지 신비의 연못으로 여겨져왔다. 옛 기록과 그림을 통해 확인할 수 있으나, 일제강점기에 사라진 이후 지금은 정확한 위치조차 모르는 미스터리의 연못으로 남아 있다.

지금은 사라진 남지의 자취

남지에 대한 옛 그림은 인조 7년인 1629년에 그려진 〈이기룡필남지기로회도〉李起龍筆南池耆老會圖와 이를 후대에 모사한 서너 작품이 전해지고 있다. 그중 원본이라 할 수 있는 〈이기룡필남지기로회도〉는 보물로 지정되어 있고, 이를 숙종 17년인 1691년에 모사한 〈남지기로회도〉南池耆老會圖는 서울시 지방문화재로 지정되어 있다. 〈이기룡필남지기로회도〉는 말 그대로 숭례문 밖 남지에서 기로회를 갖는 모습을 도화서 화원이었던 이기룡이 그린 그림이다. 당시에는 카메라가 없었기 때문에 여러 사람이 계契모임을 가진 뒤 참석한 사람 수만큼 그림을 그려 나눠갖는 일이 흔했다. 미술사 공부하는 사람들은 이런 그림을 통칭하여 '계회도'契會圖라 한다. 여기서 '기로회'란 '기로'의 모임이란 뜻인데, 기로는 정2품 이상의 문관 출신 퇴직 관료를 나라에서 예우하기 위한 관청인 '기로소'耆老所의 멤버들이다. 이들의 모임을 요즘 말로 하면 '국가원로회' 정도 될 것이다.

이 그림에서 특이한 것은 숭례문의 문루와 한양도성이 일부 표현되어 있어 남지와 숭례문의 관계를 보여준다는 점이다. 그림을 그린 화원은 특이하게도 그림의 맨 아래쪽에 그림의 배경이 되는 한양도성과 숭례문을, 중간에 남지를, 맨 위쪽에 기로회가 열린 기와집을 배치했다. 그림에서 굳이 방위를 따진다면 북쪽을 위에 배치하는 요즘 지도와는 반대로 숭례문이 있는 북쪽이 그림의 맨 아래에 있다. 그림의 중간에는 북쪽 두 모서리에 한껏 가지를 늘어뜨린 늙은 수양버들을 거느린 네모진 연못이 있다. 연못에는 널찍한 연잎과 분홍색 연꽃 그리고 곧 꽃을 피울 듯 삐죽삐죽 고개를 내민 꽃망울이 가득하다. 남지의 위쪽, 즉 남쪽에는 공포를 받쳐 처마를 길게 뺀 팔작지붕을 가진 큰 집이 있다. 이 집의 대청에는 열두 명이 참석하기로 한 기로회에 두 사람은 불참한 듯, 열두 개의 상床에 열 사람만 앉아 있고 두 자리는 방석만 놓인 채 비어 있다. 푸른 저고리에 붉은 치마를 입은 여인이 음식을 나르며 시중드는 모습이 보인다. 대청 왼쪽 방에는 악사인 듯 남자 세 사람이 대기하고 있고, 오른쪽 방에는 다섯 명의 여인이 음식을 준비하느라 분주하다. 남지 아래쪽, 즉 북쪽에는 좌우에 성곽을 거느린 숭례문 문루가 마치 앞쪽에 놓인 그림의 전경前景처럼 작게 표현되어 있다. 숭례문은 육축 위 문루 부분만 보이지만 묘사에는 소홀함이 없다. 지붕 용마루 양끝을 장식하고 있는 취두와 추녀마루에 놓인 용두와 잡상을 과감한 생략과 과장으로 묘사한 화원의 솜씨가 돋보인다.

숭례문 전시회에 남지를 별도의 분야로 구성하기로 하고, 이를 '남지 작은 특별전'이라 이름 붙인다. 남지는 관악산의 불기운을 막기 위한 비책秘策으로 파놓은 연못이다. 남지에서 발견된 유물에는 '청동용두귀'青銅龍頭龜라는 이름이 붙어 있다. 몸체는 거북이고 머리는 용의 형상을 한 것으로 청동으로 만들어졌다. 1926년 건축공사 중 남지 터에서 발굴

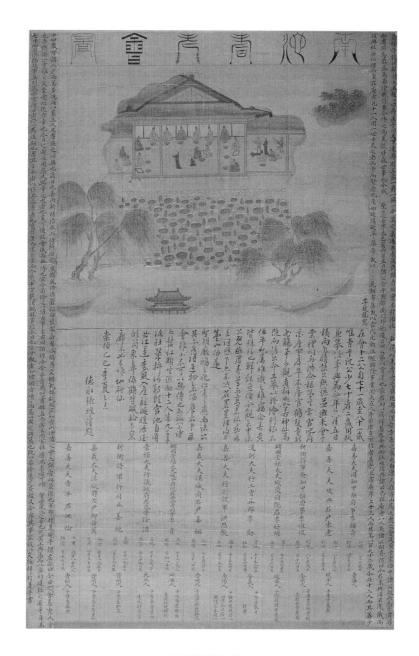

〈이기룡필남지기로회도〉
숭례문 밖 남지에서 기로회를 갖는 모습을 당시 도화서 화원 이기룡이 그린 그림이다.
1629년, 비단에 채색, 116.7×72.4cm, 서울대학교 박물관 소장

남지의 청동용두귀와 경회루 연못의 용

남지는 관악산의 불기운을 막기 위해 파놓은 연못이다. 남지에서 발견된 유물에는 청동용두귀가 있는데 몸체는 거북이고 머리는 용의 형상을 한 것으로 청동으로 만들어졌다. 여기에다 '불 화'火字를 '물 수'水字와 팔괘八卦가 빙 둘러싸고 있는 그림이 청동용두귀 내부에 새겨져 있다. 음양의 조화로 불이 일어나지 말라는 바람이 이 그림에 담겨 있는 듯하다. 팔괘 그림을 따로 종이에 그려 청동용두귀 내부에 보관한 것도 당시에 함께 발견되었다. 이와 비슷한 경우는 경복궁 경회루 연못에서도 있었다. 1997년 경회루 연못을 준설하기 위해 물을 뺀 적이 있는데, 그때 청동으로 만든 용이 발견되었다.

1. 남지에서 나온 청동용두귀. 국립중앙박물관 소장.©서헌강　2. 청동용두귀 내부의 음각 팔괘 문양©서헌강
3. 청동용두귀 속에 있던 팔괘©서헌강　4. 경회루 연못에서 나온 용. 국립고궁박물관 소장.

되어 조선총독부박물관에 보관되었다가, 해방이 되면서 자연스럽게 국립박물관으로 이관되었다. 국립중앙박물관에서는 숭례문 전시회 이전에는 그 누구도 숭례문 남지에서 발굴된 '청동용두귀'의 중요성을 깨닫지 못해 한 번도 전시한 적이 없다.

연못의 용은 경복궁 경회루 연못에도 있었다. 1997년 경회루 연못을 준설하기 위해 물을 뺀 적이 있는데, 그때 청동으로 만든 용이 발견되었다. 이 용 역시 경복궁의 화재를 방지하기 위한 염원에서 주술적인 수단으로 넣은 것이다. 화재예방을 위한 목적 때문인지 두 유물이 용龍이라는 공통점이 있다. 용은 물에 사는 상상의 동물이기 때문에 용이 있으면 불의 기운을 누를 수 있다고 옛날 사람들은 믿었다.

숭례문 남지에서 발굴된 청동용두귀 내부에는 재미있는 그림이 무슨 상징처럼 새겨져 있다. '불 화'火 자를 '물 수'水 자와 팔괘八卦가 빙 둘러싸고 있는 그림이다. 불을 물로써 에워싸는 것은 불을 제압하고자 하는 알기 쉬운 표현이고, 팔괘는 음양陰陽의 세계관을 토대로 삼라만상을 나타내는 것이니 음양의 조화로 불이 일어나지 말라는 바람이 이 그림에 담겨 있는 듯하다. 이 그림을 따로 종이에 그려 청동용두귀 내부에 보관한 것도 당시에 함께 발견되었다. 남지 안에 별도로 밀봉한 공간을 만들어 청동용두귀를 넣었기 때문에 물이 들어가지 않았다. 불에 대한 옛 사람들의 경계가 어떠했는지 짐작이 간다.

물거품 된 남지 복원의 꿈

2008년 출범한 새 정부는 그 해 광복절을 '광복 63주년'이 아니라 '건국 60주년'이라 이름 붙였다. 이를 위해 구성된 '건국 60주년 기념사업추진위원회'는 건국 60주년 기념사업의 일환으로 '국가상징거리 조성사업'을 추진한다고 발표했다.

국가상징거리란 경복궁을 꼭짓점으로 하여 남쪽으로 세종로와 태평로를 거쳐 숭례문에 이르는 거리와 숭례문에서 서울역에 이르는 거리를 지목하고 있다. 경복궁의 동쪽에 있는 국군기무사사령부와 국군서울지구병원은 경복궁의 주차장을 비롯한 복합문화관광시설로, 광화문 앞에 있는 문화체육관광부청사는 대한민국역사박물관으로 바뀐다. 국가상징거리의 핵심은 경복궁에서 숭례문까지의 거리다. 이 거리를 국가의 정체성과 이념, 그리고 국가의 지식과 정보를 담아낼 수 있는 큰 공간으로 만들겠다는 것이 국가상징거리 조성사업 마스터플랜의 핵심 내용이다. 이를 위해 '3대 조성원칙'이 제시된다. 하나는 '대한민국의 축'이라고 이름 붙여 국가의 정체성과 이념을 표출한다. 또 하나는 '기록의 축'이라 하는데 여기에 대해서는 별다른 설명이 없다. 나머지 하나는 '비전의 축'이라 하여 사랑과 평화를 상징한다.

새 정부에서 국가상징거리 조성사업에 대한 발표가 있자, 대부분의 언론에서는 정부에서 배포한 보도자료의 그림을 인용해가며 그것을 상세히 다룬다. 영국, 미국, 프랑스의 사례를 언급하며 국가상징거리는 선진국이 되려면 반드시 갖추어야 하는 것으로 묘사한다. 영국 런던은 웨스트민스터 사원으로부터 트라팔가 광장까지를 영국의 국가상징거리라고 소개하고, 미국 워싱턴은 의사당에서 링컨기념관에 이르는 내셔널몰과 의사당에서 백악관에 이르는 펜실베이니아 애비뉴를 미국의 상징으로 이야기한다. 프랑스 파리는 개선문에서 콩코드 광장까지의 샹젤리제 거리가 프랑스의 자존심이라고 그림과 사진을 곁들여 내세운다. 언론보도는 국가상징거리 조성사업이 끝나는 2012년쯤이면 우리도 곧 미국, 영국, 프랑스와 같은 선진국이 될 것이라는 확신을 국민에게 전달하고 있는 듯하다. 그러나 한 신문사의 논설위원은 지금 대한민국의 상징은 새 정부가 아름답게 꾸미려는 널찍한 큰 길은 아니며 그렇다고 경복궁이나 숭례문도 아니라고 운을 뗀다. 그는 외국인의 눈에 현재 대한민국의 상징은 전국 방방곡곡을 점령하고 있는 대단위 아파트단지일 것이라며, 국가의 상징은 그 나라의 문화 속에서 자연스럽게 우러나는 것이지 어떤 특정 정권이 의도적으로 만들 수 있는 것이 아니라고 일침을 놓는다. 도로를 넓히고, 광장을 만들어 동상을 세우고, 분수로 물을 높이 뿜어올린다고 국가상징거리가 되는 것이 아니라는 의미이다.

국가상징거리 조성사업은 사업구간 내에 경복궁과 숭례문이 있어 문화재청과 얽혀 있기도 하다. 이 때문에 숭례문복구단은 숭례문 앞에 있었다가 일제강점기에 없어진 연못 남지를 복원할 수 있을까 하는 일말의 기대감을 갖는다. 사실 남지를 복원하는 것은 현실적으로 힘들어 보인다. 이미 그 자리에는 빌딩이 들어서 있으니, 그야말로 국가상징거리를 조성하면서 천지를 개벽한다면 모를까. 그런데 국가상징거리 조성사업계획 중에는 광화문에서 서울역까지 광장을 조성하기 위해 차 없는 거리를 만든다는 안案도 포함되어 있어, 전혀 가능성이 없는 것만도 아닌 듯하다. 또 하나는 숭례문 서쪽 도로 쪽으로 성벽을 연결할 수 있을까 하는 바람도 있다. 숭례문 동쪽으로는 남산 쪽으로 성벽이 뻗어가지만, 서쪽으로는 바로 도로가 있어 성벽은 고작 16미터만 복원할 수 있다. 이에 숭례문복구단은 서쪽 성곽을 도로 위로 연장하고 자동차가 통행할 수 있도록 통로를 만들자는 구상을 한다. 그래야 숭례문 좌우로 복원되는 성곽이 균형이 잡힌다. 그렇지 않을 경우, 동쪽으로 복원되는 성곽은 80미터 이상인데 비해, 서쪽은 도로로 막혀 있어 복원 가능한 성곽이 고작 16미터에 불과하다.

2009년 12월, 국가상징거리 조성사업에 관한 회의가 있으니 참석을 바란다는 공문이 '국가건축정책위원회'로부터 숭례문복구단에 온다. 이 위원회는 새 정부 들어 새로 생긴 기관으로 2008년 8월 15일 직후 건국 60주년 기념사업추진위원회에서 시작한 국가상징거리 조성사업을 주관하고 있다. 나는 성곽 복원이 포함된 숭례문 복구 조감도를 챙겨 회의에 참석한다. 조감도에는 서쪽 도로 위로 확장될 성곽의 모습이 그려져 있다. 회의장은 안국역 부근에 있는 국가건축정책위원회 회의실이다. 국토해양부, 서울시, 행정안전부, 국세청 직원들이 참석자 명단에 보인다. 반백으로 보이는 초로의 남자가 회의장 헤드테이블에 앉자 회의가 시작된다. 그 이외에도 몇 사람의 민간위원이 보인다.

회의는 각 부처에서 준비한 현안을 설명하고 이를 검토하는 순으로 진행된다. 숭례문복구단 순서가 되자 나는 설명을 위해 미리 준비한 패널을 들어올린다. 순간 회의를 주재하고 있는 그 반백의 신사 얼굴이 일그러진다. 도로 위로 성곽을 복원하는 것은 성곽에 아치를 뚫어 차량 통행을 가능하게 해도 바람직하지 않다는 것이다. 남지 복원은 아예 이야기도 못 꺼낸다. 국가상징거리에 기대보려던 숭례문복구단의 희망은 물거품이 되고 만다.

숭례문의 육축은 안전한가

타고 남은 부분의 이상 유무를 확인하다

안전성 여부에 따라 달라지는 복구공사

숭례문 복구가 논의되는 과정에서 자연스럽게 타고 남은 구조물에 대한 안전이 도마에 오른다. 돌을 쌓아 만든 육축 위에 상하층 문루로 구성된 숭례문에서 화재 후 온전한 것은 육축뿐이다. 목조로 된 문루의 일부가 남아 있긴 하지만, 복구과정을 통해 해체가 불가피하기 때문에 이에 대한 구조적 안전은 별다른 의미가 없다. 육축은 화재로 피해를 입은 것이 없다. 다만 화재 진압시 뿌려진 소방수가 육축 내부로 유입되어 약해졌을지도 모른다는 주장이 대두되고 있다. 나름 설득력이 있는 것 같기도 하다. 숭례문 화재가 발생한 시점인 2008년 2월 10일 오후 여덟 시 48분부터 화재 진압을 완료한 다음날 새벽 두 시 5분까지 총 다섯 시간 17분 동안 엄청난 양의 소방수가 숭례문에 뿌려졌다.

육축의 구조적 안전을 확인하기 위해 '숭례문 구조안정성 평가'란 이름의 연구가 추진된다. 구조안정성 평가 항목에는 소방수의 유입으로 인한 구조적 영향을 비롯해 화재 전부터 염려스러웠던 안전에 관한 것들이 모두 포함된다. 이 연구의 핵심은 육축의 변형 여부에 대한 조사다. 일부 전문가들의 주장처럼 소방수의 유입으로 육축이 느슨해졌다면 틀림없이 변형이 일어났을 것이다. 다행스럽게 화재 전인 2005년,

육축의 변형상태를 측정한 자료가 있어 이와 비교하면 추가적인 변형 여부를 밝힐 수 있다.

다음으로는 숭례문 주변을 지나는 차량과 숭례문 바로 옆 땅속을 운행하는 지하철 1호선에 의한 진동이 숭례문에 미치는 영향을 조사한다. 숭례문 주위에는 숭례문과 불과 10~20미터 사이를 두고 밤낮으로 차량의 흐름이 끊이질 않는다. 대형 버스들이 줄지어 달릴라치면 그 진동이 만만치 않다. 또 1974년 개통된 지하철 1호선이 숭례문으로부터 서쪽으로 약 20미터 떨어진 땅속을 달리고 있어 여기에 대한 우려도 컸다.

세 번째로는 육축을 받치고 있는 지반의 구조적 안전성을 평가한다. 지반의 구조적 안전성에 대한 확인은 동대문인 흥인지문에서의 경험에서 비롯된다. 2001년 구조안전진단을 실시한 흥인지문은 지반이 매우 약한 것으로 드러났다. 만약 숭례문도 흥인지문처럼 지반이 약하다면, 이에 걸맞은 지반보강이 필요할 것이다. 네 번째로는 부재의 풍화상태에 대한 평가다. 600년이 넘는 역사를 가진 숭례문은 개별 부재 또한 그만큼의 시간을 머금고 있다. 물론 문루에 쓰인 목재는 상당수가 수리를 거치면서 교체된 것이지만, 돌로 된 육축만큼은 대부분 원래의 재료다. 세월을 머금은 부재는 자연의 이치에 따라 풍화되었을 것이고, 풍화의 정도는 육축의 안전에 영향을 미칠 수 있다. 마지막으로 성벽복원 예정구간의 지반에 대한 규명이다. 새롭게 쌓을 성벽을 받치게 될 지반이 안전한지에 대한 검토가 이루어져야 한다. 안전하다면 그냥 그 위에 전통적인 방법으로 기초를 만들고 성벽을 쌓으면 그만이지만, 그렇지 못할 경우 지반보강을 위한 별도의 조치를 취해야 한다.

'안전하다' 혹은 '안전하지 않다'라는 흑백논리로 판가름 날 구조안정성 평가는 숭례문 복구에 커다란 영향을 미칠 것이다. '안전하다'고 판정이 날 경우, 기존의 육축 위에 불탄 문루를 다시 세우면 된다. 그러나 '안전하지 않다'는 결과가 나올 경우, 복구 작업은 한층 복잡해진다.

부분 해체 후 드러난 육축 내부 모습
구조안정성 평가 최종보고회에서 육축이 안전하다고 결론이 났다. 만일 안전하지 않다고 결론이 났다면 숭례문 육축은 해체가 불가피하다. 그 과정에서 세월의 흔적을 품고 있는 옛 무사석이 금이 가거나 깨져 재사용이 불가능할 뻔했다.

원인을 분석하고 안전을 도모하기 위해, 기존 육축을 해체하고 구조적인 보강을 해야 한다. 그만큼 공기, 즉 공사기간이 늘어나게 된다.

구조안전진단이란 것이 일면 합리적인 것 같지만 종종 비합리적이고 악용되기도 한다. 이유는 간단하다. 결과에 따른 이익과 책임이 발생하기 때문이다. 재건축을 위한 법적인 소요시간이 지나지 않은 아파트의 재건축을 원하는 건축업자나 부동산 투자자들은 그 아파트가 위험하다는 구조안전진단 결과가 나오길 학수고대한다. 위험하다는 판정이 나면, 재건축이 가능하고 이에 따른 경제적 이익을 기대할 수 있다. 조금 더 스케일이 큰 사례로는 1990년대 중반의 지하철 2호선 당산철교 구조안전진단을 들 수 있다. 당시 구조안전진단을 맡았던 한국의 강구조학회와 미국회사는 서로 상반된 결과를 내놓았다. 미국회사는 위험하므로 철거해야 한다고 했지만, 한국의 전문가들 집단인 강구조학회는 보강만 하면 앞으로 30년은 족히 더 사용할 수 있다고 주장했다.[15]

결국 논란 끝에 서울시는 '안전하게' 철거하는 쪽의 결론을 따랐다. 이로 말미암아 서울시는 골치 아픈 문제를 '철거'라는 간단한 방법으로 해결했다. 그러나 2호선을 이용하는 시민들은 엄청난 불편을 강요당했다. 구조안전진단을 수행했던 미국업체는 홀가분하게 되었다. 안전하다고 했다가 무너지면 큰일이지만, 안전하지 않다고 했다가 무너지면 당연한 결과일 뿐이다. 설사 무너지지 않아도 언젠가는 무너질 다리로 낙인 찍히게 된다. 하지만 새로 철교를 건설하기 위해 천문학적인 국민의 세금이 들어갔다. 진실이 무엇인가는 양심 있는 전문가와 신神만이 안다.

구조안정성 평가를 통해 만약 숭례문의 육축이 안전하지 못하다고 결론이 나면, 두 가지 측면에서 문제가 발생한다. 하나는 당초 예정된 시간보다 복구기간이 더 늘어나는 것이고, 다른 하나는 상당수의 기존 돌들을 못 쓰게 될 것이란 걱정이다.

육축이 안전하지 못하다면 육축을 해체한 후 안전하게 다시 쌓아야 한다. 이렇게 되면 문루 복구와 성곽 복원만을 고려해 세웠던 복구공사 일정도 다시 검토해야 한다. 육축의 해체와 복구만큼 공사량이 늘어나니, 그만큼 공사기간도 늘어날 것이다. 육축에 대한 공사가 추가되면, 2012년 12월 말로 예정된 복구공사 완료 시점이 2013년 이후로 미루어지게 될 것이다. 어쩌면 2013년 후반기 이후로 늦어질 수도 있다.

육축을 해체했다가 다시 조립하게 되면 못 쓰는 돌이 많이 생긴다. 어쩌면 50퍼센트 이상 갈아야 할지도 모른다. 평평한 돌을 아무리 평평하게 쌓아도 전체적으로 균일하게 힘이 전달되는 것이 아니라 특정한 점을 통해 힘이 전달된다. 육축을 해체했다가 그대로 다시 쌓아도 힘이 전달되는 점은 그 전과 달라진다. 그런데 돌은 균일하지 않고 결이 있어 지금까지 멀쩡했던 돌도 힘의 작용점이 바뀌면 쉽게 금이 갈 수 있다. 더구나 수백 년의 연륜을 가진 돌이야 금이 가기 십상이다. 금이 간 돌을 다시 사용할 수는 없으니 새 돌로 갈아야 한다. 그렇게 되면 문루가 화재로 타버린 상태에서 숭례문에 남아 있는 옛 부재는 그만큼 더 없어지게 된다.

구조안정성 평가 최종보고회

2009년 4월, 구조안정성 평가 최종보고회가 열린다. 참석자는 숭례문복구단 직원과 숭례문복구자문단 중 기술분과위원 그리고 연구를 수행한 구조안전진단 회사다. 구조안정성 평가 같은 연구는 최종보고서를 제출하기 전에 몇 번의 중간보고회를 개최하는 것이 보통이다. 중간보고회에서는 그때까지의 진행사항을 점검하고 앞으로의 진행방향을 연구자와 발주자가 협의하게 된다. 이번 최종보고회 전, 몇 차례의 중간보고회에서 큰 방향은 이미 논의되었다. 최종보고회에서 연구결과를 고치지는 않지만, 오해의 소지가 있는 문구는 서로 협의하여 손질하게 된다. 구조안전진단 회사 대표가 연구결과를 발표한다.

숭례문 주변의 진동에 의한 영향, 육축 지반의 구조적 안전성, 육축의 변형 여부, 부재의 풍화상태, 성벽복원 예정구간의 지반에 대한 연구가 이루어졌다. 이번 연구의 초점은 화재 진압 시 뿌려진 소화수가 육축 내부로 침투해 육축의 변형을 초래했느냐 하는 것이다. 연구 결과, 육축 내부로 유입된 소화수는 극히 적은 양에 불과했다. 숭례문은 구조적으로 상층과 하층 문루 지붕을 통해 배수되는 시스템을 가지고 있다. 거기에다 화재가 발생한 2월 10일 밤 날씨는 영하의 기온으로 육축에 뿌려진 물이 표면에서 얼어붙어 내부로 침투하기 어려웠다. 초기에 뿌려진 소화수는 육축의 배수장치인 석누조石漏槽를 통해 외부로 배수된 것으로 확인되었다.

숭례문 육축은 오랜 시간 동안 자연적 풍화와 서울 도심에 위치하기 때문에 발생한 인위적 풍화환경에 노출되어 균열, 박리, 박락, 총탄 흔적, 변색이 복합적으로 나타나고 있다. 여기서 '박리'는 양파껍질처럼 암석 조각이 조금씩 떨어져 나가는 상태, '박락'은 박리가 진전되어 층상으로 떨어져나가는 현상을 말한다.

총탄에 의한 흔적은 크게 두 사건에 의해 발생했다. 1907년 7월 31일에 있었던 대한제국군대의 해산칙령에 반발하여, 다음날 대한제국군이 봉기하여 일본군과 시가전을 벌였다. 이때 대한제국군은 숭례문 북쪽 성벽에 의지하여 항전했고, 일본군은 숭례문 육축 위에 기관총을 설치하여 반격했다. 다른 하나는 한국전쟁 때의 피해다. 특히 이 시기에는 무기의 발달로 손상의 정도가 훨씬 심했다. 전체적으로 총탄 흔적은 남측 면에 347개, 북측 면에 25개로 남측 면이 월등히 높다. 균열은 남측 면에 128군데, 북측 면에 444군데로 북측 면이 남측 면보다 세 배 이상 많다. 그러나 이 균열들은 대부분 무사석의 표면에 집중적으로 발생하는 박리상 균열로 육축의 전체적인 안전에는 별다른 문제가 없다. 초음파 탐사를 통해 육축의 내외부를 정량적으로 평가한 결과, 표면 풍화도는 5등급 부재가 6퍼센트, 4등급 부재가 58퍼센트, 3등급이 29퍼센트, 2등급이 7퍼센트의 비율을 보이고 있어 심각한 것처럼 보인다. 그러나 석재의 내부는 양호한 것으로 나타나 안전을 걱정할 필요는 없다.

그러나 풍화도가 심한 무사석은 적극적으로 교체해야 한다고 숭례문복구자문단의 한 위원이 주장한다. 최악의 상태인 5등급이 6퍼센트, 그 다음인 4등급이 58퍼센트다. 4~5등급을 합치면 60퍼센트가 훨씬 넘는다. 아무리 이것이 표면 풍화도라고 할지라도 일반 국민들에게 불안감을 주기에 충분하다는 것이다. 이번 기회에 비록 표면 풍화라고 하더라도 심하게 풍화된 돌들은 좋은 새 돌로 적극적으로 바꾸자는 의견이다. 그러나 대다수의 의견은 구조적으로 문제가 없으면 옛 돌을 그냥 유지하자는 것이어서 이 의견은 받아들여지지 않는다.

숭례문 육축처럼 오래된 구조물의 변형은 '절대적인 변형'보다 '상

육축 해체
복원할 성곽과의 연결을 위해 육축 가장자리 부분을 해체했다.

대적인 변형'이 중요하다. 절대적인 변형이란 처음에 지어졌을 때를 기준으로 얼마나 변형되었나 하는 것이다. 모든 구조물은 자리를 잡으면서 오랜 세월에 걸쳐 변형되기 때문에, 문화재를 평가할 때 절대적인 변형은 별다른 의미가 없다. 상대적인 변형은 가까운 시점과 비교해서 상대적으로 얼마나 더 변형되었느냐 하는 개념으로 변형이 지속되고 있는지 여부를 밝히는 데 유용하다. 작은 변형이라도 진행되고 있으면 문제가 심각할 수 있고, 큰 변형이 있었더라도 진행이 멈춘 상태라면 위험하지 않다. 이러한 측면에서 다행스러운 것은 숭례문 육축의 상대적인 변위를 측정할 수 있는 기초자료가 있다는 것이다. 2002년 '숭례문 정밀안전진단'의 일환으로 이루어진 3차원 레이저스캔 자료와 2005년 '숭례문 정밀실측조사'가 그것이다. 이들 자료와 이번에 육축을 3차원으로 스캔한 자료를 비교해본 결과, 상대적인 변형은 없다. 이에 따라 소화수로 인한 육축의 변형은 없었다고 판정할 수 있다.

땅을 실제로 뚫어 조사하는 시추조사를 비롯해 여러 가지 현대적인 기법을 총동원해 지반상태를 탐사한 결과, 숭례문 아래의 지반은 위로부터 매립토와 풍화토, 풍화암, 연암이 차례로 버티고 있다. 이러한 조건은 나무말뚝이나 판축 등 전통적인 기초공법을 사용하기에 적합하다. 건축물을 앉힐 땅에 나무말뚝을 박아 건축물을 지지하게 하는 것이 나무말뚝 기초이고, 자갈과 진흙을 번갈아 쌓으면서 땅을 다지는 방법이 판축 기초다. 기존 숭례문의 기초 역시 나무말뚝과 판축 기초가 함께 사용되었다. 다음은 진동영향에 대한 평가다. 육축에 전달되는 진동의 원인은 크게 두 가지로 볼 수 있다. 하나는 숭례문 바로 옆 지하를 관통하는 지하철 1호선이고, 다른 하나는 주변도로의 교통에 의한 것이다. 문화재에 대한 국내외의 진동기준은 초秒당 2밀리미터를 초과하지 못하도록 하고 있는데, 측정 결과 최대진동이 기준치에 훨씬 못 미치는 0.28밀리미터에 불과했다. 마지막으로 육축의 안전성은 적심석의 강성, 무사석의 두께, 벽체의 기울기에 영향을 받을 수 있다. 육축 내부를 채우고 있는 적심석은 강회로 일체화 되어 있어 거의 자립할 수 있는 상태다. 이는 육축의 내부 압력이 육축의 바깥쪽 벽을 형성하고 있는 무사석에 작용하지 않는다는 것을 의미한다. 그러므로 무사석이 내부의 압력에 의해 바깥으로 넘어질 가능성은 없다. 무사석은 하부가 두껍고 위로 갈수록 두께가 체감되는 안정된 형태를 보이고 있다. 또한 화재 전후 변형이 거의 없기 때문에 안전한 것으로 볼 수 있다. 컴퓨터 시뮬레이션을 통해 홍예의 안전성을 검토한 결과 또한 매우 안정된 것으로 나타났다.

구조안정성 평가 최종보고회에서 육축이 안전하다고 결론이 남에 따라, 그 자리에 있던 모든 사람들이 안도의 한숨을 쉰다. 안전하지 않다고 결론이 날 경우 숭례문 육축은 해체가 불가피하고 그 과정에서 세월의 흔적을 품고 있는 옛 무사석이 쉽게 금이 가거나 깨져 재사용이 불가능하게 될 가능성이 농후하다는 걸 모두 잘 알고 있기 때문이다.

숭례문은 어떻게 수리되어왔을까

•

근대 이후 이루어진 숭례문 수리과정

수리를 넘어 지붕과 마루의 구조를 바꾸다

숭례문은 한국전쟁의 피해로 전쟁 직후인 1953년 응급 수리가 있었으나 임시변통에 불과했다. 계속해서 추녀가 처지고 육축의 배가 불러오는 등 구조적인 문제점이 발생하여 자칫 붕괴의 위험마저 걱정해야 되는 지경이었다. 1959년 당시 숭례문을 관리하고 있던 서울시교육감은 문화재관리를 총괄하고 있던 문교부장관에게 수리의 필요성을 제기했다. 이에 문교부장관은 1961년 숭례문 수리를 위한 예산을 편성하고 이를 서울시에 내려줌으로써 숭례문 수리가 시작되었다. 수리는 1961년 7월 20일 시작되어 1963년 5월 14일에 마무리되었다.[16] 공사가 시작될 무렵인 1961년 7월 당시에는 문화재를 전담하는 정부기관은 국립박물관밖에 없었다. 국립박물관에서는 임천林泉을 비롯한 전문가를 감독관으로 파견하였고, 서울시는 중수重修사무소를 두어 행정적인 지원을 했다. 현 문화재청의 전신인 문화재관리국은 1961년 10월에야 창설되었으니 숭례문 수리에 참여할 수 있는 입장이 아니었다.

숭례문 수리에 핵심적인 역할을 한 임천은 일제강점기 때 건축문화재 수리에 참여한 경험을 가졌던 극소수의 전문가 중 한 사람이다. 1908년 개성에서 태어난 그는 간도間島에서 중학교를 졸업한 후 1927년 일본으로 건너가 도쿄미술학교 동양화과에 입학하여 2년간 다녔다.

그 후 그는 1933년 개풍 관음사 대웅전 수리 때 채색공으로 일한 것을 시작으로 1935년 황주 성불사 극락전 및 응진전 수리, 1937년 평양 대동문 수리와 구례 화엄사 각황전 중수, 1939년 춘천 청평사 극락전 중수 때 각각 벽화 모사 및 채색조사원으로 일했다. 해방 이후에는 옛 건축물을 수리해본 경험자가 절대적으로 부족한 상황에서 국립박물관 학예관으로 있으면서 자신의 전공인 단청과 함께 수리에도 참여했다. 임천은 1947년 경주 불국사 대웅전 수리, 1948년 청양 장곡사 수리, 1949년 수원 팔달문 수리, 1950년 진주 촉석루 복원, 1958년 강진 무위사 극락전 수리에 각각 감독관으로 일했다.[17]

1960년대의 숭례문 수리에서 임천은 건축문화재 보존을 위한 나름대로의 철학으로 몇 가지의 기본원칙을 정한 후 공사를 실시했다.

가. 가능한 한 기존부재를 재사용한다.

나. 부득이 교체되는 부재는 이를 대신하는 신재에 서울시 마크로 낙인烙印을 찍어 후세에 쉽게 구별할 수 있도록 한다.

다. 교체되는 기와는 재래의 수법과 양식으로 제작한다.

라. 교체되는 목부재의 가공과 연결은 모두 전통연장을 사용하여 재래의 수법으로 한다.

마. 수리 이전의 건물 형태를 복원하는 것을 원칙으로 하되, 조사를 통해 근세에 와서 양식적 수법이 변경된 것이 밝혀진 것은 고식古式으로 되돌린다.

바. 구조적인 안전을 위해서는 수리 이전의 건물 형태를 따르지 않을 수도 있다.

사. 구조적인 보강이 필요한 곳은 철물로 보강한다.[18]

임천의 원칙은 일제강점기 때 옛 건축물 수리에 참여했던 자신의 경험에서 비롯되었다. 특히 1960년대의 원칙 중 가, 나, 마, 사는 1913년 평양 보통문 수리, 1916년 영주 부석사 무량수전 수리, 1936년 강릉 오죽헌 수리, 1937년 예산 수덕사 대웅전 수리, 1938년 밀양 영남루 수리 등 조선총독부가 주도한 일제강점기 문화재 수리의 원칙에서 발견할 수 있다.[19]

그의 원칙은 21세기 숭례문 복구 기본원칙은 물론 20세기 이후 확립된 유네스코 원칙과도 일맥상통한다. 유네스코 세계문화유산 등재 평가기관인 국제기념물유적협의회ICOMOS: International Council on Monuments and Sites는 1999년 '역사적 목구조물 보존을 위한 원칙 Principles for the Preservation of Historic Timber Structures'을 제시했다. 이 원칙에서 발견할 수 있는 다음과 같은 것들은 1960년대의 숭례문 수리 때 임천이 적용한 원칙을 읽는 듯한 착각을 불러일으킨다.

가. 수리의 범위를 최소한으로 하고 기존부재를 최대한 재사용하는 것이 이상적이다.
나. 전통연장, 전통재료, 전통기법에 의한 수리가 바람직하다.
다. 교체 부재에 낙인을 찍거나 글씨를 새겨 나중에 쉽게 구부재와 구분할 수 있도록 해야 한다.

임천의 원칙 중 특이한 것은 새로 사용하는 목재에는 서울시 마크를 새긴 낙인을 찍어 나중에 구부재와 쉽게 구분할 수 있도록 한 것이다. 낙인은 인두를 불에 달구어 목재에 지져 표시를 남기는 것으로 '불도장'이란 뜻에서 '화인'火印이라고도 한다. 당시에는 팔각형 별 모양의 서울시 마크 중앙에 남대문을 상징하는 '南' 자를 넣은 무늬를 새긴 인두를 사용했다. 일제강점기 때에도 훗날 교체한 신재와 기존의 구재를 쉽게

서울시 마크의 낙인이 찍힌 서까래
임천의 원칙 중 특이한 것은 새로 사용하는 목재에는 서울시 마크를 새긴 낙인을 찍어 나중에 구부재와 쉽게 구분할 수 있도록 한 것이다. 팔각형 별 모양의 서울시 마크 중앙에 남대문을 상징하는 '南' 자를 넣은 무늬를 새긴 인두를 사용했다.

구별할 수 있도록 '낙인'을 찍거나 글을 써서 표시했다.

임천의 원칙 중 마와 사는 논란의 소지가 있다. 근세에 와서 양식적 수법이 변경된 것은 옛날 방식으로 되돌린다고 했는데, 근세라는 기준이 어느 시점을 가리키는 것인지 명확하지 않다. 근세의 개념은 능동적인 측면에서 갑오경장(1894) 등 조선이 서양문물을 받아들인 시기를 가리킬 수도 있고, 수동적인 측면에서 일제강점기 이후를 뜻할 수도 있기 때문이다. 또 하나, 임천은 구조적인 안전을 위해 건물의 형태를 변경할 수 있다고 했는데, 이는 본래의 숭례문이 안전을 보장하지 못할 정도의 건물이라는 것을 염두에 둔 말이다. 그러나 숭례문은 창건 후 600년 이상 잘 견뎌온, 안전이 증명된 건축물이다.

상하층으로 된 숭례문 문루는 건물의 바깥기둥으로부터 처마를 높고 길게 내민 구조를 가지고 있다. 처마를 높고 길게 뽑으면 건축물이

86

화려하고 장엄하게 보이는 효과를 가진다. 이를 위해 맨 바깥쪽 기둥의 머리를 가로부재인 '창방'으로 잇고 그 위에 역시 가로부재인 '평방'을 겹쳐 놓은 다음, 그 위에 다시 '공포'라는 장치를 촘촘히 설치했다. 네모난 단면을 가진 창방은 폭보다 춤이 높다. 지붕으로부터 내리누르는 힘에 저항하는 힘이 창방 춤의 제곱에 비례하기 때문이다. 평방은 창방과 반대로 춤보다 폭이 넓다. 공포로부터 전달되는 지붕의 하중을 넓은 평방의 폭으로 균등하게 받아 이를 창방으로 전달해야 하기 때문이다. 공포는 평방 바로 위에 놓이는 '주두'라는 작은 사각형 부재를 시작으로 위로 갈수록 조금씩 더 긴 부재를 서로 직각 방향으로 여러 개 포개어 쌓아 전체적으로는 대략 뒤집어놓은 사각뿔의 형태를 가진다. 공포를 흔히 한 음절로 그냥 '포'라고도 한다. 공포의 맨 윗단은 공포가 놓이는 평방 밑에 있는 바깥기둥으로부터의 상대적인 위치에 따라 '외목外目도리', '주심柱心도리', '내목內目도리'라 불리는 수평부재로 공포를 서로 연결하여 일체화시킨다. 여기에 지붕의 뼈대를 이루는 서까래를 걸어 처마를 높고 멀리 보낸다. '주심도리'는 기둥의 바로 위, '외목도리'는 기둥을 중심으로 건물의 바깥, '내목도리'는 기둥을 중심으로 건물의 안쪽에 놓인다.

평방 위에 촘촘하게 놓이는 공포 사이는 대략 삼각형 모양의 빈 공간이 생겨 건물의 내외부가 통하게 된다. 이를 막기 위해 '포벽'이라 불리는 흙벽을 치는 경우가 있다. 1960년대 수리 전 숭례문의 공포와 공포 사이는 원래 당초문唐草紋 문양으로 단청을 한 포벽으로 막혀 있었다. 그러나 임천은 이를 해체하여 조사한 결과, 포벽을 치기 위한 가공이 공포와 포벽을 받치는 평방 위에 있기는 하나 매우 조잡하여 원래의 것이 아니라고 보았다. 또한 포벽에 의해 감추어지는 평방의 윗면과 공포의 측면에 오래된 단청 흔적이 있어 포벽은 나중에 첨가된 것이라고 판단하고 제거했다. 이를 두고 임천은 후대에 이루어진 양식상의 변경

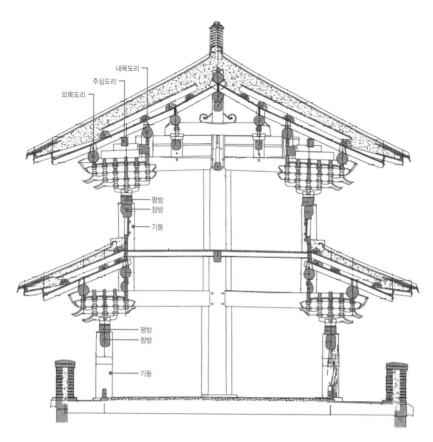

기둥, 창방, 평방, 외목도리, 주심도리, 내목도리의 상관 관계

공포의 맨 윗단은 공포가 놓이는 평방 밑에 있는 바깥기둥으로부터의 상대적인 위치에 따라 '외목도리', '주심도리', '내목도리'라 불리는 수평부재로 공포를 서로 연결하여 일체화시킨다. 여기에 지붕의 뼈대를 이루는 서까래를 걸어 처마를 높고 멀리 보낸다. '주심도리'는 기둥의 바로 위, '외목도리'는 기둥을 중심으로 건물의 바깥, '내목도리'는 기둥을 중심으로 건물의 안쪽에 놓인다. 그림은 1960년대 수리 후의 숭례문 단면도이다.

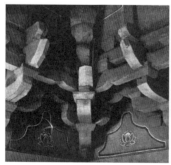

수리 전후 남대문 상층 내부 세부 모습

1966년 나온 『서울남대문수리보고서』에 의하면 수리 전에는 귀포 부분에 포벽이 존재했으나 수리 후에는 포벽이 제거되어 있다.

을 좀 더 앞선 시대의 양식으로 되돌리기 위한 것이라고 설명했다.[20] 그러면 이번 숭례문 복구에서도 임천의 견해를 따를 것인가 하는 문제가 대두된다.

다음으로는 숭례문 하층 마루에 관한 것이다. 일제강점기에 찍은 숭례문 내부 사진을 보면 본래 숭례문 상하층 마루는 모두 '장마루'였다. 그런데 1960년대의 수리를 거치면서 하층 마루가 '우물마루'로 바뀌었다. 한옥의 마루는 크게 우물마루와 장마루로 구분하는데 우물마루가 더 일반적이다. 우물마루는 기둥과 기둥 사이에 수평부재인 '장귀틀'을 건너지르고, 장귀틀과 장귀틀 사이에 역시 수평부재인 '동귀틀'을 한 자尺 두 치寸에서 한 자 반, 즉 36~45센티미터 정도의 간격으로 보낸 다음, 동귀틀에 홈을 파고 동귀틀과 동귀틀 사이에 마루판을 끼워 마감한다. 여기서 '장귀틀'은 '긴長 귀틀'이란 뜻이고, '동귀틀'은 '작은童 귀틀'이란 뜻이다. 이에 비해 장마루는 기둥을 연결하는 귀틀을 설치한 다음, 그 위에 한 방향으로 두 자 정도의 간격으로 장선을 걸친다. 장선과 직각 방향으로 좁고 긴 마루판을 촘촘히 깔아 못으로 마루판을 장선에 고정하여 마감한다.

우물마루의 마루판은 못으로 고정된 것이 아니라 동귀틀에 마련한 홈 사이에 끼워져 있어 못으로 마루널을 고정한 장마루에 비해 계절의 변화에 따른 수축과 팽창에 유리하다. 마루를 깐 후 시간이 흐르면 마루널이 수축해 틈이 벌어지게 되는데, 장마루는 마루널이 못으로 고정되어 있어 그 틈을 메울 방법이 마땅치 않지만 우물마루는 빈틈이 없도록 한쪽 방향으로 마루널을 밀 수 있다. 이러한 측면에서 사계절의 변화가 뚜렷한 한국에 적합하다. 생산성의 측면에서도 우물마루가 유리했다. 인력을 이용한 손연장으로 나무를 켜야 했던 전통사회에서 긴 판재를 구하는 것은 매우 힘든 일이었다. 긴 판재를 얻기 위해서는 원목을 길이 방향으로 원하는 두께로 일정하게 처음부터 끝까지 켜야 했다.

이에 비해 우물마루에 들어가는 마루판은 길이가 짧고 위로 노출되는 한쪽 면만 평평하면 되기 때문에 가공이 쉽다. 톱으로 한 자 반 정도의 길이로 나무를 자른 다음, 마루의 마감 면이 되는 한쪽 면만 자귀질이나 대패질 등으로 평탄하게 손질하면 그만이다. 마루 밑으로 감추어지는 다른 면은 거의 가공하지 않았다. 또한 목수의 솜씨에 따라 구부러진 목재로도 얼마든지 우물마루를 깔 수 있다. 이러한 우물마루의 장점 때문에 장마루보다는 우물마루가 대종을 이루었다.

포벽을 제거한 것은 '고식을 따르기 위함'이라고 임천이 보고서에서 밝혔지만, 하층 마루를 장마루에서 우물마루로 변경한 것에 관해서는 한마디 언급도 없어 그 의도를 파악할 길이 없다. 원래의 마루를 변경한 의도를 모르는 상태에서 어떤 형식의 마루로 하는 것이 숭례문 복구에 맞는 것인지 선택하기 어렵다.

임천은 "고식을 따른다"고 했지만 구조적인 안전을 위해서는 기존 기법의 과감한 변경을 시도하기도 했다. 그 대표적인 것으로는 지붕 내부구조의 변경을 들 수 있다. 임천은 적심과 보토로 속이 채워진 전통적인 지붕구조는 지나치게 무거워 처마선을 변형시키는 원인이 된다고 믿었다. 이를 보완하기 위해 임천은 지붕무게의 주요 원인이 되는 적심을 줄이고 대신 '덧서까래'라 이름 붙인 별도의 서까래를 추가로 설치하여 적심이 차지하던 부분을 빈 공간으로 만들었다. 임천은 이를 두고 한국의 고건축에서 처음 시도되는 것으로 건축물의 내부만 변형시켰을 뿐 외부는 전혀 변함이 없다고 스스로를 위로하면서 후세의 평가를

우물마루와 장마루
우물마루는 기둥과 기둥 사이에 수평부재인 장귀틀을 건너지르고, 장귀틀과 장귀틀 사이에 역시 수평부재인 동귀틀을 일정 간격으로 보낸 다음, 동귀틀에 홈을 파고 동귀틀과 동귀틀 사이에 마루판을 끼워 마감한다. 이에 비해 장마루는 기둥을 연결하는 귀틀을 설치한 다음, 그 위에 한 방향으로 두 자 정도의 간격으로 장선을 걸친다. 장선과 직각 방향으로 좁고 긴 마루판을 촘촘히 깔아 못으로 마루판을 장선에 고정하여 마감한다.
1. 불국사 대웅전 우물마루 2. 1963년 수리 이후 1983년 실측한 숭례문 우물마루
3. 『조선고적도보』에 나오는 일제강점기의 숭례문 장마루

1

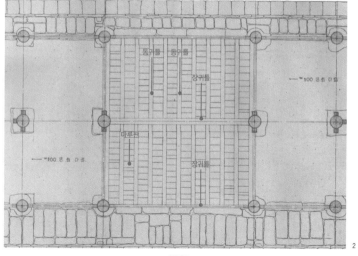

동귀틀　동귀틀

장귀틀

100 공 최 다 름

마루판

100 공 최 다 름

장귀틀

2

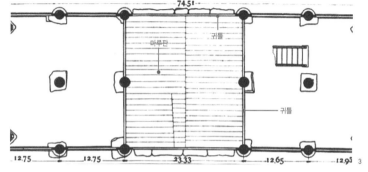

74.51

마루판

귀틀

귀틀

12.75　12.75　33.33　12.65　12.93

3

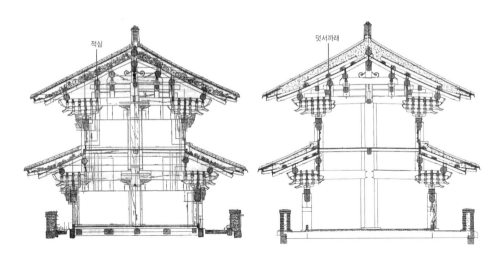

적심

덧서까래

1960년대 수리 전후 숭례문 단면

이 단면도를 통해 수리 전후에 일어난 지붕 내부구조의 변화를 알 수 있다. 당시 수리에서 지붕무게의 주요 원인이 되는 적심을 줄이고 대신 '덧서까래'라 이름 붙인 별도의 서까래를 추가로 설치하여 적심이 차지하던 부분을 빈 공간으로 만들었다.

궁금해 했다.[21] 심지어는 지붕 속에 대팻밥도 깔았다.[22] 불행히도 이 대팻밥은 화재 때 지붕 속에서 불쏘시개 역할을 한 것으로 추정된다. 화재 초기에 불꽃은 보이지 않고 지붕 속에서 연기가 계속 피어올랐는데, 그때 대팻밥에 불이 붙었을 것이다. 목재는 보통 발화온도가 거의 섭씨 500도에 이르기 때문에 불을 붙이기 쉽지 않다. 이러한 지붕 내부구조 역시 숭례문 복구를 통해 원래의 구조로 되돌아가야 하는지 임천의 '구조적 합리주의'를 존중해야 하는지 고민거리다.

임천이 지붕 속의 구조를 변경한 것은 일제강점기에 일본인들과 함께 한 문화재 수리에서 쌓은 경험 때문인 듯하다. 일본은 지진이 많아 지붕을 가볍게 한다. 지붕이 무거우면 지진으로 조금만 흔들려도 집이 무너지기 십상이다. 그러나 우리나라는 예로부터 지진에 대한 걱정이 없어 일본처럼 지붕을 가볍게 하려는 노력을 기울일 필요가 없었다.

한옥 지붕에는 적심과 흙이 많이 올라가 무겁다. 지붕이 무거우니

구조적으로 불리한 면이 있는 건 사실이지만, 쾌적하고 아름다운 지붕을 만드는 데 유리했다. 한옥이 여름에 시원한 이유는 지붕에 나무와 흙으로 쌓은 적심과 보토가 단열재의 역할을 하기 때문이다. 요즘 새로 집을 고치면 그 집에 살던 사람들이 그전만큼 시원하지 않다는 불평들을 많이 한다. 적심과 보토를 예전만큼 쓰지 않기 때문에 단열효과가 줄어든 것이다.

또 하나는 지붕의 물매를 급하게 하려다보니까 적심과 보토를 많이 쓰게 되었다. 지붕의 물매를 급하게 하기 위해서는 물매에 영향을 주는 적심과 보토의 양이 많아지는 경향이 있다. 특히 지붕이 큰 건물일수록 그런 경향이 두드러진다.

18세기 말부터 20세기 초까지 일본사람들이 자기네 문화재를 고칠 때 지붕의 내부구조를 바꾸는 걸 아무렇지도 않게 생각한 적이 있다. 당시 일본사람들은 외관만 유지하면 내부는 아무래도 좋다고 생각했다. 그래서 일본 나라奈良 지방의 도쇼다지唐招提寺 금당金堂과 강당講堂을 수리하면서 지붕 속에 서양식 트러스truss를 짜 넣기도 했다. 서양의 트러스가 자신들의 전통적인 구조보다 구조적으로 합리적이라고 생각했기 때문이다. 서양을 닮고자 했던 당시 일본인들의 사고를 엿볼 수 있는 장면이다. 교토에 있는 뵤도인平等院 호오도鳳凰堂와 같은 경우는 지붕 속에 철근을 넣어 보강하기도 했다. 그러다가 1925년 무렵부터는 앞선 시대의 변경이 비판을 받게 되자, 그 후로는 다시 이전에 변경한 내부구조를 원래의 구조로 되돌렸다.[23] 일본 사례도 있지만 국제적으로도 외형만 보존하고 내부를 고치는 문화재 보존을 지금은 '스킨 프레저베이션'skin preservation, 즉 '껍데기 보존'이라 하여 경계하는 목소리가 높다.

원래의 모습으로 되돌릴 기회

1960년대의 숭례문 수리 때 변경된 포벽과 마루 그리고 지붕의 내부구조를 어떻게 할 것인지는 숭례문 복구에서 핵심적인 논란거리다. 정답이 있는 것이 아니라 선택의 문제지만 선택에는 명분이 필요하다. 나는 숭례문복구단의 방침을 먼저 정한 후 이를 숭례문복구자문단 회의에 부쳐 결론을 내기로 마음먹는다. 조선 초기부터 화재 직전인 2008년까지 숭례문의 존재기간 중 조선시대의 변화는 의미 있는 진화이지만, 일제강점기 이후의 변경은 가치가 없다. 숭례문은 조선시대까지 한양도성의 정문으로 본래의 역할을 다했지만, 그 이후는 보존해야 할 문화유산으로 그 역할이 바뀌었다. 1960년대의 변경을 의미 있는 진화로 인정하기는 어렵다. 이렇게 볼 때, 1960년대에 변경된 것은 조선 후기의 모습으로 회복하는 것이 마땅하다. 포벽을 다시 설치하고, 우물마루를 장마루로 바꾸며, 덧서까래를 제거해 원래의 지붕 내부구조인 적심과 보토를 깔아야 한다.

2009년 5월, 숭례문복구단의 요청에 따라 숭례문복구자문단 회의가 열린다. 기술분과위원 전원과 고증분과 위원 중 1960년대 숭례문 수리에 임천과 함께 감독관으로 참여했던 K위원이 참석한다. 숭례문복구단의 검토의견에 대한 설명이 끝난 후, 자문위원들 사이에 의견교환이 시작된다.

먼저 하층 마루의 변경에 대해 그 이유를 아는지 1960년대 숭례문 수리에 참여했던 K위원에게 묻자, K위원은 들은 바 없다는 대답이다. 포벽과 지붕구조의 변경에 대한 이유는 1965년에 발간된 『서울 남대문 수리보고서』에 잘 나와 있어 문제가 없는데, 하층 마루를 왜 장마루에서 우물마루로 변경했는지는 기록이 없다. 기록도 없고 참여했던 사람도 모른다고 하니 그 이유를 알 길이 없다.

K위원의 말이 끝나기가 무섭게 한 위원이 기다렸다는 듯이 마이크를 당기며 자세를 가다듬는 모습이 할 말이 많아 보인다. 그는 성곽을 비롯한 옛 군사시설을 전공했기 때문에 이 문제에 대해 의무감을 가질 만하다. 그의 의견이다.

'한양도성은 군사시설이다. 숭례문은 그중에서도 군 지휘소라고 할 수 있다. 숭례문의 공포 사이는 원래 포벽이 없는 빈 공간으로 남아 있었을 것이다. 그래야 전시戰時에 그 사이로 성 밖에 있는 적의 동태를 살필 수 있다. 같은 맥락에서 마루는 장마루라야 한다. 군사시설이기 때문에 보통 집 마루와는 달리 숭례문 마루는 신발을 신고 올라갔다. 평소에 자주 올라가는 곳이 아니라 관리가 편해야 했다. 이러한 이유 때문에 옛날 군사시설에는 거의 다 장마루를 깔았다. 한양도성의 4대문과 4소문도 전부 장마루였다.
한옥에서 많이 쓰이는 우물마루는 여러 가지 장점이 있지만, 제대로 관리하지 않으면 탈이 날 가능성이 많다. 우물마루는 마루널이 동귀틀 사이의 홈에 끼워져 있어 관리가 소홀하면 목재의 건조수축으로 밑으로 빠지는 경우가 종종 있다. 그러나 장마루는 마루널이 마루귀틀과 장선 위에 얹혀 있기 때문에 관리를 하지 않아도 마루널 사이가 벌어지기는 하지만 밑으로 떨어지는 경우는 없다.'

두 위원의 발언에 이어, 숭례문복구단에서 한양도성의 4대문과 4소문 그리고 다른 성곽의 성문에 깔린 마루 형식을 참고로 설명한다.

'한양도성의 성문을 살펴보면, 4대문 중에는 숭례문을 제외하고 현재 남아 있는 문은 동대문인 흥인지문뿐이다. 북대문인 숙정문은 1976년에 복원하면서 우물마루를 깔았으나, 오리지널이 아니라 참고의 대상으로 삼을 수 없다. 홍인지문은 상하층 모두 장마루로 되어 있다. 4소문 중에 남아 있는 문은 북소문인 창의문밖에 없는데, 이 역시 장마루다. 1976년 복원된 광희문과 1994년 복원된 혜화문은 모두 우물마루를 가지고 있으나, 원래의 것이 아니라 참고할 만한 가치가 없다. 궁궐의 문도 장마루로 되어 있다. 1927년 일제가 경복궁 광화문을 옮기면서 작성한 광화문 실측도면에 의하면, 광화문 역시 장마루였다. 또한 현재 남아 있는 경복궁 동십자각東十字閣 역시 장마루다. 남한산성의 수어장대守禦將臺 역시 장마루가 깔려 있다.'

자문회의는 일면 합리적인 것 같지만 불합리한 측면도 상당히 있다. 주어진 의제에 대해 모든 사람이 자기가 가진 지식이나 가치관을 표현하고 상대의 의견에 대해 자신의 생각을 나타내야 하지만, 그렇지 못한 경우가 많다. 자문위원들끼리 서로 너무 잘 아는 사이다보니, 어떤 한 사람이 강하게 주장하면 웬만하면 거기에 동조하거나 최소한 묵인하는 분위기다. 이는 숭례문복구자문회의에 한정되는 것이 아니고 문화재위원회를 비롯하여 거의 모든 자문회의가 그러한 경향을 보인다. 물론 가끔은 그러한 묵시적 신사협정이 깨지는 경우가 있긴 하다. 숭례문복구단의 검토의견에 따라, 1960년대 수리 때 변형된 마루와 포벽 그리고 지붕을 원래의 모습대로 고치자는 쪽으로 의견이 모아지는 순간, 한 원로위원이 마이크를 잡더니 분위기를 바꾸어놓는다. 그의 주장은 이렇다.

'임천 선생이 숭례문을 고치면서 고민했던 흔적도 숭례문의 역사라고 볼 수 있다. 지붕에 덧서까래를 건 것은 숭례문이 처음이고 그것을 계기로 지금은 상당히 일반화 되었다. 얼마 전에 있었던 경복궁 경회루와 근정전 수리 때에도 보토와 적심을 내리고 덧서까래를 걸었다. 만약 이번 숭례문 복구에서 다시 옛날로 돌아간다면 해방 이후 우리가 한 수리가 잘못되었다는 것을 인정하는 자기모순에 빠진다. 지금까지 나름대로의 이유 때문에 해오던 것을 하루아침에 손바닥 뒤집듯 바꿀 수는 없다. 1960년대에 숭례문을 수리했던 선배들의 정신을 이번 복구에서 그대로 계승해야 한다. 그 당시에도 내로라하는 학자들이 모여 고민 끝에 내린 결정이었다는 점을 간과해서는 안 된다.'

원로 위원의 말에 모든 논의는 원점으로 돌아간다. 할 수 없이 내가 마이크를 잡고 숭례문복구단의 입장을 분명히 한다.

"숭례문 복구는 여러 가지 측면에서 지금까지의 문화재 수리나 복원과는 차원을 달리하고 있습니다. 숭례문이 불탄 것은 아주 불행한 사건이지만, 건축문화재 보존이란 순수한 측면에서 그전과는 다른 하나의 계기를 마련하게 된 것은 불행 중 다행이라고 생각합니다. 숭례문 화재 전에는 알면서도 감히 어떻게 할 수 없었던 엄청난 시도를 숭례문 복구를 계기로 하고 있습니다. 공장기와 대신 전통기와를 제작한다든지, 기계 대신 손연장으로 나무나 돌을 가공한다든지, 현대 쇠 대신 전통 쇠를 사용한다든지 등등이 그러한 것들입니다. 그전부터 전해져온 관성의 힘 때문에 전에는 엄두조차 내기 어려웠던 일들을 지금은 별 무리 없이 진행하고 있습니다. 이러한 맥락에서 숭례문 복구는 지금까지 우리가 해왔던 것에 구속될 필요는 없다고 봅니다. 숭례문 화재로 상황이 바뀌었다는 사실이 지금까지 우리가 해왔던 모순을 극복할 수 있는 원동력이라고 저는 생각합니다."

그래도 결론이 나지 않는다. 앞으로 좀 더 시간을 가지고 고민해보기로 하고 이날 회의는 막을 내린다.

잘못된 관행 바로잡기

숭례문의 지붕구조는 1960년대 이후 두 가지가 변형되었다. 하나는 1960년대 숭례문 수리 때 지붕 속 적심 부분이 덧서까래로 바뀐 것이고, 다른 하나는 1970년대 이후 변형된 것이다.

원래 지붕구조가 시작되는 서까래 위에는 개판을 덮어 서까래의 빈 틈을 메워줌으로써 지붕 속의 흙이 실내로 떨어지는 것을 방지한다. 여기까지가 목수의 책임이다. 개판 위에는 적심을 쌓고 보토를 올려 기와를 일 바탕을 만든다. 여기서부터 기와를 이는 것은 모두 번와장의 몫이다. 다만, '양성'이라 하여 강회와 흙을 섞어 지붕의 용마루와 추녀마루를 하얗게 장식하는 작업은 미장을 하는 장인의 또 다른 영역이다.

1960년대 말부터 '강회다짐'이란 용어가 지붕공사에 등장하기 시작한다. 강회는 시멘트같이 흙이나 골재를 접착시키는 역할을 하는 전통 재료다. 이런 측면에서 강회를 옛날 시멘트라고 할 수 있다. '강회다짐'이란 강회를 흙과 함께 물로 혼합하여 반죽한 것을 10센티미터 정도의 두께로 보토 위에 까는 공법을 일컫는다. 애당초 한옥의 지붕에는 없었던 공법이니 전통기법과는 거리가 멀다. 그럼에도 불구하고, 강회다짐이 그동안 문화재 공사에 사용된 데에는 나름대로 이유가 있다. 강회다짐은 매우 단단하여 콘크리트를 친 것 같은 효과를 가진다. 강회다짐이 도입된 1960년대 말 당시에는 문화재에 사용되던 기와의 품질이 좋지 못해 한겨울을 지나면 기와가 깨져 물이 새는 경우가 많았다. 이에 대한 보완책으로 기와 밑에 강회다짐 층을 둠으로써 기와의 누수에 대비하고자 했던 것이 그 시발점이다. 강회다짐 층이 있으면 적심과 보토가 조금 내려앉아도 지붕의 형태가 유지되는 장점도 있다. 그 후 강회다짐은 문화재 공사의 교본 격인 『문화재수리표준시방서』에 포함되어 표준적인 '신공법'으로 정착되었다.

숭례문 복구를 전통기법으로 하기로 한 이상 기존의 잘못된 관행을 바로잡아야 한다. 강회다짐 역시 그중의 하나다. 숭례문 복구설계가 한창이었던 2009년 7월, 숭례문복구단은 숭례문복구자문단 기술분과회의를 개최한다. 숭례문복구단은 전통기법으로 숭례문을 복구하기 위해 그동안 당연한 것으로 여겼던 강회다짐을 폐기하겠다는 의견을 내놓는다. 이에 대해 한 위원이 먼저 찬성한다. 그의 견해다.

'지붕공사 때 강회다짐을 한 것은 1960년대 말쯤 문화재관리국에 근무했던 M선생이 양산 통도사 대웅전 지붕공사를 할 때부터다. 그때는 기와가 나빠 모두들 지붕의 누수 때문에 고민이 많았다. 그것을 해결하려고 M이 당시로서는 묘안을 낸 것이다. 기와에서 누수가 되더라도 기와처럼 단단한 강회다짐 층이 밑에 버티고 있으면 최소한 지붕으로 물이 새지는 않을 것이라는 판단 때문이었다. 그러나 강회다짐이 물이 새는 것을 막을 수는 있어도 습기가 차는 것을 막지는 못하는 것 같다. 예전에는 강회를 썼어도 진흙에 소량 섞는 정도였지 요즘처럼 콘크리트 슬래브 하듯 하지는 않았다. 어쨌든 지금 우리가 알고 있는 강회다짐은 전통기법이 아니니 이번 기회에 표준 시방에서 빨리 빼야 한다. 같은 맥락에서 숭례문 복구에서도 강회다짐을 해서는 안 된다.'

숭례문복구단도 강회다짐의 문제점에 대해 사진자료를 곁들여가며 설명한다.

'강회다짐 층은 공기순환을 차단하여 결로현상을 유발한다. 이로 인해 지붕 속 목재의 부식을 촉진하는 것으로 조사되고 있다. 경복궁 집옥재 集玉齋의 협길당協吉堂과 팔우정八隅亭 수리 때 강회다짐으로 인해 목부재의 부식이 심화된 것이 확인되었다.'

강회다짐의 문제점을 자문위원들에게 소개한 것은 그동안 좋은 줄만 알고 사용했던 강회다짐을 폐기하기 위한 숭례문복구단의 수순이다. 문화재청 출신인 다른 위원도 자신의 경험담을 언급하며 숭례문복구단의 입장을 거든다. 그의 증언이다.

'M선생이 문화재관리국 상근 전문위원으로 있었을 때 강회다짐을 고안했다. 그게 시발점이 되어 오늘날과 같은 표준 시방으로 자리 잡았다. 전통기법이 아닌 게 확실하니 옛날과 같이 적심과 보토로 지붕공사를 하면 원래의 구조로 돌아가는 것이 된다. 2001년 경복궁 근정전을 해체했을 때 확인한 바로는 보토에 약간의 강회만 섞여 있었다. 그것도 아주 약간. 옛 건물의 지붕 속에서는 지금 같은 강회다짐 층을 찾아볼 수 없다.'

강회다짐은 이렇게 정리되는 분위기다. 그러나 지금까지의 관성이 그리 호락호락 물러날 리 없다. 한 위원이 다른 의견이 있다는 표시로 손을 든다. 그의 주장이다.

'강회다짐이 전통기법이 아니라고는 하나 거의 반세기 동안 큰 무리 없이 시행해오던 지붕시공법이다. 이를 하루아침에 없애는 것은 너무나 즉흥적이다. 숭례문 복구공사는 아직 설계 중에 있고 공사가 시작된다 하더라도 지붕공사는 숭례문 복구의 막바지에 이루어지니, 지금 성급하게 결정할 필요는 없다. 조금 더 시간을 가지고 검토해도 늦지 않다. 강회다짐을 폐기하는 결정은 신중에 신중을 기해야 한다.'

급하지 않은 일을 서두르지 말고 신중히 하자는 데 반대할 사람은 없다. 다들 별다른 의견이 없자, 강회다짐 문제는 공사의 진행상황을 봐가며 다음에 다시 검토하기로 한다.

전통재료사용의 첫걸음, 전통철물

전통건축물의 철물 쓰임새

전통목조건축물에 웬 철물타령? 목수들은 흔히 '못을 하나도 사용하지 않고 집을 짓습니다'라고 자랑한다. 목조건축물에 못을 사용하지 않는다니 신비롭게 여겨질 만하다. 그러나 요즘 흔히 '한옥'이라 부르는 전통목조건축물에는 예로부터 못을 포함하여 다양한 종류의 철물이 사용되었다.

한옥에서 기본적인 맞춤은 결합시킬 부재들을 서로 적절하게 따내어 짜 맞추는 것이지만, 맞춤을 보강할 필요가 있는 곳에는 철물이 동원된다. 특히 지붕구조의 맞춤에 철물이 많이 사용된다. 집을 짓기 위해서는 먼저 견고한 초석 위에 기둥을 세우고 그 위에 도리, 창방, 들보 등으로 이름 붙여진 수평부재를 짜 맞추어 하부구조를 완성한다. 궁궐이나 사찰에서와 같이 건축물을 화려하고 장엄하게 장식할 필요가 있을 때는 하부구조에 공포를 얹어 처마를 높고 길게 뽑을 수 있도록 한다. 여기까지는 부재가 만나는 부분을 서로 조금씩 따내어 짜 맞추기 때문에 못을 사용하는 일은 거의 없다.

요즘 한옥을 너무 사랑하는 사람들은 한옥의 짜 맞춤 구조를 우리 건축의 독특한 특징이라고 치켜세우지만, 사실은 그렇지 않다. 나무로 집을 짓는 중국과 일본은 말할 것도 없고 서양을 포함한 대부분의 문화

101

권에서 나무로 집을 지을 때 짜 맞춤 구조를 사용했다. 서양에서는 이러한 구조를 '헤비 팀버 스트럭처'heavy timber structure 혹은 '팀버 스트럭처'timber structure라 한다. 벌채한 큰 목재로 집을 짓는다는 뜻이다. 짜 맞추는 기법이 나라마다 조금씩 다를 뿐 기본적인 원리는 같다. 철이 귀했던 옛날에는 집을 지을 때 못을 사용하는 것보다 따내고 짜 맞추는 것이 경제적이었다. 그 당시는 요즘에 비해 재료는 비싸고 숙련된 노동력은 쌌다. 그러나 19세기 중반 미국 샌프란시스코에서 노다지가 발견되자 상황이 바뀌었다. 금을 찾아서 부로 몰려드는 '골드러시'gold rush 현상이 일어나 샌프란시스코를 중심으로 미국 서부의 인구가 급격히 증가하자 팀버 스트럭처는 더 이상 경제적이지 않았다. 주택에 대한 수요가 한꺼번에 폭발적으로 증가해 전통적인 팀버 스트럭처로는 이를 감당할 수 없었다. 팀버 스트럭처로 집을 지으려면 숙련된 목수가 필요했기 때문이다. 이때는 이미 제련기술의 혁신으로 못값이 그전에 비해 수십 분의 일로 싸져 못으로 집을 짓는 것이 경제적으로 가능했다. 정해진 매뉴얼에 따라 규격화된 목재에 못을 박아 집을 짓는 것은 목수가 아니라도 누구나 할 수 있었다.

하부구조에 추녀와 서까래를 걸고 개판으로 서까래를 덮으면 집의 뼈대가 완성된다. 옛날에는 민가民家의 경우에는 구하기 힘든 개판 대신 회벽을 사용하는 경우가 많았다. 서까래의 빈틈을 덮을 수 있는 개판을 구하기 위해서는 적어도 서까래와 서까래 사이의 너비 이상 되는 판자가 필요한데, 옛날에는 이러한 목재를 구하는 것이 쉽지 않았기 때문이다. 개판 대신 회벽을 치는 경우에는 서까래 위에 가는 나뭇가지와 새끼 등으로 산자橵子를 엮어 덮은 다음 여기에 흙벽을 치고 회로 마감한다.

이러한 과정을 자세히 살펴보면, 먼저 하부구조의 맨 위 네 모서리에 추녀를 걸고 추녀와 추녀 사이에 추녀의 끝단을 서로 연결하는 가늘고 긴 각재를 사방으로 설치한다. 이를 '평고대'라 한다. 평고대는 추녀

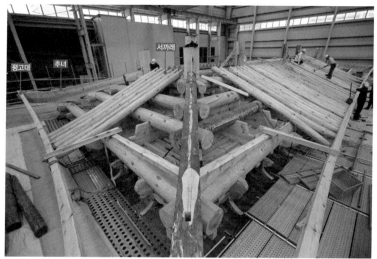

추녀, 평고대, 서까래
평고대는 추녀의 끝단을 서로 연결하는 가늘고 긴 각재로, 처마의 곡선을 만든다. 평고대를 먼저 걸고 거기에 맞추어
서까래를 설치하지만, 서까래의 끝단은 평고대 밑으로 들어간다. 따라서 평고대는 서까래에, 서까래는 하부구조에, 개
판은 서까래에 각각 고정시키는데, 이때 못을 사용한다.

와 추녀 사이에 걸쳐지는 서까래의 끝단을 연결하여 처마의 곡선을 만든
다. 평고대를 먼저 걸고 거기에 맞추어 서까래를 설치하지만, 서까래의
끝단은 평고대 밑으로 들어간다. 따라서 평고대는 서까래에, 서까래는
하부구조에, 개판은 서까래에 각각 고정시키는데, 이때 못을 사용한다.

추녀를 하부구조에 고정시키기 위해 박는 못을 '추녀박이'라 하는
데, 보통 그 길이가 50~90센티미터에 달하고, 모양 또한 사각뿔의 형
태를 띠고 있어 못이라기보다는 창에 가까울 정도다. 건축물을 장엄하
게 꾸미기 위해 '겹처마'라 하여 서까래 위에 '부연'을 걸어 처마를 이중
으로 꾸미는 경우가 있다. 이때에는 추녀 위에 '사래'라고 부르는 네모
난 큰 부재를 덧대는데, 여기에 박는 못 역시 '사래박이'라 하여 추녀박
이만큼이나 길다. 지붕의 가장 높은 곳에는 맨 위를 가로지르는 수평부
재들을 일체화하기 위해 '종심박이'라고 불리는 제일 긴 못을 사용한다.
개판 위에는 적심이라 하여 목재를 쌓는데, 이때 적심을 서로 연결하여

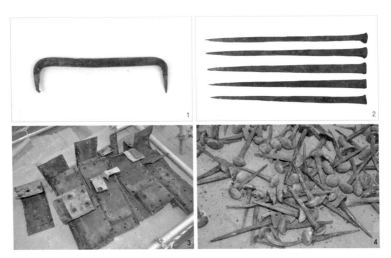

전통건축물에 사용하는 전통철물들
'ㄷ'자 모양으로 구부려 끝을 뾰족하게 한 꺾쇠는 적심을 서로 연결하여 흘러내리지 않도록 하기 위해 사용한다. 못은 기와를 고정하는 데에도 사용한다. 특히 지붕의 제일 밑단에 얹히는 암막새와 수막새를 못으로 고정하여 기와가 흘러 내리지 않게 하는데, 이때 사용하는 못을 '와정'이라 한다. 철로 된 잎사귀 같다고 해서 철엽이라 불리는 이 철판은 적 의 공격으로부터 목재로 된 문을 보호한다. 1. 꺾쇠 2. 못 3. 철엽 4. 철엽을 박은 못(광두정) ©조상순

흘러내리지 않도록 하기 위해 'ㄷ'자 모양으로 구부려 끝을 뾰족하게 한 '꺾쇠'를 쓴다. 지붕의 외부에는 지네처럼 생겼다고 하여 '지네철'이라 부르는 장식철물로 지붕의 옆면을 장식한다.

기와를 고정하는 데에도 못을 사용한다. 지붕의 제일 밑단에 얹히는 암막새와 수막새를 못으로 고정하여 기와가 흘러내리지 않게 하는데, 이때 사용하는 못을 '와정'瓦釘이라 한다.

지붕과 더불어 문에도 여러 종류의 철물이 사용된다. 문을 열고 닫을 수 있도록 회전하는 곳에 달리는 '돌쩌귀', 문을 잡거나 걸 수 있도록 하는 '문고리', 연결부나 모서리를 감아 보강하는 '감잡이쇠', 문을 잠그는 '자물쇠', 국화꽃 모양의 머리를 가진 못으로 문의 표면을 장식하는 '국화정', 문을 들어올려 고정시키는 '걸쇠' 등이 기능적인 역할과 함께 장식적인 효과를 위해 쓰인다.

조선시대에 철은 매우 비싼 재료였다. 철을 제련하기 위해서는 철

광석을 고온으로 가열할 수 있는 숯을 사용했다. 숯을 생산하기 위해서는 산림의 훼손은 물론이고 많은 노동력이 필요했기 때문에, 철을 생산하는 데는 비용이 많이 들었다. 이러한 이유 때문에 철은 일반 백성들의 집에서는 매우 제한적으로 사용될 수밖에 없었다. 이에 비해 경제적으로 비교적 자유로웠던 궁궐과 관아, 사찰 건축에는 구조적인 보강과 장식을 위해 많은 철물이 사용되었다. 숭례문에도 약 2,500점의 철물이 사용된 것으로 확인되었다. 각종 못이 다양하게 발견되었고, 심지어는 길이가 1.22미터에 이르는 종심박이가 지붕의 용마루 바로 밑에 박혀 있었다. 숭례문 홍예를 여닫는 두 짝의 큰 문에는 못으로 박힌 철판이 촘촘히 겹쳐져 있다. 철로 된 잎사귀 같다고 해서 '철엽'鐵葉이라 불리는 이 철판은 적의 공격으로부터 목재로 된 문을 보호하기 위한 것이다. 그래서 이 문을 철엽문이라 부른다. 또한 숭례문 현판을 거는 철물, 석재를 괴는 데 사용된 괴임쇠 등 다양한 철물이 확인되었다.

전통철물과 현대철물의 비교

전통건축물에 쓰인 전통철물과 요즘 쓰는 현대철물은 질감과 색상에서 차이가 난다. 전통철물은 표면이 적당히 거칠고 투박하면서도 듬직한 느낌을 주는 반면, 전통철물을 흉내 낸 현대철물은 어딘지 모르게 경박스럽다. 전통철물은 검은색에 가까운 짙은 갈색을 띠고 있는 데 비해, 요즘 문화재에 사용되는 현대철물은 보통 황동이나 철에 전통철물의 색감을 내기 위해 검은색 페인트를 칠한 것이 대부분이다. 칠이 벗겨지면 누렇거나 흰바탕쇠가 드러난다. 전통건축물에서 철물은 건물의 격을 돋보이게 하는 장식적인 측면이 강하다. 아무리 좋은 집이라도 거기에 달려 있는 철물이 조잡하면 태가 나지 않는다. 마치 좋은 옷을 차려 입은 신사가 싸구려 넥타이를 매거나 볼품없는 구두를 신은 것처럼 어색하기 그지없다.

전통철물과 현대철물의 근본적인 차이는 작업방법이 아니라 소재에 있다. 전통철과 현대철은 제련법의 차이로 인해 물성이 다르다. 현대의 제련법으로 생산된 철을 대장간에서 두드린다고 옛날과 같은 전통철물을 만들 수는 없다. 전통철물은 전통적인 방법으로 제련된 전통철로만 만들 수 있다.

요즘은 코크스로 철을 제련하지만, 옛날에는 동서양을 막론하고 숯으로 철을 제련했다. 제련에 소요되는 숯의 양은 부피를 기준으로 할 때 제련할 철광석 양의 약 세 배가 필요하다. 숯은 매우 비싼 재료였기 때문에, 제련 비용을 낮추기 위해 18세기 초 영국에서 코크스를 이용한 제련법이 발명되었다. 이로 인해 영국은 산업혁명의 중심에 우뚝 설 수 있었다. 숯을 이용한 전통제련법이 비용은 많이 들지만 장점도 있다. 철의 품질이 우수하다는 것이다. 전통철은 잘 녹슬지 않고 현대철이 흉내 낼 수 없는 독특한 색상과 질감을 가지고 있다.

전통철을 제련하는 방법은 크게 두 가지로 나눌 수 있다. 하나는 비교적 낮은 온도인 섭씨 1,000도 이내에서 제련하는 '저온환원법'이고, 다른 하나는 섭씨 1,200도 이상에서 제련하는 '고온환원법'이다.

자연에서 철광석이나 사철沙鐵의 형태로 존재하는 철은 산소와 결합된 산화철이다. 산화철로부터 산소를 분리해야 철을 얻을 수 있는데, 이를 '환원'이라고 한다. 섭씨 800도 이상에서 산소는 철보다 탄소와 결합하려는 성질을 가지게 된다. 이러한 성질을 이용하여 숯으로 철광석을 섭씨 1,000도 정도로 가열하면, 산화철에서 철과 결합되어 있던 산소는 숯에 포함된 탄소와 결합하여 탄산가스의 형태로 날아가고 철이 분리된다. 이렇게 얻은 쇳덩이를 '괴련철'이라 하는데, 여기에는 숯가루와 돌가루 등 불순물이 많이 포함되어 있다. 괴련철을 쇠메로 두들겨 불순물을 제거하면 높은 순도의 철을 얻을 수 있다. 이렇게 얻은 철을

'연철', 이러한 제련법을 저온환원법이라 한다.

고온환원법은 철광석에 포함된 철을 높은 온도로 녹여서 분리하는 방법이다. 철은 원래 섭씨 1,539도에서 녹지만, 철에 탄소가 포함되어 있을 경우 녹는점이 내려가 탄소함유량이 4.3퍼센트에서는 최저 섭씨 1,140도에서 녹는다. 이러한 원리를 이용하여 숯으로 섭씨 1,200도 이상의 온도로 가열하여 철광석을 녹이면, 산화철이 환원되어 철이 분리되는 동시에 완전히 녹게 된다. 철광석에 포함된 철 이외의 다른 물질인 슬래그도 녹는다. 철은 슬래그보다 무거워 밑으로 가라앉는다. 이렇게 얻은 철을 '선철' 혹은 '주철'이라 한다.

제련으로 생산한 철을 그대로 쓸 수는 없다. 철은 탄소함유량에 따라 그 성질에 엄청난 차이를 보인다. 탄소함유량이 적으면 잘 늘어나지만 무르고, 탄소함유량이 많으면 강하지만 쉽게 깨진다. 이러한 이유 때문에 저온환원법으로 얻는 연철은 탄소함유량이 매우 낮아 강하지 못하고, 고온환원법으로 생산하는 선철은 탄소함유량이 너무 높아 쉽게 깨진다. 따라서 철은 일단 생산한 후 탄소함유량을 조절해야 사용할 수 있다. 연철은 탄소함유량을 높이고 선철은 낮춰야 사용하기에 적합한 쇠를 얻을 수 있다.

철을 제련하면 여러 가지 불순물이 철에 포함되는 데, 특히 인燐이나 황黃은 철을 부식시키는 성질이 있어 철의 품질을 떨어뜨린다. 숯으로 제련한 전통철은 코크스로 제련한 현대철에 비해 인과 황이 극히 적어 녹이 잘 슬지 않는다. 설사 녹이 나더라도 표면에서 그치지 웬만해서는 내부로까지 침투하지 않는다. 그러나 전통철의 문제점은 값비싼 숯을 사용하고 노동력이 많이 들기 때문에 현대철에 비해 엄청나게 비싸다는 것이다.

전통철물 전문가를 찾아가는 길

나는 숭례문에 들어가는 전통철물을 직접 제작하기로 마음먹고 직원들로 하여금 전문가를 수소문하게 한 결과, 한국전통문화대학교 J교수가 연구 실적이 있다는 사실을 알게 된다. J교수는 국립중앙과학관에서 추진한 '겨레과학기술응용개발사업'에 참여해 전통제련법을 연구한 경력이 있다. J교수에게 전통철 제련을 제안하자, 그의 대답이 의외다.

'제련의 이론적 원리는 간단하다. 그러나 그것을 실행하는 것은 또 다른 문제다. 뭔가 비법이 있는 것 같다. 이상하게도 이론을 현실에 적용시켜 보면 잘 안 된다. 전통철을 제련할 수 있는 장인이 있는데, 그 사람을 소개시켜주겠다. 그 사람은 나름대로 비법을 터득하고 있다.'

과학적인 방법으로 연구하는 교수가 장인들이 씀직한 비과학적인 '비법'이란 용어를 쓰는 것이 좀 의아하다. 그러나 다른 대안이 없는 터라 숭례문복구단은 J교수가 소개하는 장인을 일단 만나기로 한다.

J교수가 알려준 장인은 경기도 여주에서 전통도검을 만든다는 A씨다. 숭례문복구단 직원들이 여주에 내려가 A를 만나보고 작업현장을 확인한다. A에 대한 직원들의 평가는 매우 긍정적이다. 숭례문복구단 직원들이 생각했던 것보다 A는 대단하다. 우리 전통도검을 연구하고 만든다는데, 도검을 제작할 목적으로 전통철을 제련한다는 것이다. 숭례문복구단 직원들이 철은 잘 모르지만, 철을 제련하는 작업장의 규모며 시설이 아마추어 수준은 아닌 것 같다. 옷차림도 무슨 도사처럼 한복에 꽁지머리를 한 것이 보통사람 같지 않다. 순수하게 옛날 칼을 재현하는 것이 목적이기 때문에 팔지는 않는다고 한다. A씨의 작업장을

108

보거나 전통철에 대한 열정과 지식, 그리고 J교수와 같이 일했다는 것 등등을 고려해볼 때 대체로 신뢰가 간다는 의견이다.

직원들의 말을 종합해볼 때, A에게 전통철 제련을 맡겨도 되겠다는 생각이 든다. 그래도 직접 만나보고 확인해봐야 마음이 놓일 것 같다. 오래 미룰 수 없다. 숭례문복구단 직원들이 다녀온 다음 주, 나는 여주에 있는 A의 작업장을 찾는다. 살림집을 겸하고 있는 A의 작업장은 여주 외곽 고달사지 부근 작은 개울이 흐르는 산기슭 마을에 자리 잡고 있다.

A의 안내를 받으며 작업장 문을 들어서자, 정갈하게 정돈된 방 안쪽에 제작 중인 것으로 보이는 길이 1미터가 넘어보이는 번쩍이는 칼날이 작업대에 걸려 있다. 방 가운데에 놓인 두 개의 유리진열장에는 완성된 칼 두어 자루가 칼집과 나란히 전시되어 있다. A는 작업 중인 칼날을 집어 불빛에 비추며 내게 칼날 표면의 물결무늬를 보라고 권한다. 불빛에 비친 칼날 표면에는 여러 겹이 겹쳐진 물결 모양의 무늬가 선명하게 어른거린다. A의 설명이다.

'칼날의 무늬는 쇠의 이력을 보여준다. 마치 나무의 나이테처럼 쇠를 한 번 접을 때마다 하나의 무늬가 생긴다. 전통 칼은 전통 쇠를 열다섯 번 이상 접어서 만든다. 그 흔적이 물결무늬로 칼날의 표면에 남는다. 여러 번 접어서 만드는 전통 쇠가 아니면 찾을 수 없는 무늬다. 그래서 칼날을 불빛에 비춰보면 어떤 쇠로 만들어졌는지 또 몇 번이나 접었는지 알 수 있다.'

나는 무슨 뜻인지 알 듯 모를 듯해 묻는다.

"접는다는 것이 뭘 뜻하는 거죠? 쇠를 종이 접듯이 접는다는 말인가요?"

그의 대답이다.

'쇠를 불에 달구어 반쯤 녹은 상태에서 반으로 접어서 쇠메로 쳐서 다시 펴는 것을 접는다고 한다. 쇠를 접는 이유는 접는 작업을 통해 쇠의 결정구조를 균일하게 분포시켜 좋은 쇠를 만들기 위해서다. 칼은 최고의 쇠로 만들어야 되기 때문에 열다섯 번 이상 접지만, 건축물에 쓰는 철물이나 농기구 같은 것은 한두 번만 접는다. 한 번 접는 데 많은 노동력이 드니 여러 번 접을수록 비싸게 된다.'

나는 조금 아는 것을 확인하는 차원에서 묻는다.

"쇠를 달군 다음 찬물에 담금질도 하죠?"

식상할 법한 나의 질문에도 불구하고 A의 대답에는 신명이 나 있다. 내가 관심을 표명하는 것이 즐거운 모양이다.

'담금질은 쇠를 강하게 하기 위해 하는 것인데, 잘못하면 쇠가 갈라진다. 물에 담금질하면 쇠가 갈라지기 쉽다. 보통 들기름에 담금질하는데, 어떤 기름을 쓰느냐 하는 것도 상당한 노하우다. 담금질을 어떻게 하느냐 하는 것이 칼을 만드는 장인의 비법이다. 칼날은 강하면 좋을 것 같지만, 강하기만 하면 사람이 그 칼을 쓸 수 없다. 칼싸움할 때, 칼날끼리 부딪히는 충격이 칼을 잡고 있는 사람에게 고스란히 전달된다. 칼날이 강하면 강할수록 그 칼을 잡고 있는 사람에게 전달되는 충격도 커진다. 칼날은 잘 담금질된 강한 철에 '떡쇠'라고 하는 무른쇠를 붙여 만든다. 그래야 칼날이 받는 충격을 떡쇠가 흡수해 사람에게 전달되는 충격을 최소화할 수 있다. 말하자면 떡쇠가 쿠션 역할을 한다.'

나의 질문은 이제 A에 관한 것으로 옮아간다.

"지금 여기 있는 칼, 모두 선생님이 직접 제련한 전통철로 만든 것인가요? 이런 칼에 비하면 숭례문에 쓰일 전통철물은 아주 쉽게 만들 수 있겠군요?"

여전히 A는 자신에게 관심을 보이는 것 자체가 신나는 모양이다. 나의 호기심 어린 질문에 그의 대답이 거침없다.

'철을 제련할 수 없으면 전통철을 구할 수 없고, 전통철이 없으면 칼을 만들 수 없다. 그러니까 나는 직접 철을 제련한다. 말하자면 제련은 칼을 만들기 위한 하나의 과정이다. 칼을 만들 수 있으면, 다른 철물을 만드는 것이야 식은 죽 먹기다. 칼을 만드는 것이 철을 다루는 최고의 수준이다.'

2층 전시장에서 칼에 대한 설명을 들은 후, 제련장비를 보고 싶다고 말하자 A는 우리 일행을 마당으로 안내한다. 마당에는 황토로 찍어낸 벽돌을 쌓아 만든 네모나고 둥근 두 개의 구조물이 있다. 네모난 것은 어림잡아 어른 키 정도의 너비에 그 반 정도의 높이이고, 둥근 것은 저학년 초등학생 키 정도의 지름에 지름의 두 배 정도는 되는 높이다. 두 개 모두 벽면에 여러 개의 구멍이 뚫려 있다. 마당 구석에 있는 함석지붕으로 하늘만 가린 야외작업장에는 여러 가지 철제도구가 여기저기 널려 있다. A가 마당에 있는 두 구조물을 번갈아 가리키며 제련과정을 설명한다.

'전통철은 철광석을 숯으로 제련한다. 숯은 화력이 좋은 참나무 숯을 사

111

용한다. 마당에 있는 네모난 것은 '상형로', 둥근 것은 '원형로'라고 하는데, 모두 철을 뽑는 제련로다. 제련로에 먼저 숯을 채우고, 그 위에 철광석을 얹어 제련을 한다. 제련에서 가장 중요한 것은 제련로에 강한 바람을 불어넣어 높은 온도를 유지하는 것이다. 제련로 벽에는 구멍을 뚫는데, 이는 풀무질로 바람을 불어넣는 송풍관을 연결하기 위해서다. 풀무질로 강한 바람을 공급하면, 숯은 화력이 강해지고 철광석은 환원되어 녹은 쇳덩어리와 찌꺼기로 분리된다. 이렇게 얻어진 쇳덩이를 괴련철이라 한다. 숯을 비롯한 불순물이 많이 섞여 있어 그대로는 사용할 수 없다. 그래서 불순물을 걸러내는 정제과정으로 괴련철을 다시 모아 제련로에 넣은 다음 반쯤 녹인다. 이때 괴련철로부터 불순물인 유황과 인을 제거하기 위해 제련로에는 황토 유약, 볏짚재, 조개껍질을 함께 넣는다. 달구어진 괴련철을 꺼내 메질을 반복하면, 내부에 들어 있던 이물질이 점차 줄어든다. 이렇게 얻은 철편에 다시 황토유약, 볏짚재, 조개껍질을 섞어 제련로에 넣고 가열한 다음, 꺼내 메질을 하면 점점 좋은 쇠로 변하게 된다.'

문화재 공사현장의 공공연한 비밀, 기계가공

「문화재수리표준품셈」의 모순

원칙과 다른 문화재 수리현장

국회요구자료 중 골치 아픈 것이 있다. K의원실에서 광화문 복원공사와 낙산사 복원공사가 전통연장이 아닌 전동공구로 이루어진 경위를 해명하라고 한다. 이와 더불어 전통연장을 사용했을 때와 전동공구를 사용했을 때와의 공사비 차이도 밝혀달라고 요구한다.

2009년 10월 국정감사 며칠 전 국회담당 사무관으로부터의 보고다. 문화재 공사현장에서 전동공구와 목공기계를 사용한다는 사실은 알 만한 사람은 다 아는 공공연한 비밀이다. 공공연한 비밀은 문제를 삼기 시작하면 비로소 문제가 된다. 나는 국회담당 사무관을 앞에 세워놓은 채 잠시 멍하게 있다가 말한다.

"대형사고네. 어떻게 그런 생각을 했을까? 수십 년 동안 어느 누구도 시비를 걸지 않았던 사안인데. 새삼스럽게."

'다 아는 사실인데 막상 공식적으로 답변을 쓰려고 하니 난감하다, 변명거리가 영 떠오르지 않는다'고 그가 걱정한다. 내가 말한다.

"다 알고 묻는 건데 피할 수는 없지. 잘못된 게 명백한데 무슨 변명을

113

해. 있는 그대로 고백하고 두들겨 맞는 수밖에."

해방 이후 처음으로 실시된 문화재 수리는 한국전쟁의 피해로 만신창이가 된 숭례문에 대한 1953년의 응급복구였다. 이때는 혼란한 상황 속에서 수리가 이루어졌고 수리보고서도 발간되지 않아 무슨 연장을 사용하여 공사가 이루어졌는지 알 수 없다. 그 후 문화재에 대한 본격적인 수리는 1956년에 있었던 강진 무위사 극락전 수리였다. 1958년에 발간된 수리보고서를 통해 공사에 대한 당시의 상황을 대략적으로 살펴볼 수 있다. 수리보고서에서 '부재의 가공은 재래의 수법대로 한다'고 하는 수리의 원칙을 발견할 수 있다.[24] 이와 함께 산업화 전인 당시의 시대상을 고려할 때, 전통연장이 사용되었을 것이라고 추정할 수 있다.

그 다음에 있었던 중요한 수리는 1961~1963년에 이루어졌던 숭례문에 대한 전면적인 수리였다. 공사 후 1965년에 발간된 수리보고서에는 "치목수법 및 사용도구는 원래의 부재에 사용된 것과 같은 도구와 수법으로 이루어져야 한다"고 명시되어 있다.[25] 이로 미루어볼 때, 그때까지는 문화재에 대한 수리가 전통연장을 사용하여 이루어진 것이 확실하다. 그 다음에 있었던 눈에 띄는 공사는 1967~1969년 이루어진 법주사 팔상전 수리, 1969~1974년에 있었던 봉정사 극락전 수리, 그리고 1982~1983년에 다시 이루어진 무위사 극락전 수리를 들 수 있다. 이들 수리보고서를 살펴보면, 이때에도 목부재의 다듬기와 이음 및 맞춤은 재래의 수법대로 한다고 했다.[26]

그런데 1983~1986년에 있었던 창경궁 복원공사에서는 "부재의 다듬기와 이음 및 맞춤은 재래의 수법대로 하여야 한다"고 하면서도, "목재의 절단이나 켜기는 현대공법으로 하여도 무방하다"고 용인했다.[27] 사실상 기계의 사용을 부분적으로 인정했다. 1991년 시작되어 2011년 일단 마무리 된 경복궁 복원에서, 이제 목수들은 전통연장을 모두 팽개치고 전동공구와 기계장비로 나무를 다듬는 것을 당연시했다. 전통톱, 자귀, 끌, 대패 대신 각종 전동톱, 대패, 끌이 돌아가는 기계음으로 경복궁 복원현장은 마치 거대한 공장 같았다. 사정이 이렇다보니 손연장 중 옛날에는 가장 많이 쓰이던 자귀는 아예 사라졌고, 톱·끌·대패는 주된 연장이 아니라 전동공구를 보조하는 연장으로 전락해버렸다. 이러한 현상이 목수에 한정된 것은 아니다. 문화재 공사현장에서 전통연장보다 전동공구를 선호한 것은 돌을 다루는 석수도 마찬가지다.

공사 후 발간되는 수리보고서는 생략된 부분이 많아서 무슨 연장을 사용했는지 정확하게 알기 힘들다. 더욱 정확한 실상을 파악하기 위해서는 당시 활동했던 목수나 문화재보수기술자, 아니면 당시 문화재관리국에서 공사감독을 했던 원로들의 증언이 필요하다.

1971년부터 시작된 불국사 복원공사에 문화재관리국 직원으로 참여했던 K씨는 당시 치목은 대자귀로만 했다고 증언한다. 그러나 S목수의 대답은 좀 다르다. 서까래는 통나무에 직접 자귀질을 했지만 기둥이나 보 같은 큰 부재는 제재소에서 미리 어느 정도 다듬고 정리한 목재를 현장에 반입했다고 한다. 그때는 현장에 목공기계가 없었다. S목수가 현장에서 직접 전기대패나 전기톱 같은 목공기계를 본 것은 1972년 진주 촉성문 공사 때였다. 목수들마다 차이는 있지만 일찍 도입한 사람들은 1970년대 초반이고 좀 늦은 사람들은 1970년대 후반 정도였다. 일본 마쓰다松田에서 만든 기계가 주로 사용되었다. 당시 복원공사에 참여했던 다른 사람들의 증언도 대동소이하다. 이로 미루어볼 때, 공사현장에서 목수들이 전동공구를 사용하기 시작한 때는 1970년대 초이고 널리 사용한 때는 1970년대 후반이 분명하다. 1980년대 중반에 있었던 창경궁 복원 때 기계 사용을 일부 용인한 것도 같은 맥락으로 이해할 수 있다.

「문화재수리표준품셈」 개정

그렇다면 거의 40년 전부터 문화재 공사현장에서 전동
공구와 목공기계가 사용되었고, 사실상 인정되었다고 볼 수 있다. 그런
데 문제는 공사비 산정기준이 되는 「문화재수리표준품셈」이 여전히 전
통기법에 의한 인력품을 기준으로 하고 있다는 것이다. 그동안 우리는
전통기법에 의한 인력으로 공사가 이루어지는 것으로 공사비를 산정
했지만, 실제 현장에서는 현대식 기계에 의해 공사가 이루어졌던 셈이
다. 공사를 맡은 업자들은 기계를 사용해 손쉽게 일하면서 인력으로 힘
들게 일한 것으로 돈을 받아간 셈이다. 그렇다고 그 혜택이 밑에서 일
하는 목수나 석수 들에게 돌아가진 않았을 것이다. 업자야 기계의 효율
성으로 인해 손작업으로 열흘 일할 것을 닷새나 사흘로 줄였으니 이득
이지만, 어차피 목수나 석수 들이 받는 일당은 인력으로 하거나 기계로
하거나 비슷하다. 단, 휘하에 여러 목수나 석수 들을 거느리고 공사업
자로부터 목공사나 석공사를 따는 우두머리 목수나 석수는 엄연한 사
업가로 공사업자가 가지는 이익을 공유할 수 있다.

「문화재수리표준품셈」은 목재가공, 석재가공, 부재의 운반과 조립
등 문화재를 수리할 때 드는 품을 정한 것으로, 공사비 산정의 기준이
된다. 1974년에 제정된 기존의 「문화재수리표준품셈」은 너무 오래되
었고 문화재 공사현장에서 공공연하게 기계에 의한 공사가 이루어지는
현실을 반영하지 못한다는 지적이 감사원으로부터 있었다. 이에 문화
재청은 2005년부터 「문화재수리표준품셈」 개정작업을 시작해 2009년
현재 진행 중이며 2011년 이후 마무리할 예정이다.[28] 품셈 개정은 힘들
고도 지루한 작업이다. 문화재 수리는 모두 208개의 세부 공종工種으로
이루어진다. 이들 개별 공종별로 공사가 진행중인 현장 다섯 군데를 조
사해서 각각의 품값을 구한 다음, 그 평균값으로 개별 공종에 대한 품

셈을 정한다. 예를 들면, 한 사람의 목수가 원기둥 하나를 다듬을 때 평
균적으로 얼마만큼의 품이 드느냐를 구하는 것이 원기둥 다듬기 공종
에 대한 품셈이다. 기둥의 크기가 크면 그만큼 품이 많이 들 것이기 때
문에 단위부피 당 드는 품을 구한다. 원기둥 다듬는 품셈을 구하기 위
해서는, 원기둥을 다듬는 다섯 개 현장을 조사한 다음 각각의 현장 별
로 한 사람이 단위부피의 원기둥을 다듬는 데 드는 품을 구하고 이들의
평균값을 산출한다. 새로운 품셈은 기계가 사용되고 있는 문화재수리
현장의 현실을 감안해 인력작업에 대한 품셈과 함께 기계작업에 대한
품셈도 함께 마련한다. 품셈개정작업이 완료되어 새로운 품셈이 정해
지면, 그 기준에 따라 문화재 수리나 복원을 위한 공사비를 산정할 수
있다. 전통연장을 사용한 품에 비해 전동공구를 사용한 품이 훨씬 줄어
들게 될 것이고 전동공구를 사용하는 공사에 대한 공사비 또한 줄어들
예정이다. 그러나 그 전까지는 숭례문 복구를 포함한 모든 공사는 1974
년에 만들어진 기존의 품셈에 따라 공사비를 산정할 수밖에 없다.

복구현장에서 일할 사람을 정하다

．

분야별 장인부터 현장소장까지 복구현장의 책임자들

대목장, 석장, 번와장, 제와장, 단청장

숭례문 복구 기본원칙은 "중요무형문화재 등 우리나라 최고의 장인들이 참여하여 전통기법과 도구를 사용하여 복구한다"고 했다. 때문에 숭례문 복구에 참여할 장인은 중요무형문화재로 지정된 여러 종목 중 숭례문 복구에 필요한 분야여야 한다. '대목장'大木匠, '석장'石匠, '번와장'翻瓦匠, '제와장'製瓦匠, '단청장'丹靑匠이 여기에 속한다. 대목장은 목재로 집의 뼈대를 짜는 목수, 석장은 석재를 가공하고 쌓는 석수, 번와장은 기와를 이는 장인, 제와장은 기와를 만드는 장인, 단청 장은 단청을 하는 장인을 가리킨다. 중요무형문화재 보유자가 한 사람 뿐인 분야는 그 사람으로 정하면 되지만, 여러 사람인 분야는 그중 한 사람을 선정하는 절차가 필요하다.

중요무형문화재 보유자가 세 사람인 대목장 분야의 경우, 숭례문 화 재 진화가 끝나자마자 누가 복구를 맡을지 벌써 소문이 무성하다. 그도 그럴 것이 숭례문 복구에 참여하게 될 여러 분야의 장인 중 목수의 역 할이 가장 주목 받을 것이기 때문이다. 보통 사람들은 전통건축물을 수 리하거나 복원할 때 목수가 다 하는 줄 안다. 목수의 역할이 중요한 것 은 틀림없지만, 사실은 철저하게 나누어진 장인의 역할 중 한 분야일 뿐이다.

석장은 두 사람이지만 전문분야가 달라 서로 합의만 하면 같이 참여해도 별 문제가 없어보인다. 한 사람은 조각이, 다른 사람은 쌓기가 전문이다. 단청장은 세 사람이나 대목장 분야와는 달리 크게 다툼이 심하지 않은 분위기다. 번와장과 제와장은 각각 한 사람뿐이어서 이미 정해진 것이나 다름없다.

통상적으로 공사를 맡은 문화재 수리업자가 장인을 섭외한 다음 이를 시행청의 감독관과 협의하는 것이 지금까지의 관례다. 이렇게 정해진 장인은 한 개인으로서의 장인이 아니라 목수면 목수, 석수면 석수 집단을 이끌고 있는 회사의 '사장' 자격으로 문화재 수리업자와 계약을 맺는다. 장인의 우두머리는 보통 장인이 아니라 자신의 회사를 가진 사업가인 셈이다. 이러한 전례에 따라, 장인 선정은 회사에게 맡기고 숭례문복구단에서는 조용히 막후 역할만 하는 것이 좋겠다는 의견이 숭례문복구단 내에 있다. 그렇게 하면 문화재청에서 장인 선정에 대한 부담을 피해갈 수 있다. 지금까지의 전례가 그랬으니 특별히 시비에 휘말릴 소지도 없을 것이다. 그러나 한편으로는 장인 선정은 숭례문 복구의 중요한 첫걸음인데, 이를 민간회사에게 맡기는 것은 책임회피라는 의견이다. 그렇게 할 경우, 특정인을 선정하라는 외압이 있을 때 오히려 숭례문복구단에서 그 압력을 견디기 힘들 것이다. 대목장 분야처럼 경쟁이 치열한 분야는 선정과정이 투명하지 않으면 영향력 있는 인사가 로비를 할 개연성도 있다. 숭례문복구단 직원들은 각각의 장단점에 대해 토론하고 '장인선정위원회'를 구성하여 공개적으로 선발하기로 의견을 모은다. 이에 따라, 숭례문복구자문단 기술분과위원과 문화재위원회 건축분과위원으로 장인선정위원회를 구성한다.

장인선정위원회에서 뽑는 장인은 자신이 직접 일하기보다는 장인의 우두머리 역할을 하게 된다. 옛날에는 이러한 사람을 '편수'라고 불렀다. 편수라는 말은 장인의 우두머리라는 뜻으로 각 분야마다 편수가 있었다. 목수의 우두머리는 목수편수, 돌을 다루는 장인인 석수의 우두머리는 석수편수, 미장하는 장인인 니장泥匠의 우두머리를 니장편수, 옻칠을 하는 장인인 칠장漆匠의 우두머리를 칠장편수, 철을 다루는 대장장이인 야장冶匠의 우두머리를 야장편수, 기와를 굽거나 초가이엉을 올리는 장인을 가리키는 개장蓋匠의 우두머리를 개장편수라 했다는 옛 기록이 있다.

도편수라는 말은 모든 편수의 우두머리, 즉 모든 분야의 장인을 아우르는 우두머리를 가리키는 말이다. 옛날에 집을 지을 때는 목수의 우두머리인 목수편수가 다른 분야의 편수에 비해 우월한 위치에 있었기 때문에 도편수를 맡는 경우가 많았다. 요즘으로 치면, 건축가의 역할을 겸했다고 볼 수 있다. 그러나 숭례문 복구와 같이 문화재를 수리하거나 복구하는 경우, 각 분야의 장인은 자신의 분야에 한정될 따름이지 더 이상 다른 분야 장인을 지도하는 위치에 있지 않다. 그래서 엄밀히 따지면 요즘은 도편수라는 말이 부적절하다.

대목장이란 말은 소목장에 대비되는 말이다. 나무를 다루는 목수를 세부적으로 구분하면, 다루는 목재의 크기에 따라 큰 목재를 다루는 목수를 대목 혹은 대목장, 작은 목재를 다루는 목수를 소목 혹은 소목장이라 한다. 소목장이 문이나 가구·현판 등 정교하고 작은 것을 다루는 데 비해, 대목장은 이들보다 큰 구조물인 집을 짓는다. 옛날에는 대목과 소목 이외에 나막신을 만드는 목혜장, 배를 만드는 선장船匠, 톱질을 전문으로 하는 장인 등 훨씬 다양한 종류의 목수가 있었다. 톱질을 하는 장인도 켤톱질을 하는 장인과 자름톱질을 하는 장인이 따로 있었다. 그러나 지금은 대목장과 소목장 이외에는 모두 사라지고 말았다.

숭례문 복구에서 도편수의 역할을 하는 사람은 시공회사에서 현장 책임자로 나오는 현장소장이라고 볼 수 있다. 여기서 시공회사는「문화재보호법」에 따른 전문업체인 문화재 수리업자를 일컫는다. 현장소장은 문화재보수기술자가 맡도록 「문화재보호법」에서 정하고 있다. 실제적으로 현장소장이 숭례문 복구를 위해 정해진 방침에 따라 모든 분야의 장인들을 아우르는 도편수의 역할을 하게 된다.

2009년 5월 중순 어느 날, 1960년대 숭례문 수리 때 작성된 도면을 기증하겠다는 제의가 들어온다. 도면기증을 주선한 사람은 인터넷문화재방송국을 운영한다는 L씨다. 도면 기증자는 1960년대의 숭례문 수리에 참여했던 J목수다. 나는 혹시 무슨 조건이 있느냐고 L에게 묻는다. 숭례문 복구에 조금이나마 도움이 되었으면 한다는 게 L이 기증자 대신 내게 전해준 전부다. 순간적이나마 '기증할 것이었으면 화재 직후 복구성금이며 소나무 기증이 연일 뉴스거리로 떠오를 때 할 것이지 왜 이제 하지? 혹 무슨 요구를 하려는 거지?' 하고 호의를 되짚어본 나 자신이 민망하다.

기증이나 협찬이란 명분의 호의를 있는 그대로 받아들이지 못하는 것은 소나무 기증에서 경험한 학습효과 때문이다. 숭례문 화재 직후 150명이 넘는 사람들이 숭례문 복구에 써달라며 소나무 기증의사를 밝혔지만, 실제로 소나무를 기증한 사람은 열 명에 불과하다. 이조차도 처음에는 아홉 명이었다가 나중에 한 사람이 추가로 동참한 것이다. 물론 많은 사람들은 여전히 소나무 기증의사를 계속 밝혔지만, 법적으로 벌채가 곤란한 경우도 있었고 소나무가 너무 작아 숭례문 부재로 쓰기에는 부적합한 경우도 있었다. 그런데 어떤 사람들은 마음이 변했다. 개중에는 돈을 요구하는 사람, 나무를 베어내는 대신 공원부지를 해제해 개발할 수 있게 해달라고 요구하는 사람, 아예 연락이 두절된 사람, 솔직하게 생각이 변했다고 양해를 구하는 사람 등이 있었다.

기증도면은 총 37매로 숭례문 전체 도면의 일부에 지나지 않고 보관상태가 좋지 않으나, 그 도면으로부터 그때까지 몰랐던 몇 가지 중요한 정보를 얻을 수 있다. 37매 중 26매는 해체 중 작성한 실측도면이고,

나머지 11매는 참고도면이다. 한편으로는 1960년대에 숭례문 수리에 참여했던 목수가 당시 사용했던 도면을 보관하고 있다가 숭례문 복구를 위해 기증한다는 자체가 나름 의미가 있다. 숭례문복구단은 이를 청장에게 보고하면서 J목수에게 문화재청장 이름으로 감사패를 전달하고 그를 숭례문복구자문단 고증분과위원으로 위촉할 것을 건의한다. 1960년대의 숭례문 수리에 참여했던 J목수의 경험은 앞으로 숭례문 복구에 도움이 될 수 있다. 청장은 숭례문복구단의 건의를 흔쾌히 받아들인다. 숭례문복구단은 '1960년대 숭례문 목수 J씨 도면 기증'이란 제목의 보도자료를 만들어 언론사 기자들에게 뿌린다. 이것은 숭례문복구단에서 기증자에게 할 수 있는 최대한의 성의표시다. L은 그 후 숭례문복구단에 J목수를 숭례문 목수로 뽑아줄 것을 요청해온다. 그의 주장이다.

'1960년대의 숭례문 공사 때 목수로 핵심적인 역할을 한 사람이 우리 곁에 엄연히 있다. 그가 단지 인간문화재가 아니라는 이유로 그를 배제하고 숭례문과는 관계도 없었던 사람이 인간문화재라는 이유만으로 숭례문을 맡아서는 안 된다. 누가 더 숭례문의 전통을 이어받았는지 한번 생각해보면 결론은 자명하다. 1960년대 숭례문 공사 때 도편수는 조원재, 부편수는 이광규 그랬다. 그런데 사실상 조원재 목수 밑에서 실무의 중추적인 역할을 한 사람은 J목수였다. S목수가 숭례문 공사에 참여했다 하는데 어린 나이라 공사 초기에 잠깐 일하다가 곧바로 군에 입대했다. 생각해봐라. 집 짓는 목수일이 얼마나 오랜 훈련을 요하는 일인데, 공사판에 금방 들어온 청년을 목수라 할 수 있을지. 제대로 된 목수로서 숭례문 공사에 참여했다고 볼 수는 없다. 그리고 중요무형문화재 선정이 제대로 되었는지 되짚어볼 필요가 있다. 왜 조원재 목수의 수제자인 J목수가 중요무형문화재 대목장으로 선정되지 않았는지 모르겠다. 하여튼 J목수 같은 사람이 숭례문 복구에 참여할 수 있어야 한다.'

중요무형문화재 대목장 보유자 세 사람은 모두 최소한 10년 전에 지정된 사람들이다. 이제 와서 지정의 잘잘못을 따질 수는 없는 노릇이다. 그러나 숭례문복구단은 L의 말대로 1960년대 숭례문 수리에 참여한 목수를 중요무형문화재가 아니라는 이유로 처음부터 배제하는 것은 옳지 않다는 데에는 동의한다. 적어도 장인 선정에 참여하는 기회는 주되 나머지는 전적으로 선정위원회의 결정에 맡기는 것이 바람직하다는 의견이다. J목수를 기존 대목장 세 사람과 함께 목수편수 후보로 하겠다는 숭례문복구단의 보고에 청장도 반대하지 않는다. J목수가 1960년대 숭례문 수리에 참여했던 것이 나름 설득력이 있고 숭례문 도면을 기증한 것 또한 모두에게 호감을 산 것 같다.

장인선정위원회를 통해 장인을 결정하다

2009년 12월 경복궁 내에 있는 국립고궁박물관 회의실에서 장인선정위원회가 열린다. 문화재위원회 건축분과위원과 숭례문복구자문단 기술분과위원으로 구성된 심사위원들 대부분이 참석한다. 다만, 숭례문복구자문단의 한 위원은 경합이 치열한 목수들이 모두 잘 아는 사람들이라며 참석을 고사했다.

회의는 장인들의 발표를 들은 후 토론을 거쳐 숭례문 복구에 참여할 장인을 선정하는 순서로 진행된다. 대목장과 단청장같이 중요무형문화재 보유자가 세 사람이어서 경합이 불가피한 경우는 물론이고, 보유자가 한 사람뿐이어서 경합이 필요 없는 제와장과 번와장, 그리고 두 사람이지만 함께 참여하겠다고 약속한 석장도 모두 발표에 참여한다.

회의는 제와장의 발표로부터 시작된다. H제와장이 참석은 했지만 80중반의 나이로 거동이 불편해 제자인 D가 대신 발표한다. D는 전통기와의 제작과정을 순서대로 설명한 뒤 숭례문 복구를 계기로 앞으로는 전통기와가 문화재에 많이 사용되었으면 좋겠다는 희망을 피력한다. 계속해서 번와장, 석장, 단청장의 발표가 이어진다. 모두들 자신의 전통기법에 대한 설명과 함께 이를 숭례문 복구에 충실히 반영하겠다고 약속한다.

마지막 순서는 대목장들의 발표다. S목수는 자신이 참여한 경복궁 복원과정을 사진을 곁들여 소개함으로써 자신의 실적을 과시한다. 또한 1960년대 숭례문 수리 때 자신이 참여한 인연을 내세운다. S목수는 자신이 숭례문에 참여하게 된다면, 현재 사용되지 않는 옛 도구를 직접 만들어 전통기법으로 목재를 가공할 것이라고 공언한다. 임금은 문화재를 위해 기부하겠다는 포부도 밝힌다.

Y목수는 좀 거창하게 나온다. 숭례문 건축이 태조 이성계의 정치 퍼포먼스였다는 것이다. 조선 초기 왕조가 바뀌면서 어수선해진 민심을 달래기 위한 태조의 결단으로 해석한다. 그는 이처럼 숭례문 복구가 장인들이 화합할 수 있는 계기가 되어야 한다고 주장한다. Y목수는 광화문 복원을 두고 항간에 소문이 무성했던 목수들 사이의 갈등을 소개하면서 그들의 행위가 장인들의 화합을 해치고 있다고 꼬집는다. 이와 함께 Y목수는 1960년대 숭례문 수리 시 발견된 상량문에 적힌 '판사가정대부중추원判事嘉靖大夫中樞院 ○ ○ ○'이란 인물을 들먹인다. 그분이 자신의 19대 선조라고 소개하면서, 숭례문과 자신과의 인연을 내세운다.

H목수는 자신은 일찍부터 전통건축의 보급을 위해 사재를 털어 전통건축박물관을 운영해왔음을 밝히면서 전통건축문화재에 대한 자신의 기여를 강조한다. 그는 같은 맥락에서 자신이 맡으면 숭례문 복구도 공익적 차원에서 이루어질 것이라고 다짐한다.

마지막으로 J목수는 1960년대 숭례문 수리 당시 도편수로 활약했던 조원재 목수의 제자로 참여한 자신의 이력을 강조한다. 그는 비록 자신이 중요무형문화재는 아니지만, 다시 숭례문 복구에 참여해 목수로서 마지막 불꽃을 태우고 싶다고 호소한다.

　발표가 끝나자 참석한 장인들을 모두 퇴장시킨 가운데 심사위원들이 토론을 시작한다. 잠시 침묵이 흐르자 P위원장이 먼저 단청장에 대한 토론을 주문한다. 경합이 치열하고 세간의 관심이 집중된 대목장에 비해 상대적으로 관심이 덜한 단청장에 대한 토론이 수월할 것이기 때문이다. 심사위원 중 문화재위원회 건축분과 위원 한 사람이 먼저 말문을 연다. 그는 숭례문에서는 사찰보다는 궁궐 단청을 해본 사람이 적합할 것이라는 의견을 낸다. 궁궐이나 숭례문은 관아건축물로써 사찰건축물과는 그 성격을 달리 하기 때문이다. 모두들 고개를 끄덕인다. 단청장 세 사람 중 H단청장만 경복궁 복원에서 단청을 한 경험을 가지고 있고, 나머지 두 사람은 주로 사찰 단청에 종사해왔다. 이로써 단청장은 H로 결정된다.

　대목장 선정은 모두에게 부담이다. P위원장이 토론을 주문해도 한동안 아무도 말이 없다. 침묵을 깨고 숭례문복구자문단의 한 위원이 J목수를 추천한다. 그는 1960년대 숭례문 수리에 직접 참여한 J목수의 경험을 이번에 활용해야 된다는 논리를 편다. 이와 함께 숭례문 도면을 오랜 세월 동안 간직하다가 이번 복원을 위해 기증한 그의 행위를 진정으로 숭례문을 사랑하는 마음자세라고 칭찬한다. 다른 한 위원도 이에 동조하는 제스처를 보낸다. 그러나 순식간에 분위기가 바뀐다. 대목장은 혼자 일하는 것이 아니고 목수의 우두머리로 역할을 다해야 하는데, J목수는 훌륭한 실력을 갖추었지만 밑에 거느리고 있는 제자가 많지 않아 숭례문 복구에는 부적합하다는 주장이 제기된다. 이 논리에 몇몇 위원이 동조한다. 훌륭한 제자들을 많이 거느리고 있고 단청장과 마찬가지로 사찰보다는 궁궐 복원을 주로 한 S목수가 적임자라는 의견이다. 다른 의견이 없자 P위원장은 중재안으로 S목수로 하되 1960년대의 경험을 활용한다는 측면에서 J목수도 함께 참여하도록 권고하는 것으로 결론을 맺는다.

문화재 수리업자와 현장소장

숭례문복구단은 「문화재보호법」에 따라 문화재를 수리할 수 있는 자격을 가진 문화재 수리업자에게 공사를 맡긴다. 문화재 수리업자는 관련 법령에 따라 입찰에 의해 선정된다. 문화재 수리업자는 자신의 직원 중 한 사람을 뽑아 공사를 지휘하게 한다. 이 사람을 공식적인 용어로 '현장대리인'이라 하는데, 통상적으로는 그냥 '현장소장'이라 부른다. 현장소장은 소정의 자격을 가진 문화재 수리기술자가 맡게 되어 있다. 회사를 대표해 현장을 꾸려갈 이 사람의 역할이 장인 못지않게 중요하다. 장인은 자기 분야만 책임지면 되지만, 현장소장은 일의 맥락을 꿰뚫어 모든 분야의 장인들을 아우르고 인력과 자재를 적시에 조달하고 운용할 수 있어야 한다.

2009년 10월 'M건설'이라는 문화재 수리업자가 숭례문을 복구할 업체로 선정된다. 복구공사를 담당할 문화재 수리업자가 결정됨에 따라, 누가 현장소장을 맡을 것인지가 관심거리로 떠오른다. 보통 현장소장의 선정은 회사와 발주기관이 협의해서 정한다. 회사로서는 현장을 잘 운용해 회사에 이익을 안겨줄 사람이 필요하고, 발주기관은 공사를 착실히 수행할 수 있는 사람을 선호한다. M건설은 문화재청 출신 문화재 수리기술자 두 사람을 거론하며 그중 한 사람을 쓰겠다고 제의해온다. 한 사람은 벌써 오래전에 과장으로 정년퇴직했고, 다른 한 사람은 5년 전쯤 사무관으로 퇴직해 문화재 수리업체에서 일하고 있다. 숭례문복구단 직원들은 부담스럽다며 두 사람 모두를 반대한다. 자기 식구를 쓴다는 오해도 부담이다. 그럼 누가 좋을까. 다행히 문화재청 직원들 사이에 누구나 인정하는 문화재 수리기술자가 있다. Q씨다. 70을 막 넘긴 그는 한평생 문화재 수리 분야에 몸 담아온 베테랑이다. Q씨 정도의 경력을 가진 사람이 전혀 없는 것은 아니지만, 그가 유독 돋보이는 것은 우직스럽기까지 한 그의 성실성이다. 숭례문복구단 직원들 사이에 자연스럽게 Q씨의 이름이 거론된다. Q씨라면 모두들 고개를 끄덕인다. 그러나 다른 측면에서 직원들이 걱정한다. 직원들의 의견이다.

'Q씨라면 최적이다. 그러나 회사에서는 싫어할 수도 있다. 그분은 너무 일을 원칙대로 하다보니, 이윤을 생각해야 하는 회사로서는 불편할 수 있다. 우리가 아무리 갑이지만 회사에서 강하게 반대하는 사람을 억지로 쓰라고 할 수는 없다. 회사 입장으로서는 Q씨를 다른 회사에서 스카우트해와야 된다는 것도 부담스러울 것이다.'

'우리가 강력하게 Q씨를 원하면 회사에서 반대하기는 어려울 것이다. 어찌되었건 회사 입장에서는 발주기관과 처음부터 각을 세우기는 부담스러울 테니까. 문제는 Q씨의 의중이다. 혹 다른 공사에 참여하기로 이미 약속했을 수도 있다.'

'Q씨의 의중이 문제라면 삼고초려를 해서라도 모셔 와야 한다.'

직원들의 바람과 걱정 속에서, Q씨가 기꺼이 참여의사를 밝히고 회사도 숭례문복구단의 제의를 받아들인다. 이로써 현장소장은 Q씨로 결정된다.

현
장

———————

제2부

현판을 바로잡다

●

부서진 현판 수리의 모든 것

현판 수리의 역사

'현판'懸板은 잘 보이는 높은 처마 밑에 건축물의 이름을 새겨 매다는 판자다. 그러나 이렇게 사용하는 현판이란 말은 정확한 용어가 아니다. 본래는 판자에 글을 적어 건축물의 여기저기에 거는 것을 통칭해 현판이라 했다. 현판은 '판자(板)를 매단다(懸)'는 말이기 때문이다. 현판 중 건축물의 이름을 나타내는 것을 특별히 '편액'扁額이라 했다. 여기서 편扁은 집을 드나드는 문호門戶 위에 글을 쓰는 것을 의미하고 액額은 높은 곳에 매다는 판자를 가리킨다.[1] '숭례문 현판'보다는 '숭례문 편액'이라 하는 것이 훨씬 정확한 말이다. 그러나 요즘은 전문가들조차 좀처럼 편액을 편액이라 하지 않고 그냥 현판이라고 한다.

화재 당일 부서진 현판은 국립문화재연구소로 옮겨져 정밀한 조사를 받았다. 국립문화재연구소 보존과학실의 K연구관이 현판의 조사와 수리를 맡았다. 숭례문 현판은 '바닥판'과 '보강판' 그리고 '테두리목'으로 구성되어 있다.

바닥판은 건축물의 이름이 쓰여 있는 현판의 핵심 부분이다. 그래서 '알판'이라고도 한다. 알판은 3.5센티미터의 두께에, 가로 86.5센티미터, 세로 226.3센티미터의 규격을 가졌다. 위에서 아래로 '崇禮門'이라고 도드라지게 새겼다. 검은색 바탕에 글자는 흰색으로 칠해 더욱 도

가로선대

바닥판

테두리목

현판 부재의 구성
숭례문 현판은 바닥판과 보강판 그리고 테두리목
으로 구성되어 있다. 바닥판은 건축물의 이름이
쓰여 있는 현판의 핵심 부분이고, 테두리목은 바
닥판 주변을 경사지게 둘러싸서 현판이 꽃잎처럼
펼쳐져 보이도록 입체감을 주는 장식재다.

세로선대

ⓒ박미영

드러져 보인다.

　현판 글씨는 보통 오른쪽에서 왼쪽으로 가로로 쓰는데, 숭례문 현
판 글씨를 세로로 쓴 이유는 불로부터 한양을 보호하기 위한 조치였다.
풍수지리설에 따르면, 숭례문의 남쪽에 있는 관악산은 불의 산이어서
관악산의 불기운이 한양으로 들어오는 것을 막아야 했다. 이러한 믿음
은 실제로 기청제祈晴祭 및 기우제祈雨祭에 관한 숭례문의 옛 기록에서
확인할 수 있다. 가물어 비를 기원하는 기우제 때에는 한양도성의 남대
문인 숭례문을 닫고 북대문인 숙정문을 열었다. 남대문을 닫은 것은 관
악산의 화기火氣가 들어오는 것을 막기 위함이고 북대문을 연 것은 비
를 부르는 수기水氣를 트기 위한 것이었다.[2] 반대로 장마가 계속되면 날
이 개기를 기원하는 기청제를 지냈는데, 이때는 숭례문을 열고 숙정문
을 닫았다. 풍수지리에서 남쪽은 양陽이고 불을, 북쪽은 음陰이자 물을
상징하기 때문에 남문을 닫아 양기를 잠재우고 북문을 열어 음기를 북
돋우고자 했다. 그런데 불은 맞불을 놓아 불로써 막을 수 있다고 믿었
다. 이러한 믿음에서 숭례문 현판 글씨를 불로 형상화함으로써 맞불을

놓고자 했다. '焱'자는 예서체로 쓰면 불이 타오르는 형상이 되고, '禮' 자는 오행설에 의하면 불을 뜻한다. 그러므로 '崇禮'를 세로로 겹쳐 쓰면 불이 활활 타오르는 모양이 된다. 그럼에도 불구하고 숭례문이 방화로 불탄 것은 아이러니다. 좋게 보면, 600년이 넘는 세월 동안 수많은 전란에도 불타지 않고 살아남아 그 자리를 지킨 것을 세로로 쓴 숭례문 현판 덕으로 돌릴 수도 있다.

바닥판은 폭 86.5센티미터, 높이 226.3센티미터에 이르는 엄청난 크기에도 불구하고 원래 한 장으로 된 송판이었다. 최소한 110센티미터 정도의 지름을 가진 소나무를 켜서 만들었을 것이다. 요즘 이런 소나무를 국내산으로 구하는 것은 불가능하다. 옛날에도 큰 판재를 구하는 것이 어려웠기 때문에 바닥판은 한 판으로 하기보다는 여러 판재를 수직 또는 수평으로 이어 붙이는 것이 보통이었다. 광화문 현판도 원래는 아홉 조각의 판재를 가로 방향으로 이어서 만들었다. 이러한 측면에서 숭례문 현판의 바닥판을 한 장으로 된 통판으로 만든 것은 특이하다.

한국전쟁으로 피해를 입었던 숭례문을 전쟁 직후인 1953년 급히 수리하면서 총탄으로 구멍이 숭숭 난 현판을 부분적으로 도려내고 때웠다. 그리고 다시 한 번 1961~1963년 숭례문 수리 때 현판도 함께 수리했다. 그 결과, '한 판'이었던 바닥판은 '서른여덟 조각'의 모자이크로 변했다. 모자이크 바닥판 중 큰 조각 세 개만 원래의 것이다. 이 세 조각이 전체 바닥판 면적의 약 70퍼센트에 해당한다. 나머지 서른다섯 개의 작은 조각은 나중에 '땜질'한 것이다. 땜질 조각 중에는 글자가 새겨졌던 부분도 포함되어 있었다. 1953년과 1961~1963년 수리 당시에는 '崇禮門' 본래의 서체를 몰랐기 때문에, 글자가 없어진 부분을 채워넣기 위해 상상력이 동원되었고 그만큼 서체는 부분적으로 달라졌다.

보강판은 원래는 없었던 것이나, 이 서른여덟 조각으로 이루어진 바닥판을 일체화하기 위해 덧댄 판재다. 바닥판의 가로 폭과 꼭 같은

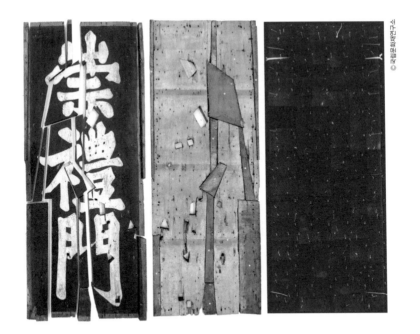

조각난 바닥판 앞면, 뒷면, 엑스레이 촬영을 통해 본 바닥판의 못

너비를 가진 두께 4센티미터가량 되는 열다섯 개의 판재를 바닥판의 뒷
면에 위에서 아래로 덧대고 200여 개의 못을 망치로 '꽝꽝' 때려 박아
고정시켰다.

　테두리목은 바닥판 주변을 경사지게 둘러싸서 현판이 꽃잎처럼 펼
쳐져 보이도록 입체감을 주는 장식재다. 각종 문양을 넣고 단청을 한
'선대'라고 불리는 상, 하, 좌, 우 네 개의 부재로 구성되어 있다. 한국전
쟁 때 피해를 입어 1953년에 수리하면서 모두 새롭게 교체된 것이다.
요약하면, 바닥판·테두리목·보강판으로 이루어진 현판의 부재 중 원
래의 것은 바닥판 면적의 70퍼센트를 차지하고 있는 큰 조각 세 개가
전부이고, 나머지는 모두 한국전쟁 후 수리를 거치면서 교체된 것이다.

글씨는 누가 쓴 것인가

현판을 수리하면서 가장 큰 논란은 한국전쟁 이후 변형된 '崇禮門' 서체에 관한 것이다. 조선시대에는 국가에서 중요한 건축물을 지을 때 완공이 가까워지면 상량문을 지을 '제술관'製述官과 상량문과 현판 글씨를 쓸 '서사관'書寫官을 임명했다. 문관 중에서 서사관을 임명하는 것이 보통이었으나, 때로는 임금이나 세자가 직접 현판 글씨를 쓰기도 했다. 임금이 직접 쓸 경우 '어필'御筆, 세자가 쓰면 '예필'睿筆이라고 현판의 가장자리에 작은 전서체로 별도로 표시했다. 그러나 신하들이 서사관으로 현판 글씨를 쓸 경우 공적인 성격을 감안하여 자신의 이름을 나타내는 것을 저어하는 전통이 있었다. 이 때문에 현판 글씨는 누가 쓴 것인지 알 수 없는 경우가 대부분이다.[3]

숭례문 현판도 이러한 전통에 따라 글씨를 쓴 서사관이 자신을 알리는 어떠한 표시도 남기지 않아 '작가미상'으로 알려져 왔다. 다만, 옛 문헌을 통해 글씨를 썼다고 전해지는 몇몇 사람이 있으나 결정적으로 누구라고 단정하기는 어렵다. 첫 번째로 거론되는 인물은 태종의 장남인 양녕대군讓寧大君, 1394~1462이다. 1614년 이수광이 편찬한 백과전서 『지봉유설』芝峰類說에 양녕대군이 숭례문 현판을 쓴 것으로 처음 언급된 이래, 이긍익이 쓴 역사책 『연려실기술』燃藜室記述, 유본예가 한양의 역사와 모습을 기록한 『한경지략』漢京識略, 고종 때 편찬된 것으로 추정되는 인문지리서 『동국여지비고』東國輿地備考에 양녕대군이 언급되어 있다. 양녕대군은 1412년 태종의 명에 의해 경복궁 경회루의 현판을 쓸 만큼 필력을 인정받았던 인물이었다는 점을 감안하면, 숭례문 또한 그의 글씨일 가능성이 있다.[4] 두 번째로 거론되는 인물은 조선 초기 문관이요 신숙주의 아버지인 신장申檣, 1382~1433이다. 추사 김정희는 우리나라 글씨의 갈래를 논하면서 순수하게 서예의 관점에서 숭례문 현판의 작자로 신장을 꼽았다. 신장은 현판 글씨에 능해 중국 사신이 머물렀던 '모화관'慕華館 현판을 썼다.[5] 세 번째 인물은 명종 때의 문신 겸 문필가였던 죽당 유진동柳辰소. 1497~1561이다. 유진동은 서화감식과 창작에 해박했다. 조선 후기 학자 정동유는 자신의 백과사전적 저서 『주영편』畫永編에서 숭례문 현판의 작자를 유진동이라고 했다.

'판서 유진동은 글씨로 세상에 이름이 났다. 그의 집에는 숭례문 세 글자를 쓴 종이가 여럿 소장되어 있으니, 남대문 현판을 걸려고 시험 삼아 쓴 글자라고 하지만 증명된 바는 없다. 숙종임금 재위 시절 대장 유혁연은 그의 후손인데, 숭례문 문루를 수리하려고 현판을 끌어내렸더니 뒷면에 '죽당이 쓰다'라고 되어 있어 비로소 유진동이 현판을 쓴 것을 알았다. 세상 사람들이 숭례문 현판을 양녕대군이 썼다고 말하는 것은 잘못이다.'[6]

고종 때 영의정을 지낸 이유원의 『임하필기』林下筆記에서도 『주영편』과 유사한 내용을 발견할 수 있다.

숭례문 현판은 양녕대군의 글씨라고 세상에서 전하는데, 이것은 『지봉유설』에서 나온 말이다. 연전에 남대문을 중수할 때 양녕대군의 후손인 이승보 대감이 윤성진 대감과 함께 문루에 올라가서 판각의 개색改色한 것을 보았더니, "후판대서 유진동 서"後板大書 柳辰소 書라고 하였다. 아마 이것은 옛날 화재가 난 뒤에 다시 쓴 것인 듯하다. 유진동은 대나무를 잘 그렸으므로 '죽당'竹堂이라 불렸다.[7]

이 밖에도 세종의 셋째 아들 안평대군安平大君, 1418~1453과 조선 전기의 문신이며 서예가였던 정난종鄭蘭宗, 1433~1489이 현판의 글씨를 쓴

것으로 옛 문헌에서 거론되었다.[8]

혹시 숭례문 현판에 남아 있을지도 모를 낙관이나 묵서 등 옛 흔적을 찾기 위해 교체되지 않은 바닥판 세 조각 앞뒤를 적외선 촬영해보지만 허탕이다. 적외선 촬영은 빨강, 주황, 노랑, 초록, 파랑, 남색, 보라 일곱 색으로 이루어진 가시광선 중 가장 파장이 긴 빨강색 빛보다도 파장이 긴 빛을 사용하여 사진을 찍는 것이다. 밑바탕 그림 등 맨눈으로는 보이지 않는 숨겨진 흔적을 찾는 데 사용된다. 『임하필기』에서 언급된 내용이 사실이라면, 먹으로 지웠더라도 그 흔적이 적외선 촬영으로 드러났을 것이다. 아니면 한국전쟁 이후 수리하면서 교체된 부분에 낙관이나 다른 표시가 포함되어 있었을 것이다.

변형된 글씨를 바로잡다

글씨의 주인공이 누구인지는 알 수 없지만, 글씨의 원본이 발견된다. 서울 상도동에 있는 양녕대군의 사당인 지덕사至德祠에 현판 글씨의 탁본이 소장되어 있다. 지덕사에는 숭례문 현판 탁본이 두 점 있다. 한 점은 '崇', '禮', '門' 한 글자씩 탁본하여 세 장을 따로 보관한 것이고, 다른 한 점은 한 장으로 연결하여 액자로 표구한 상태다. 이 탁본은 고종 때인 1865년 경복궁 중건 때 '경복궁 영건도감 제조'를 지낸 이승보李承輔, 1814~1881의 작품이다. 이승보는 양녕대군의 봉사손奉祀孫이었다. 경복궁 영건도감 제조는 요즘 말로 하면 '경복궁 공사추진단 고위간부' 정도 되는 직책이다. 대원군은 경복궁을 중건하면서 궁궐의 외벽이라 할 수 있는 도성의 성곽과 문을 함께 손보도록 했다. 이에 따라 이승보는 경복궁 영건도감 제조의 자격으로 숭례문 수리에도 참여했다. 이때 그는 숭례문 현판을 탁본하여 자신의 선조이자 현판 글씨의 유력한 주인공으로 알려진 양녕대군의 사당에 보관토록 했다.[9] 탁본

137

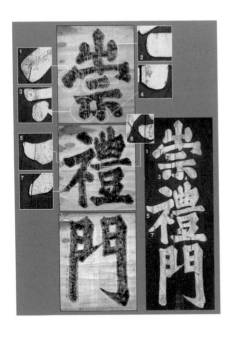

지덕사 소장 현판 글씨 탁본(왼쪽)과
1954년 수리 후 변형된 현판 글씨(오른쪽)
변형된 곳은 '崇' 자의 갓머리宀와 보일 시示
부분, '禮' 자의 보일 시示와 콩 두豆 부분 등
이다.

글씨를 현판 글씨와 비교해보니 글씨의 크기와 형체는 물론이고 현판의 나뭇결까지 일치한다.

　탁본과 현판을 자세히 비교해본 결과, '崇'자와 '禮'자가 부분적으로 변형되어 있다. '門'자는 원래의 모습을 유지하고 있다. 변형된 곳은 모두 일곱 군데이다. 첫째 부분은 '崇'자의 '뫼 산'山 자 밑에 있는 갓머리宀의 왼쪽 획의 삐침이 원래의 것보다 둥글게 변형되어 있다. 둘째 부분은 '崇'자의 '갓머리'宀 밑에 있는 '보일 시'示 부의 맨 위에 있는 가로획이 원래의 것보다 좌측으로 길어지고 둥글게 변해 있다. 셋째 부분은 역시 '보일 시'示 부의 아래쪽 세 개의 세로 획 중 맨 왼쪽 획이 탁본의 글씨는 위의 가로 획과 붙어 있는데 현판 글씨는 떨어져 있다. 넷째 부분은 '보일 시'示 부의 아래쪽 세 개의 세로 획 중 가운데 획 삐침의 오른쪽 모서리가 원래의 글씨보다 둥글게 변형되어 있다. 다섯째 부분은 '禮자'의 '보일 시'示 부의 두 번째 가로 획의 시작 부분이 본래의 것보

138

다 날카롭게 변형되어 있다. 여섯째 부분은 '禮'자의 오른쪽 위에 있는 '굽을 곡'曲 부의 밑에 있는 '콩 두'豆 부의 첫 가로 획의 시작 부분이 원래의 서체는 뾰족하게 왼쪽으로 뻗었는데 둥글고 짧게 변형되어 있다. 마지막으로 일곱째 부분은 역시 '禮'자의 '보일 시'示 부의 왼쪽 사선 삐침의 마지막 부분이 원래의 것보다 둥글게 마무리 되어 있다.

숭례문 현판과 관련된 객관적인 사실은 작가를 제외하고는 다 밝혀진 셈이다. 변형된 글씨를 고칠 것인지, 그대로 놔둘 것인지 선택의 문제가 남았다. 현판 수리를 맡은 K연구관은 그 답을 기다린다. 나는 한국전쟁 이후 변형된 글씨를 이번 기회에 바로잡아야 한다고 믿는다. 1953년과 1961∼1963년의 수리를 통해 현판 글씨가 변형된 것은 원래의 글씨를 몰랐기 때문이다. 당시 지덕사 탁본의 존재를 알았더라면 올바른 글씨로 고쳤을 것이다.

숭례문복구단은 이 문제를 다루기 위해 숭례문복구자문회의를 개최한다. 회의는 고증 및 기술분과 합동회의로 진행된다. 회의에서 숭례문복구단은 부서진 현재의 현판 글씨가 한국전쟁 이후 수리 때 변형되었다는 사실과 지덕사 탁본에 대해 설명한다. 이어서 숭례문복구단에서 희망하는 1안을 포함한 세 가지 대안을 제시하고 검토를 요청한다.

1안. 원래의 현판에서 변형된 글씨를 원래의 서체로 되돌리고 수리하여 숭례문 복구가 끝나면 건다.

2안. 변형된 글씨는 그대로 둔 채 현판을 수리하여 숭례문 복구가 끝나면 걸고, 변형된 글씨를 원래의 글씨로 고친 현판을 따로 복제품으로 만들어 보관한다.

3안. 변형된 글씨를 원래의 글씨로 고친 현판을 따로 복제품으로 만들어 숭례문 수리가 끝나면 걸고, 원래의 현판은 글씨를 고치지 않은 채 수리하여 보관한다.

현판 글씨의 정정에 반대하는 위원들은 1960년대의 수리에 의미를 부여한다. 잘못된 수리도 나름대로 보존할 만한 가치가 있으며, 이미 변형된 글씨에 사람들이 익숙해져 있으므로 그대로 두자는 입장이다. 더군다나 지난 5월 문화재청에서 발표한 숭례문 복구 기본원칙에서 불타기 이전 모습대로 복구한다고 하지 않았느냐고 따지면서 2안을 지지한다. 그러나 1안을 지지하는 위원들은 잘못 고친 것을 제대로 고치는 것은 지극히 자연스러운 것이라고 맞선다. 자문위원들의 의견은 정확히 반반이다. 그러자 자문위원 중 원로에 속하는 한 위원이 숭례문복구단의 입장을 거든다.

'자문위원들의 의견이 반반이고 숭례문복구단의 의견은 원래의 글씨로 고치자는 것이니 숭례문복구단의 의견에 따르도록 하는 게 좋을 것 같다. 어찌 보면 자문을 하는 위원들보다는 일을 직접 집행하는 숭례문복구단에서 더 많은 고민을 할 것이다.'

원로 위원의 발언에 다들 별다른 의견이 없다. 자문회의는 탁본을 이용하여 원래의 글씨로 고치는 것으로 결론 내린다. 현판의 수리를 위해 보충이 필요한 목재는 불탄 숭례문 부재 중 재사용이 불가능한 것과 기증 소나무 중 적절한 것을 함께 사용하기로 한다. 나는 길게 안도의 한숨을 쉰 후, K연구관을 불러 현판 글씨를 즉시 바로잡도록 이른다. K연구관의 얼굴이 밝아진다. 자신도 그런 결과가 나오길 학수고대했노라고 속마음을 드러낸다.

원형 복원에 관한 이견

잘못된 숭례문 현판 글씨를 바로잡았다는 보고에 청장

은 노발대발한다. 그는 잘못된 것도 역사적 실체이므로 좋든 싫든 그대로 보존해야 한다고 믿는다. 정 온전한 글씨체의 현판이 필요하다면 복제품을 만들어 보관하면 된다는 것이다. 청장은 1995년 경복궁 복원 때문에 철거한 구 조선총독부청사를 예로 들며 이와 같은 실수가 또 나왔다고 노발대발한다. 청장은 자신의 입장을 설명한다. 청장은 지나간 어떤 것도 함부로 없애는 것에 반대한다.

'가장 안타까운 것 중 하나는 경복궁을 복원한다면서 조선총독부청사를 철거한 것이다. 이미 없어진 경복궁을 새로 짓기 위해 역사의 실체인 조선총독부청사를 우리 손으로 철거한 것은 야만적인 행위다. 없어진 경복궁을 다시 세우고 총독부청사를 없앤다고 역사가 바뀔 수는 없다. 그러한 행위는 불만족스러운 역사를 부정하는 자기만족에 불과할 뿐이다. 어떤 측면에서는 우리 역사를 부정한 것과 같다. 조선총독부청사는 해방 이후 대한민국 역사의 산 증인이다. 어찌되었건 우리 정부가 중앙청으로 사용했고, 나중에는 국립중앙박물관으로도 사용했다. 감정에 못 이겨 부숴버리는 것은 지식인이 할 일이 아니다. 그 당시 많은 지식인들이 그 건물을 철거해서는 안 된다는 의견을 냈다. 그러나 전문가들의 의견은 무시당하고 정치적인 결정으로 총독부청사를 없애버렸다. 문화국가에서 일어날 수 없는 창피한 일이다. 그런데 이제 숭례문에서 이런 일이 다시 벌어졌다니, 창피해서 얼굴을 들 수 없게 됐다. 비록 1960년대에 잘못 고쳤더라도 보존해야 할 만한 가치가 있다. 정 온전한 글씨체의 현판이 필요하다면 복제품을 만들어 보관하면 된다.'

청장의 말에 나도 내 의견을 이야기한다. 이것은 계급의 문제가 아니라 신념의 문제다. 좀 거창하게 이야기하면 '문화재 보존 철학'의 문제일 것이다.

"문화재를 보존하는 데에 절대적인 정답이 있다고는 생각하지 않습니다. 조선총독부청사 철거 문제는 당시 나름대로의 이유로 찬성과 반대로 의견이 양분되어 있었습니다. 저는 경복궁을 복원하는 입장에서 철거한 것을 잘했다고 생각합니다. 일본인들은 총독부청사의 위치를 고르면서 고의적으로, 아니, 악의적으로 경복궁을 가로막는 곳을 택했습니다. 조선총독부청사를 그 자리에 놔두고는 경복궁을 복원할 수 없었습니다. 만약 정말로 총독부청사를 보존해야 한다는 신념이 확고했다면 경복궁 복원에 반대했어야 합니다. 그 두 개의 가치는 공존할 수 없고 물리적으로도 궁궐의 배치상 불가능했습니다. 총독부청사는 경복궁의 으뜸전각인 근정전을 가로막고 있었습니다. 총독부청사 입지 선정은 일본인들이 없애고자 했던 조선의 상징인 경복궁을 지워버리기 위한 것이었습니다. 총독부청사는 서울 도심을 차지하고 있어 어쩔 수 없이 많은 사람들이 마주치게 되어 있었습니다. 조선총독부청사의 엄청난 크기는 그 뒤편에 있는 경복궁의 존재를 알아차릴 수 없도록 만들기에 충분했습니다. 그런 측면에서 시민들이 경복궁을 보는 것과 총독부청사를 보는 것 중 무엇이 나은지 생각해볼 문제입니다. 국민감정도 중요합니다. 몇 사람의 신념이나 취향 때문에 대중의 감정을 거슬러서는 안 된다고 생각합니다."

숭례문 현판의 경우, 한국전쟁 이후 잘못 고쳐진 글씨가 보존할 만한 가치가 있는 것인지 따져봐야 한다. 만약 조선시대에 현판을 고치면서 나름대로의 이유로 글씨를 다르게 고쳤다면 숭례문 현판의 변천으로 볼 수 있다. 그러나 화재 전 숭례문 현판 글씨는 조선시대의 문화재를 20세기에 잘못 수리한 결과에 불과하다. 우리 시대에 잘못 고친 것까지 그대로 보존해야 한다는 생각은 과거의 것은 무조건 보존해야 된다는 교조적인 맹신이 아닐까.

목공사 전통기법, 그 현실과 한계

아무도 모르는 전통기법의 실체

완전한 전통기법, 오늘날 가능한가

문화재 하는 사람들은 누구나 전통기법이 이렇다저렇다 한마디씩 하지만, 사실 전통기법의 실체를 정확히 모르는 게 오늘날의 현실이다. 전통기법을 조사하다보면 불과 100여 년 전의 일을 이렇게 모를 수 있나 하고 스스로 놀라게 된다. 요즘 장인들의 기법은 전통기법의 일부에 지나지 않는다. 어떻게 보면 시대가 변했으니 당연한 현상이기도 하다.

목공사와 관련된 전통기법은 재목으로 쓸 나무를 잘라 운반하는 것, 이를 필요한 부재로 가공하는 것, 그리고 마지막으로 가공한 부재를 조립하는 것으로 나눌 수 있다. 옛날에는 아무리 좋은 목재를 생산해도 운반이 불가능하면 소용이 없었다. 목재 생산지인 지방으로부터 건축 현장인 한양까지의 운반은 크게 물을 이용하는 수운水運과 도로를 이용하는 육운陸運으로 나눌 수 있다. 수운에는 뗏목과 배가, 육운에는 마차와 달구지 등이 이용되었다. 오늘날에 비하면 옛날에는 도로 사정이 극도로 나빴기 때문에 육운은 매우 한정적일 수밖에 없었다. 육운이라야 수운으로 운반한 목재를 공사현장까지 달구지 등으로 운반하는 것이 고작이었다. 공사를 하기 전에 목재가 도착하는 나루터에서 공사현장에 이르는 길을 미리 정비했다. 서유구는 『임원경제지』에서 관북지방의 목재가 비록 남해안 소나무보다 품질은 좋으나 관동이나 남해안과 서해안의 수운에 비해 마땅한 운반수단이 없어 쓸 수 없다고 했다.[10] 강원도를 주로 일컫는 관동지방은 한강수계인 남한강과 북한강이 연결되어 있고 남해안과 서해안은 바다로 한강과 연결된다. 그러나 함경북도에 해당하는 관북은 한강과 연결되는 마땅한 물길이 없다.

벌목해놓은 나무를 물길이 닿는 포구로 운반하는 일을 '작예'斫曳라 하고, 그 일을 하는 사람을 가리켜 작예꾼이라 불렀다. 조선 전기에는 부역으로 작예꾼을 충당했으나 대동법大同法이 시행된 후기에는 일당을 받고 고용된 사람이 작예꾼의 역할을 했다. 작예는 힘든 일이어서 물가에서 5리, 약 2킬로미터를 넘으면 아무리 좋은 나무가 있어도 사용하기 힘들었다. 벌목장에서 포구까지는 대개 낱개로 운반했다. 경사지는 굴려서 내려보내고 평지에서는 목재의 끝에 구멍을 뚫고 그 구멍에 끈을 매어 운반했다.[11]

수운은 다시 강을 이용하는 것과 바다를 이용하는 것으로 나눌 수 있다. 한강의 상류인 남한강과 북한강 그리고 소양강 주변에서 벌채한 나무는 뗏목으로, 황해도와 전라도 그리고 충청도 바닷가에서 생산한 목재는 배로 운반했다. 이렇게 수운을 통해 운반한 목재는 주로 지금의 용산이나 뚝섬 부근 나루터에 도착해 1차 가공을 거친 뒤, 육운으로 마차나 달구지로 한양도성 내 공사현장으로 다시 운반했다. 강가 나루터에서 미리 적당한 길이로 자르고 모양을 다듬는 것이 부재의 부피와 무게를 줄여 육운에 유리했기 때문이다.[12]

나루터에서의 1차 가공은 선장船匠과 걸거장乬鉅匠이 담당했다. 선장은 원래 그 이름에서 짐작할 수 있듯이 나무를 다듬어 배를 만드는 장인인데, 목수가 부족하자 목공사에 동원되기 시작했다. 배를 만들기 위해 나무를 다듬는 것이나 집을 짓기 위해 나무를 다듬는 것이 크게 다를 바 없었기 때문이다. 선장은 대자귀를 이용해 원목을 원형 또는 방형으로 다듬는 일을 했다. 걸거장은 자름톱으로 나무를 자르는 장인으로 원목의 양쪽 마구리를 자르는 일을 했다. 이러한 1차 가공을 '초련'初鍊이라 했다.

대체로 초련을 통해 1차 가공을 거친 목재는 공사장으로 옮겨져 켤톱을 쓰는 인거장이나 기거장이 판재나 각재로 가공했는데, 이를 '재련'再鍊이라 했다. 톱을 다루는 장인은 대인거장大引鋸匠, 소인거장小引鋸匠, 걸거장, 기거장岐鋸匠으로 나뉘었다. 톱은 목재의 섬유방향으로 켜는 켤톱과 섬유방향의 직각으로 자르는 자름톱으로 구분할 수 있다. 대인거장, 소인거장, 기거장은 켤톱을 사용했고, 걸거장은 자름톱을 사용했다. 켤톱을 사용하는 장인이 세분된 것은 그만큼 나무를 길이 방향으로 켜는 것이 어려웠다는 것을 반증한다. 나무를 켜서 판재를 만드는 것은 매우 힘든 일이어서 항상 두 사람이 함께 짝을 이뤄 일했다. 목재를 켜는 장인인 대인거장, 소인거장, 기거장의 구분이 어떻게 이루어졌는지는 명확하지 않다. 다만 대인거장이 소인거장보다 큰 목재를 다루었다는 것과 기거장이 인거장의 작업으로 만들어진 판재를 더욱 잘게 갈라내는 일을 했을 것이라고 추정하고 있다.

이렇게 해서 부재의 모양이 갖추어지면 마지막 가공인 '정련'精練을 거쳐 조립하는데, 이를 '입배'入排라 했다. 입배에는 목수, 조각장, 목혜장, 소목장이 참여했다. 여기서 목수는 건축물의 뼈대를 짜는 대목장을 가리킨다. 조각장은 공포 등 조각이 필요한 부재를 새기는 작업을 했다. 목혜장은 원래 나막신을 만드는 장인인데, 끌이나 칼을 쓰는 데 매우 숙련되어 있어 세밀한 조각이 필요한 곳에 이들이 동원되었다. 소목장은 문, 창문, 가구 등과 같이 세밀한 짜임과 맞춤이 필요한 것을 담당했다.[13]

기법은 그것을 실현하는 연장과 불가분의 관계가 있다. 그렇기 때문에 전통기법을 실현하기 위해 전통연장의 현실을 파악할 필요가 있다.

1900년대 판재를 켜는 인거장 풍경

1차가공을 거친 목재는 공사장으로 옮겨져 켤톱을 쓰는 인거장이나 기거장이 판재나 각재로 가공했다.

1. 조선 풍속 엽서, 개인소장   2. 1903년 5월 당시 조선의 풍경, Newcastle University Library Gertrude Bell Archive

목공사에 쓰이는 전통연장으로는 톱, 대패, 자귀, 끌, 망치 등을 대표적으로 들 수 있다.

옛날 톱은 탕개를 틀어 톱날을 팽팽하게 당겨주는 탕개톱이었다. 근대기 이후 도입된 요즘 대패가 당길 때 깎이는 '당길대패'인데 비해 조선시대 대패는 밀 때 깎이는 '밀대패'였다. 그런 까닭에 대패를 '미리'라고도 했다. 또한 요즘 대패가 날이 두 개 있는 '덧날대패'인데 비해, 옛날 대패는 날이 하나만 있는 '홑날대패'였다. 덧날대패는 나뭇결의 반대 방향으로도 대패질이 가능하지만 홑날대패는 나뭇결 방향으로만 대패질이 가능하다. 홑날대패로 엇결방향, 즉 나뭇결의 반대 방향으로 대패질하면 대팻날이 나뭇결을 파고들어 더 이상 대패질을 할 수 없다. 옛날에는 부득이 나뭇결의 반대 방향으로 대패질해야 할 때에는 나뭇결의 45도 방향으로 대패질했다. 이러한 흔적은 옛 부재에서 확인할 수 있다.

자귀는 목재의 군더더기를 효율적으로 쳐낼 때 사용하는 연장이다. 크기에 따라 대, 중, 소가 있다. 큰 통나무를 힘 있게 찍어 큰 기둥이나 대들보를 깎을 때는 대자귀를 사용했고, 한 손으로 더욱 세밀한 가공을 할 때는 소자귀를 썼다. 자귀의 효율성으로 인해 옛날에는 목재를 가공할 때 주로 자귀를 이용했다. '자귀로 산 사람의 눈썹을 깎는다'는 말이 있을 정도로 숙련된 목수의 자귀질은 정교했다.

끌은 목재의 이음과 맞춤을 위해 부재에 구멍을 뚫거나 홈을 파는 데 사용하는 연장이다. 요즘 끌은 끌의 머리 부분인 손잡이가 목재로 되어 있고 쇠망치를 사용하는 데 비해, 조선시대의 끌은 머리부터 날까지 통쇠로 만들어졌고 나무망치를 사용했다. 옛날에는 끌을 '주리', 나무망치를 '끌방망이'라고 불렀다. 요즘 끌이 옛날 끌보다 가볍고 다루기 쉬워 옛날 끌의 자리를 대신하게 되었다.[14]

전통적인 손연장이 대부분 사라지고 근대기 이후 일본에서 도입된 손연장으로 대체된 것은 효율적인 성능을 좇아 진화하는 연장의 속성

조선시대 전통연장
근대기 이후 도입된 요즘 대패가 당길 때 깎이는 당길대패인 데 비해 조선시대 대패는 밀 때 깎이는 밀대패였다. 끌은 목재의 이음과 맞춤을 위해 부재에 구멍을 뚫거나 홈을 파는 데 사용했다. 탕개톱은 탕개를 틀어 톱날을 팽팽하게 당겨주는 톱이다. 1. 옛날끌(주리) 2. 옛날대패(미리) 3. 옛날톱(탕개톱) 4. 밀대패 ©김종남

때문이다. 요즘 목수들이 사용하는 끌이나 대패 등 손연장의 상당수가 일본제품인 것은 개량된 연장을 선호하는 현실을 잘 보여준다.

　이상과 같은 전통기법을 명확히 이해하면, 숭례문 복구에서 실현 가능한 것이 무엇인지, 불가능한 것이 무엇인지 가늠할 수 있다. 예를 들면, 오늘날의 상황에서 전통적인 방법으로 목재를 운반하는 것은 불가능하다. 요즘 산에서 벌채한 목재를 운반한답시고 한강에 뗏목을 띄울 수는 없을 테니까. 하고 싶어도 안 된다. 곳곳에 수중보가 있고 댐이 있으니까. 또 아스팔트 위에 달구지를 끌고 물건을 나르는 것은 우스꽝스러운 퍼포먼스가 될 것이다. 또 하나, 부재의 가공이 끝나면 가공된 부재를 조립하기 위한 소운반小運搬이 있다. 옛날에는 도르래의 원리를 이용한 거중기 등 여러 가지 전통적인 도구를 사용해서 조립을 위한 소운

148

반을 했다. 간단한 전통기구로 사람이 직접 무거운 부재를 들어올려 원하는 위치에 정확하게 운반하는 것은 오늘날의 입장에서 보면 대단한 묘기로 보인다. 그러나 그것은 까딱하면 인명의 손실을 각오해야 하는 매우 위험한 작업이었다. 시대가 변하면서 이 역시 전기나 엔진 등 동력을 이용한 크레인으로 바뀌었다. 상황이 이러하니 전통기법으로 운반하는 것은 어렵다.

그렇다면 가공은 가능할까? 전통적인 가공이 인력에 의한 것이라는 측면에서는 가능하다. 목공기계와 전동공구를 사용하지 않으면 되니까. 그러나 요즘 목수들이 사용하는 손연장이 조선시대의 것과 다르다는 것을 감안하면, 옛날 연장을 다시 그대로 사용하는 것은 쉽지 않다. 요즘 쓰는 대패며 톱 그리고 끌이 조선시대 것과 다르다. 여기서 목수들에게 이미 사라진 옛날 연장을 만들어서 사용하라고 강요할 것인지, 아니면 변화된 손연장을 쓰도록 용인할 것인지 갈림길에 서게 된다. 장인 선정 때 S목수가 옛날 도구를 직접 만들어 사용하겠다고 발표했는데, 우선 듣기는 좋지만 현실성이 있을지 의심스럽다. 탕개톱 정도는 만들어 쓸 수 있겠지만, 통쇠로 된 끌과 날이 하나밖에 없는 밀대패를 만들어 사용할 수 있을까? 자동차 타던 사람이 자전거 타는 기분일 것이다. 옛 연장을 만드는 것조차 어려울 것이다. 지금은 그러한 연장을 아무도 쓰지 않으니 만드는 곳이 있을 리 없다. 기계의 사용은 배제하되 손연장의 발전은 수용하는 것이 자연스러울 것 같기도 하다.

운반은 현대기법으로, 가공은 전통기법으로

이상과 같은 현실을 고려해, 숭례문복구단은 전통기법의 적용은 건축물의 질감에 직접적으로 영향을 주는 부재의 가공으로 한정한다. 건축물의 질감에 영향을 미치지 않는 운반은 현대적인 기계장비를 이용하는 것이다. 인간의 생명을 중시하는 21세기의 사조를 굳이 내세우지 않더라도, 인명의 손실을 감수하면서까지 무리하게 고증도 제대로 되지 않는 옛 방식으로 운반할 필요는 없을 것이다.

숭례문복구자문회의에서 대부분의 자문위원들은 현실적인 사정을 감안하여 숭례문복구단의 제안을 수용하자는 의견이다. 그러나 한 위원만은 장거리 운반은 몰라도 조립을 위한 소운반은 전통적인 방법으로 할 것을 주장한다. 그의 말이다.

'정조 때 화성을 건설하고 기록한 『화성성역의궤』를 보면, 정약용이 발명해서 사용했다는 거중기 그림이 있다. 그것 말고도 무거운 부재를 들어올리는 전통적인 기구들이 여럿 있었다. 이번 기회에 되도록이면 그러한 기구들을 재현해서 숭례문 복구에 사용해야 한다.'

나는 재차 숭례문복구단의 입장을 설명한다.

"위원님 말씀대로 『화성성역의궤』에 거중기 그림이 나오는 것은 사실이지만, 아직까지 실물을 만들어 사용해본 적이 없습니다. 더욱이 거중기는 화성 성역 이후에는 조선시대에도 더 이상 사용되지 않았습니다. 물론 그림이 있으니 상당한 시간을 가지고 연구한다면 재현할 수 있을지는 모르지만, 어느 정도 실용성이 있을지는 미지수입니다. 거기에다 숭례문 현장이 협소해 설령 옛 기구를 재현하더라도, 그것을 운용할 공간이 나오질 않습니다."

그 위원도 자신의 주장을 굽히지 않는다. 그는 그렇다면 요즘도 장인들이 석탑을 해체하거나 조립할 때 이따금 사용하는 '가구라'라도 사용하자고 제안한다. 얼마 전 남한산성 수리 때 가구라를 썼다는 말도

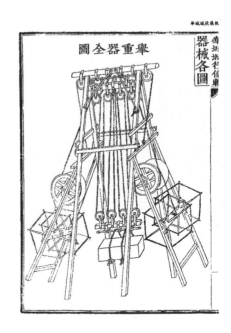

舉重器全圖

器械各圖

거중기
거중기는 무거운 돌을 들어올리는 장치로,
정조가 내려준 『기기도설』을 참고로 해서
정약용이 새롭게 고안한 장치다. 그림은 『화
성성역의궤』에 실린 거중기의 전도다. 국립
중앙박물관 소장.

덧붙인다. 가구라라는 말에 다른 위원이 나선다.

'가구라가 요즘도 석탑해체와 조립에 가끔 쓰이고는 있지만, 그게 우리
전통의 기중기는 아닌 것 같다. 어디에도 그러한 것을 사용했다는 기록
이 없다. 가구라라는 용어가 일본말 같기도 한데, 일본 가서 일본 사람
에게 물어봐도 잘 모른다. 아마 일제강점기에 들어온 것 같다. 그런데
가구라도 사용하려면 여기저기 줄을 매야 되는데, 숭례문 현장은 좁아
서 사용하기 힘들다.'

가구라는 요즘 장인들이 무거운 물건을 인력으로 들어올릴 때 가
끔 사용하는 기구인데, 그 기원이 명확하지 않다. 어떤 사람은 그 이름
에서 일본에서 온 것이라고 하고, 또 어떤 사람은 우리 전통의 것이 변
형된 것이라고 하나, 어느 누구도 명확한 근거를 제시하지 못한다. 가

숭례문 현장에서 가구라 시연하는 모습
가구라는 요즘 장인들이 무거운 물건을 인력으로 들어올릴 때 가끔 사용하는 기구인데, 그 기원이 명확하지 않다.

구라의 구조를 살펴보면, 두 개의 긴 쇠파이프나 목재를 살짝 교차되게 세우는데, 땅에 닿는 두 끝은 넓게 벌리고 하늘로 향하는 두 끝은 교차되게 한다. 교차되는 부분은 단단히 묶고, 여기에 체인블록chain block이라는, 체인과 블록으로 이루어진 장치를 매달아 인력으로 무거운 물건을 들어올릴 수 있도록 한다. 체인블록 대신 순수하게 도르래만 사용할 수도 있다. 쇠파이프의 길이는 들어올리는 물건의 높이에 따라 달라질 수 있다. 가구라는 땅에 지지되는 곳이 두 점에 불과하기 때문에 사람이 좌우에서 잡아주지 않으면 서 있을 수 없다. 그런데 이 불안정한 가구라의 구조가 작업에 융통성을 주어 도리어 장점이 된다. 두 쇠파이프가 교차되는 높은 곳에 두 가닥의 긴 로프를 묶고 이를 땅에 지지되는 쇠파이프의 두 지점을 연결한 선의 직각 방향으로 늘어뜨린다. 로프의 두 끝을 여러 사람이 잡아 서로 힘의 균형을 유지하면 가구라를 세울 수 있다. 작업 지휘자의 지시에 따라 두 가닥의 로프 끝을 잡고 있는 두 그룹의 사람들이 로프를 자기 쪽으로 당기기도 하고 놓기도 함으로써 물건이 달려 있는 가구라의 교차점은 수평으로 이동한다. 지휘자는 체인블록에 들어올릴 물건을 매달아 원하는 높이만큼 올린 후, 두 쇠파이프가 교차한 선의 직각 방향으로 위치를 이동해 원하는 위치에 내려놓을 수 있다. 가구라는 수직, 수평이동이 가능한 무동력 기중장치인 셈이다.

한 위원의 반대에도 불구하고, 숭례문복구단의 제안대로 가공은 전통기법으로 하되 운반은 크레인 등 현대적인 방법을 이용하기로 한다.

대장간을 들이다

전통철물에 대한 관심 불러일으키기

대장간 아이디어

건축물의 다른 부분에 비해 지금까지 등한시 되어온 전통철물에 대한 사람들의 무관심을 환기시키기 위해, 뭔가 특별한 것이 필요하다. 이름 있는 철강회사가 전통철물제작을 후원한다면 이야깃거리가 될 것 같다. 후원하는 철강회사 입장에서는 자신의 본업인 철과 관련하여 사회에 공헌하는 기회를 가지는 셈이니 명분도 선다. 요즘은 거의 모든 기업이 '사회공헌사업'을 하고 있다. 이윤 추구를 목적으로 하는 기업이지만, 이윤 창출의 바탕이 되는 사회에 대한 공헌 역시 기업의 당연한 의무로 자리 잡고 있다. 숭례문복구단은 포스코의 홍보팀에 숭례문 복구를 위한 전통철물제작에 참여할 수 있는지 의사를 타진한다. 포스코의 반응은 즉각적이고 긍정적이다. 포스코와의 협상이 급속도로 진행되어 숭례문 복구를 위한 전통철물 제작에 3억 원의 비용과 국내산 철광석을 포스코에서 협찬하기로 한다. 문화재청, 포스코, 한국전통문화대학교 사이에 숭례문 전통철물 제작을 위한 업무협약이 체결된다.

1. 포스코는 숭례문 복구 전통철물 제작을 위해 3억 원과 국내산 철광석을 문화재청에 제공한다.

2. 문화재청은 한국전통문화대학교로 하여금 숭례문 복구용 전통 철물을 제작하도록 의뢰한다.

3. 한국전통문화대학교는 숭례문 전통철물을 제작하여 문화재청에 제공한다.

한국전통문화대학교가 업무협약에 참여하게 된 것은 J교수가 속한 한국전통문화대학교 산학연구소에 전통철물 제작을 맡기기로 했기 때문이다. J교수는 학교산학연구소의 책임연구원 자격으로 A씨로 하여금 전통철을 제련하게 하고 그에 대한 감독권한과 책임을 함께 진다.

전통철물을 만들기 위해서는 전통철을 불에 달구어 두드리고 담금 질하여 원하는 모양을 만들 수 있는 대장간이 필요하다. 같은 값이면 대장간이 볼거리가 되면 전통철물에 대한 사람들의 관심을 끌 수 있을 것이다. 이를 위해서는 대장간의 외관과 위치가 중요하다. 숭례문 복구 현장 주변을 지나는 사람들이 대장간의 작업 모습을 볼 수 있도록 현장 울타리 가까이에 대장간을 짓기로 한다. 울타리는 속이 들여다보이는 투명한 플라스틱으로 바꾼다. 대장간에서 붉게 이글거리는 불꽃과 쇠를 두드리는 대장장이의 몸놀림은 흥미로운 구경거리가 될 것이다.

쇳대박물관장의 도움을 받다

나는 G쇳대박물관장에게 대장간에 대한 자문을 구한다. 그는 철에 대해 상당한 지식을 가지고 있고 철물점을 직접 운영하고 있어 실무에도 밝다. G관장은 숭례문 복구현장에 대장간이 들어선다는 사실에 흥분하여 자기 일처럼 적극적이다. 그는 쇳대박물관에서 소장하고 있는 대장간 도구들을 숭례문 복구가 끝날 때까지 무료로 대여해 주겠다고 자청한다. 대장간에 대한 아이디어도 쏟아낸다.

'대장간을 한옥으로 짓지 않아도 된다면, 비록 작은 건축물이지만 건축가로 하여금 설계하도록 하는 것이 좋겠다. 대장간의 외관에 대해 자신이 기본적인 디자인은 생각하고 있지만, 그래도 자신은 건축가가 아니기 때문에 전문가의 손을 거치는 것이 좋을 듯하다.

대장간의 이름을 '숭례문 대장간'이라고 하고 함석에 페인트로 간판글씨를 쓰면 운치 있을 것이다. 컴퓨터가 사용되기 전까지는 다 그렇게 간판글씨를 썼으니까. 아마 70~80년 대에 페인트로 간판글씨 쓰던 사람을 찾으면 구할 수 있을 것이다.

문제는 대장간에서 일할 대장장이를 구하는 일인데 쉽지 않을 듯하다. 요즘 지방마다 축제 한두 개 안 하는 곳이 없는데, 축제의 단골메뉴가 옛날 대장간이다. 그러다보니 대장장이가 이제 장인이 아니라 거의 연예인 수준이다. 대장간에서 집게와 망치만 잡는다고 하면 실력에 관계 없이 콧대가 엄청 높다. 그러나 정말 실력 있고 성실한 사람은 손가락에 꼽을 정도에 불과하다.'

대장간을 한옥으로 짓는 것은 비용도 많이 들 뿐 아니라 억지춘향처럼 보이기 십상이어서 G관장의 디자인 아이디어를 채택하기로 한다. G관장의 디자인은 건설현장에서 비계로 많이 쓰이는 직경 5센티미터 가량 되는 헌 쇠파이프를 촘촘히 연결하여 대장간의 뼈대를 만들고, 흰 광목 느낌이 나는 두꺼운 천막재료로 내부를 마감하는 것이다. 헌쇠파이프와 흰 광목으로 이루어진 대장간의 외관은 철을 다루는 곳이라는 거친 이미지와 흰 광목이 주는 한국적인 분위기를 함축한다. 대장간의 양 측면에는 조선시대 대장간의 모습을 생생히 묘사한 김홍도의 〈대장간〉을 걸개그림으로 건다. 김홍도의 〈대장간〉을 보면, 화덕 옆에 서서 한손으로 위에 달린 끈을 잡고 한발로 땅에 놓인 발풀무를 밟는 소년의 모습을 볼 수 있다. 화덕 바로 앞에는 모루를 놓는다. 모루는 직경과 높

숭례문 대장간
전통철물을 만들기 위해서는 대장간이 필요하기도 하고, 대장간이 볼거리가 되면 전통철물에 대한 사람들의 관심을 끌 수 있을 것 같아 공사현장에 대장간을 설치했다.

이가 모두 30센티미터가량 되는 원통형으로 커다란 통나무 둥치에 박혀 있다. 요즘 흔히 철공소나 대장간에서 볼 수 있는 앞이 뾰족하고 뒤가 네모진 모루는 서양모루다. 모루 옆에는 통나무의 속을 파서 배처럼 만든 기다란 함지박이 담금질용 물통으로 놓여 있다.

대장간 간판은 함석바탕에 검은 페인트로 '숭례문 대장간'이라고 손으로 쓴다. G관장은 백방으로 수소문해 왕년에 간판글씨를 쓰던 노인을 찾아낸다. '왕년의 간판장이'는 몇 번의 연습 끝에 그럴듯한 옛 솜씨를 발휘한다.

대장장이는 서울에서 제법 먼 지방에서 대장간을 하는 사람으로 주말에만 숭례문에서 일하기로 한다. 그는 서울까지 주말마다 왕복해야 하는 불편함에도 불구하고 기꺼이 숭례문 대장간에 참여하기로 한다. G관장의 간곡한 부탁이 한몫을 했다. 숭례문 복구용 철물은 매일 대장장이가 만들어야 할 만큼의 일감이 못 되기 때문에, 매일 대장장이가 있

〈대장간〉
김홍도의 〈대장간〉을 보면, 화덕 옆에 서서 땅에 놓인 발풀무를 밟는 소년의 모습을 볼 수 있다. 화덕 바로 앞에는 모루를 놓고, 모루 옆에는 통나무의 속을 파서 배처럼 만든 기다란 함지박을 담금질용 물통으로 놓았다. 18세기 후반, 종이에 엷은 채색, 27.0× 22.7cm, 국립중앙박물관 소장.

을 필요는 없다. 평일에는 복원될 성곽 돌을 다듬는 석수들이 대장간에서 자신이 쓴 정을 벼리며 구경거리를 제공한다. 전통기법대로 정으로 성곽 돌을 다듬는 석수들은 매일 무뎌진 정을 대장간에서 벼려야 한다.

대장간 안에는 쇠를 달구는 화덕, 화덕에 바람을 불어넣는 풀무, 달구어진 쇠를 두드릴 때 밑에 받치는 모루, 달구어진 쇠를 집고 두드리는 집게와 망치, 담금질용 물통 등이 마치 김홍도의 〈대장간〉에서의 모습같이 자리를 잡는다. 대장간의 한가운데는 쇠를 달구는 화덕이 사람 키 높이로 설치된다. 상주 대장장이가 내화벽돌을 쌓은 후 이긴 황토를 발라 화덕의 모양을 낸다. 아랫부분은 한 변이 약 60센티미터, 윗부분은 한 변이 약 30센티미터로 윗부분이 살짝 잘린 둥그스름한 사각뿔 형태다. 화덕 밑에는 구멍을 뚫어 바람구멍을 만들고 여기에 풀무를 연결한다. 네모진 나무상자 모양을 한 풀무는 발로 밟아 바람을 만드는 발풀무다. 이들 중 화덕을 빼고는 모두 G관장이 자신의 박물관에서 가져온 것이다.

지반의 높이

·

조선 초기부터 시작된 지반 높이의 변화

화재 이후 이루어진 발굴조사 결과

숭례문 복구 기본원칙에 의하면, "고증과 발굴을 통해 일제 때 철거 및 변형된 좌우측 성곽과 지반도 원형대로 복원한다"고 했다. 이미 화재 전인 2005년 숭례문 육축의 바로 옆 땅을 파본 결과, 현 숭례문 지반 1.6미터 아래에서 지대석이 발견되었다. 이처럼 땅속의 상태를 간단하게 확인하기 위해 땅의 일부에 대해 도랑 파듯이 파보는 것을 고고학자들은 본격적인 발굴조사와 구분하여 '트렌치trench를 넣는다'고 한다. 문화재청에서는 국보와 보물 등으로 지정된 중요한 목조문화재에 대해 '정밀실측'이란 이름으로 기록화 하는 사업을 꾸준히 해오고 있다. 이 사업의 목적은 중요한 건축문화재에 대한 도면을 작성하여 화재 등 뜻하지 않은 사고로 문화재가 파손될 경우 복구할 수 있는 자료를 축적하는 것이다. 2005년의 숭례문 조사는 '정밀실측'의 일환이었다.

지대석은 기초 위에 놓여 건축물이 시작되는 돌로 윗부분이 지표면 위에 노출된다. 지대석이 지표면 1.6미터 밑에서 발견되었다는 것은 숭례문이 그만큼 묻혔다는 것을 의미한다. 따라서 원래의 지반을 회복하면 숭례문의 높이는 묻힌 만큼 껑충하게 높아지게 된다. 그러나 지반이 언제 높아졌는지 모른다. 2005년 이후 그저 일제강점기에 높아졌을 것이라고만 추정해왔다. 숭례문 주변 지반의 시대별 변화를 확인하기 위해서는 발굴조사를 해봐야 한다. 발굴조사는 고고학적인 기법으로 땅을 파서 땅속에 묻힌 옛 흔적을 찾아내는 것이다. 화재 전까지는 한 번도 발굴조사를 한 적이 없다.

숭례문 주변에 대한 발굴조사는 2008년 6월부터 2010년 6월까지 실시되었다. 문화재청 산하 연구기관인 국립문화재연구소가 이를 맡았다. 발굴조사 결과, 숭례문 주변의 지반은 일제강점기에 한꺼번에 높아진 것이 아니라 숭례문이 조성된 조선 초기부터 조금씩 높아졌다. 당초 예상과는 달리 일제강점기에 높아진 것은 위치에 따라 25~60센티미터 정도에 불과하다.

세종 15년(1433)의 『세종실록』에 의하면, 세종은 숭례문의 위치가 너무 낮고 평평한 것을 못마땅하게 여겼다.[15] 태조 당시 숭례문을 지을 때 땅을 깎은 때문이다. 마침내 세종 29년인 1447년, 세종은 숭례문 주변 지형에 맞추어 원래대로 땅을 북돋운 다음 숭례문을 다시 지었다.[16] 『세종실록』은 이를 "신작 숭례문"新作 崇禮門이라 했다. 이는 지금 숭례문 원래의 지반 높이는 태조 대의 지반이 아니라 땅을 북돋운 세종 대의 지반이라는 것을 뜻한다. 땅을 얼마나 높였는지는 발굴조사를 통해 밝혀지게 된다. 발굴조사를 수행한 국립문화재연구소 I연구사가 발굴조사 결과를 발표한다.

'현 지반의 1.6미터 아래, 지대석과 같은 높이에서 문지도리석이 발견되었다. 문지도리석은 문짝을 여닫을 때 문짝이 달려 있게 하는 문지도리를 끼우는 돌이다. 지대석 바로 옆 약 20센티미터 아래에서 태조 대의 지층地層이 발견되었다. 이 지층 속에서 고려 말부터 조선 초까지 생산된 초기 분청사기가, 이 지층 표면에서는 15세기 전반에 생산된 인화문분청사기印花紋粉靑沙器가 발견되어 지대석과 이 지층이 태조 대의 것

숭례문 무사석
세종 때 추가한 기단석 바로 위의 무사석은 땅 속에 묻히는 아래 부분과 땅 위로 노출되는 위 부분이 구분되게 가공되었다. 1. 묻힐 부분과 노출될 부분을 구분해 돌을 다듬은 모습(북서측) 2. 동편 성곽 후면 기초 축조 상태(북동측)

임을 보여준다. 이는 숭례문을 다시 세운 세종 때 기초와 지대석을 새로 만든 것이 아니라 태조 대의 기초와 지대석을 그대로 사용했다는 것을 의미한다.'

지대석 바로 위에 놓인 무사석은 하나의 부재에서 땅속에 묻히는 부분과 밖으로 드러나는 부분이 구분된다. 대략 1.2미터 높이까지 무사석의 밑 부분은 원래 땅 속에 묻힐 부분이어서 윗부분에 비해 약간 도드라져 있고 가공도 조금 거칠다. 무사석이란 숭례문 아래에 석재로 쌓은 구조물인 육축을 이루는 개별 석재를 일컫는 말이다. 태조 대의 지층 위에는 바로 세종 대인 15세기 지층이 나타난다. 이러한 사실들은 세종 때 지반을 높이고 숭례문을 새로 세우면서 태조 대에 놓았던 기초와 지대석은 그대로 사용했지만, 그 위로부터는 모두 새롭게 만들었다는 것을 의미한다. 그런데 문제는 태조 대의 지층 위에서 시작하는 세종 대의 지층이 묻힐 것을 염두에 두고 도드라지게 가공한 부분이 무사석까지 이어지지 않는다는 사실이다. 세종 대의 지층은 그 두께가 고작 30~50센티미터에 불과하고, 그 위로는 무사석이 거칠게 가공된 부분까지 약 1미터의 두께로 17세기 지층이 차지하고 있다. 17세기 지층에는 너비 1미터 두께 15센티미터가량 되는 부정형의 박석이 덮여 있다.

『세종실록』의 기록대로 세종 대에 지반을 북돋우었다면 이 부분의 지층이 세종 29년(1447)인 15세기 중반에 형성된 단일층이라야 된다. 그러나 발굴조사 결과는 전혀 그렇지 않다. 발굴조사 결과만 놓고 보면, 숭례문 주변 지반은 시대별로 다음과 같이 구분된다.

지대석 상부 20센티미터 아래까지는 태조 대의 지층, 그 위부터 30~50센티미터까지는 세종 대의 지층, 세종 대의 지층 위는 1미터가량 17세기 지층과 박석 마감, 마지막으로 그 위는 25~60센티미터가량 일제강점기 지층이다.

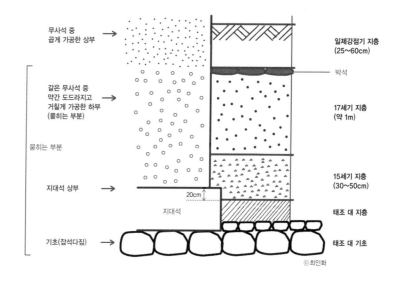

무사석 중
곱게 가공한 상부 →

일제강점기 지층
(25~60cm)

박석

같은 무사석 중
약간 도드라지고
거칠게 가공한 하부
(묻히는 부분) →

17세기 지층
(약 1m)

묻히는 부분

15세기 지층
(30~50cm)

지대석 상부 →

20cm

태조 대 지층

지대석

기초(잡석다짐) →

태조 대 기초

ⓒ최인화

발굴조사 결과 나타난 시대별 지층

15세기 세종 대에 형성된 지층은 17세기 왕실 장례식을 위한 굴토와 되메움으로 현재와 같이 변했다.

옛 기록과 발굴조사 결과가 일치하지 않는 것이 찜찜하기는 하지만, 숭례문복구단은 그래도 다음 단계로 발걸음을 옮긴다. 숭례문 지반의 높이를 정하는 것이 발굴조사의 목적이기 때문이다.

지반 높이에 관한 논쟁

일제강점기에 높아진 것은 당연히 걷어낸다고 하더라도, 조선시대에 높아진 부분을 어떻게 할 것인지가 문제로 남는다. 이 문제를 논의하기 위해 숭례문복구단은 숭례문복구자문단 기술분과회의를 소집한다. 발굴조사를 담당한 국립문화재연구소 고고연구실 I연구사가 발굴조사 결과에 대해 상세히 설명한다. 발굴조사가 진행되는 동안 서너 차례 검토회의가 있었기 때문에 참석자들은 이미 어느 정도는 알고 있다.

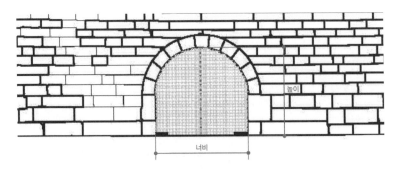

홍예의 너비에 대한 높이의 비＝높이÷너비

　이어서 숭례문복구단에서 숭례문 홍예와 흥인지문 홍예의 너비에 대한 높이의 비례(홍예 높이÷홍예 너비) 사이의 상관관계, 숭례문 홍예와 관련된 옛 기록에 대해 설명한다. 이렇게 하는 이유는 완전한 상태로 남아 있는 흥인지문 홍예의 모습을 통해 조선시대 홍예의 전형적인 비례관계를 알 수 있기 때문이다. 그 다음, 지반 높이의 변화에 따른 숭례문 홍예의 비례를 분석하면 전형적인 홍예의 비례를 갖는 지반 높이를 구할 수 있다.

　일반적으로 성문의 통로로 뚫린 홍예의 크기는 성의 안쪽이 성의 바깥쪽보다 다소 크다. 화재 전 지반 높이를 기준으로 숭례문 홍예를 살펴보면, 안쪽 홍예는 폭이 5.49미터 높이가 5.08미터, 바깥쪽은 폭이 4.95미터 높이가 4.72미터였다. 여기서 일제 때 성토된 흙을 걷어낸다고 가정하면, 홍예의 높이는 안쪽과 바깥쪽이 각각 5.42미터와 4.95미터로 늘어난다. 늘어난 높이를 기준으로 홍예의 폭에 대한 높이의 비比를 계산해보면 안쪽 홍예는 5.42÷5.49＝0.987이고, 바깥쪽 홍예가 4.95÷4.95＝1이다. 흥인지문의 경우 안쪽 홍예는 폭이 5.44미터 높이가 5.23미터, 바깥쪽은 폭이 4.79미터 높이가 4.78미터로 홍예의 폭에 대한 높이의 비가 각각 0.961과 0.998이다. 이는 일제강점기의 성토된 흙을 걷어낸 숭례문 홍예의 폭에 대한 높이의 비와 거의 일치한다.

다음으로 숭례문 홍예와 관련된 역사적인 사료史料를 살펴본다. 인조 4년(1626)의 『승정원일기』에 의하면, 국장國葬 다음 가는 나라의 큰 장례식인 예장禮葬 발인 때 사용된 대여大輿가 숭례문을 지나기 위해서는 문지방석을 걷어내고 두 자尺, 즉 약 60센티미터를 파야 한다고 했다.[17] 여기서 문지방석은 문지방돌이라고도 하는데, 숭례문 홍예에 달린 철엽문의 두 문설주 아래에 가로로 놓인 돌이다.

또한 숙종의 비妃인 인경왕후의 국장을 기록한 숙종 7년(1681)의 『인경왕후국장도감도청의궤』仁敬王后國葬都監都廳儀軌에 의하면, 홍예의 높이가 두 자 부족해서 국장 예행연습을 위해 홍예 내부의 박석 포장을 제거했다. 국장 발인 후에는 걷어낸 박석을 원래대로 포장했다. 그런데 『인경왕후국장도감도청의궤』에 따르면, 대여는 길이가 36자이고 가장 높은 중앙부의 높이가 14자라고 했다. 한 자를 30.3센티미터로 계산하면 대여의 높이는 4.24미터가 된다. 여기에 대여를 짊어지는 상여꾼의 어깨 높이를 1.3미터로 보면 대여의 높이는 5.54미터에 이른다. 이는 앞서 일제강점기 때 성토된 흙을 걷어낸 숭례문 바깥 홍예의 높이 4.95미터보다 59센티미터 초과한다. 그런데 두 자는 60.6센티미터로 홍예의 높이가 낮아 걷어낸 깊이 59센티미터와 거의 같다. 따라서 일제강점기에 높아진 흙을 걷어낸 홍예 높이가 인조와 숙종 때의 숭례문 홍예 높이와 일치한다. 여기서 눈길을 끄는 것은 박석을 걷어내고 땅을 파 홍예의 높이를 높여 행사를 치르고 난 후, 다시 흙을 메우고 박석을

	안쪽 홍예			바깥쪽 홍예		
	높이		폭	높이		폭
	화재 전	조선 후기		화재 전	조선 후기	
숭례문	5.08	5.42	5.49	4.72	4.95	4.95
흥인지문	5.23		5.44	4.78		4.79

단위: 미터

홍예의 너비에 대한 높이의 비

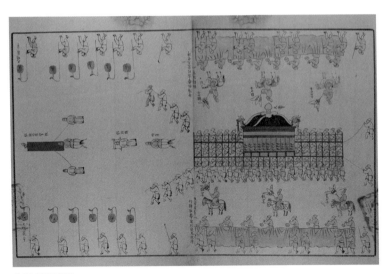

대여를 짊어진 행렬
숙종의 비인 인경왕후의 국장을 기록한 1681년의 『인경왕후국장도감도청의궤』에 의하면, 홍예의 높이가 두 자 부족해서 국장 예행연습을 위해 홍예 내부의 박석 포장을 제거했다. 국장 발인 후에는 걷어낸 박석을 원래대로 포장했다. 『인경왕후국장도감도청의궤』, 규장각한국학연구원 소장.

깔아 원래의 홍예 높이를 유지했다는 사실이다. 그것은 당시 사람들이 생각했던 홍예 내부 통로의 지반 높이는 태조 대가 아니라 인조와 숙종 대의 높이였다는 것을 의미한다.

자문위원들은 발굴조사 결과, 홍예의 폭에 대한 높이의 비, 그리고 왕실 장례식과 홍예의 높이에 대한 설명을 듣고 지반의 높이를 어떻게 할 것인지에 대해 다양한 의견을 보인다.

'거참, 묘하게 되었다. 처음에는 지대석부터 현 지반까지 성토된 것이 일제강점기에 이루어진 것으로 알려져 있었다. 그렇다면 요번 기회에 성토된 부분을 걷어내면 지대석도 드러나고 깔끔할 것 같았는데, 그렇지 않다니 참 어렵다. 기분 같아서는 지대석까지 드러내면 숭례문이 더욱 우뚝해져 좋을 것 같기는 하다. 그러나 태조 이후 조선시대에 이미 지반이 높아졌다니 그것도 무시할 수는 없다.'

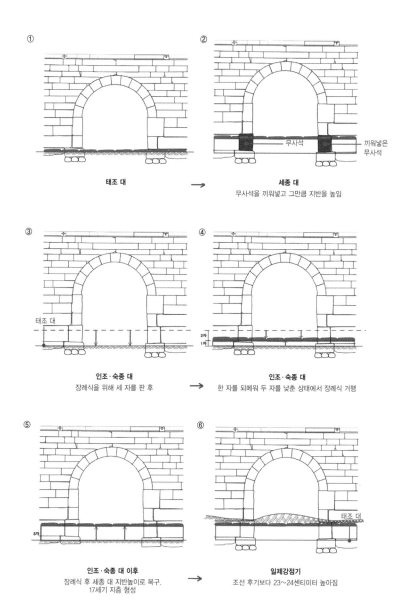

① **태조 대**

② **세종 대**
무사석을 끼워넣고 그만큼 지반을 높임

무사석
끼워넣은 무사석

③ **인조·숙종 대**
장례식을 위해 세 자를 판 후

태조 대

④ **인조·숙종 대**
한 자를 되메워 두 자를 낮춘 상태에서 장례식 거행

2자
1자

⑤ **인조·숙종 대 이후**
장례식 후 세종 대 지반높이로 복구.
17세기 지층 형성

3자

⑥ **일제강점기**
조선 후기보다 23~24센티미터 높아짐

태조 대

홍예 바닥 지반 높이의 시대별 변화

홍예 바닥의 지반은 태조 대에 형성된 후, 세종 대에 높아진 뒤로 조선시대 동안 변함이 없었다. 다만, 왕실의 장례식 때 대여가 통과하기 위해 일시적으로 낮아진 적은 있다. 그러다가 일제강점기 이후 23~34센티미터 높아졌다.

'600년이 넘는 역사를 가진 숭례문을 우리가 태워먹고 복구한다고 하면서 옛 사람들의 체취가 서려 있는 흔적을 지운다는 것은 다시 한 번 역사에 죄를 짓는 것이다. 다만, 일제강점기에 일본인에 의해 강요된 상처만큼은 지워도 된다는 공감대가 국민들 사이에 형성되었다. 그렇다면 일제강점기에 높여진 지반만 걷어내는 것이 합당하다.'

'화재 전 숭례문은 좀 답답한 느낌이었다. 육축이 땅에 묻혀 홍예의 밑둥치가 잘려나간 모양이었다. 이번 발굴조사로 육축의 지대석은 물론이고 무사석 두 단이 묻힌 것이 새롭게 밝혀진 것은 커다란 성과다. 역사적인 사실도 중요하지만, 완결된 건축물이 가지는 아름다움도 그것에 못지않다. 이번 기회에 태조 대의 지대석까지 노출시켜 홍예의 완전한 모습을 드러내야 한다. 그렇게 하면, 일반인들은 숭례문이 더욱 우뚝하고 아름다운 모습으로 복구되었다고 감탄할 것이다. 외국인들이 봐도 그렇다. 같은 값이면 숭례문이 우뚝하면 우리로서는 더욱 자랑거리가 될 것이다. 지대석을 노출시켜 숭례문을 우뚝하게 세워야 한다.'

'숭례문 하면 누가 뭐래도 서울의 랜드 마크다. 역사적 사실에 너무 집착할 게 아니라, 지대석을 노출시켜 조금이라도 더 웅장한 모습을 보여줄 필요가 있다. 역사적인 사실이야 전문가들이나 관심이 있지 누가 알겠는가.'

'조선시대에 높여진 지반을 모두 걷어내면, 태조 이후 묻혔던 육축이 완전하게 드러나게 된다. 그렇게 되면 지금까지 밑 부분이 묻혀 있던 홍예가 완전한 모습을 보이게 되어 숭례문은 그만큼 더 우뚝 솟은 모습이 된다. 그러나 이는 옛 사람들이 의도적으로 변화시킨 부분을 21세기를 사는 우리가 무시할 자격이 있는가 하는 의문을 남긴다. 마치 억지로 타임머신을 타고 숭례문이 처음 지어진 태조 대로 거슬러가는 꼴이 된다. 타임머신에서 내린 우리는 눈앞에 보이는 숭례문이 21세기의 우리가 되돌아가려는 이상적인 숭례문과 다르다는 것을 발견하고 당황하게 될 것이다. 우리가 이상화한 숭례문은 태조 대의 지대석에 세종 대의 껑충한 육축을 가졌으면서도 태조 대의 지반으로 되돌아가는 그 어느 시대에도 존재하지 않았던 '시대적 얼치기'이기 때문이다.'

발굴조사와 역사적인 사실에 근거하여 일제강점기에 높아진 지반만 걷어내자는 숭례문복구단의 노골적인 의사표명에도 불구하고, 태조 대의 지대석을 노출시켜 숭례문을 우뚝하게 세우고 싶은 상당수의 자문위원들은 자신들의 주장을 굽히지 않는다. 그러나 발굴조사 결과와 역사적인 사실을 양보할 수는 없다. '아름답다'거나 '웅장하다'는 등의 주관적인 감정이 객관적이고 역사적인 사실보다 우선할 수 있을까. 이 경우 자문은 자문일 뿐이다. 지반의 높이를 낮춰 숭례문을 우뚝하게 세우고 싶은 자문위원들은 역사적인 사실을 내세워 조선 후기의 지반 높이를 유지하겠다는 숭례문복구단의 방침에 반발한다. 그들은 자신들의 의견이 받아들여지지 않으면 자신들이 그러한 의견을 냈다는 것만큼은 꼭 기록으로 남겨줄 것을 요구한다. 숭례문을 우뚝하게 세워야 한다는 신념이 너무나 확고해 그게 분명 옳다고 믿는 것 같다.

이와 관련하여 『광해군일기』에 참고할 만한 기록이 있다. 임진왜란이 끝난 후 광해군 때, 전란으로 불탄 창경궁을 중건하는 문제로 조정에서 논란이 있었다. 이때 몇몇 신료들은 조선의 궁궐 중 유독 창경궁만이 남향을 하지 않고 동향을 한 것을 문제 삼아 이를 남향으로 고치자는 의견을 내놓았다. 보통은 남향집이 동향집보다 여름에 시원하고 겨울에 따뜻하니 그런 의견을 냈던 것이다. 그러나 이 의견은 받아들여지지 않았다. 옛 사람들이 창경궁을 유독 동향으로 했을 때는 나름대로의 이유가 있었을 것이라고 임금을 포함한 많은 사람들이 믿었기 때문이다.[18] 이러한 맥락에서 숭례문을 짓고 고쳤던 우리 선조들의 의도를 존중해야 하지 않을까.

지반 높이 확정 후 떠오른 실마리 하나

　자문회의를 거쳐 지반의 높이를 확정한 후에도 내 머릿속은 영 개운치 않다. 발굴조사 결과가 『세종실록』의 내용을 설명하지 못하는 것이 마음에 걸린다. 그러던 어느 날, 갑자기 의문을 풀어줄 실마리가 떠오른다. 17세기인 인조 대와 숙종 대에 왕실의 장례를 위해 두 차례 숭례문 홍예 바닥을 두 자 깊이로 팠다가 다시 메운 사실이 발굴조사로는 풀지 못한 의문을 설명하는 열쇠가 된다.

　세종 29년(1447), 숭례문의 지반을 북돋우기 위해 숭례문을 다시 세우면서 태조 대의 기초와 지대석을 그대로 사용했다. 기초와 지대석뿐만 아니라 홍예와 육축을 이루는 석재들도 모두 다시 사용했을 것이다. 그만한 석재를 다시 구하는 것은 몹시 힘이 드는 일이었고 멀쩡한 석재를 용도 폐기할 이유도 없었기 때문이다. 다만, 지반을 높이는 만큼 석재를 별도로 가공해 원래의 지대석과 육축 맨 밑단 사이에 끼워넣어 육축의 키를 높였다. 물론 이를 위해서는 지대석 위에 있던 육축과 성문의 문루를 모두 해체하고 다시 지어야 했다. 그래서 사관史官은 이를 "신작 숭례문"이라고 실록에 적었다. 그러나 육축의 키를 키운 것은 지반을 북돋우기 위한 것이었으므로 실제로는 그만큼 땅속에 묻혀 육축 자체가 태조 대에 비해 높아진 것은 거의 없었다. 이때 새로 끼운 육축의 맨 아랫단 무사석 중 땅속으로 묻히는 높이 약 1.2미터 되는 부분까지는 힘들여 곱게 가공하지 않고 거칠게 손질하는 선에서 마무리했다. 따라서 이 부분에 접하는 지층은 당연히 세종 대에 형성된 것이다. 그런데 17세기에 있었던 두 차례의 왕실 장례식으로 홍예 바닥이 두 자 이상 굴토되었다가 장례식 후 다시 메워지면서 세종 대에 형성되었던 지층의 상부 약 90센티미터가 17세기 지층으로 변했다. 장례식 때 대여가 통과할 수 있도록 홍예 높이를 두 자 높이기 위해 세 자가량 땅을 판

다음 한 자는 되메우면서 바닥을 다졌다. 이로 말미암아 세종 대에 북돋우어졌던 지층의 아랫부분은 15세기 중반의 지층으로, 윗부분은 17세기의 지층으로 양분되어 마치 두 시대처럼 보이는 것이다.

▎변형이 없으면 변경은 안 될 말

육축이 성벽과 연결되는 부분의 돌을 좀 더 큰 돌로 바꾸고 성곽 돌을 쌓는 방법도 부분적으로 변경해야 한다고 한 자문위원이 목소리를 높인다. 그의 주장이다.

'이번 기회에 육축 가장자리에 쌓은 작은 돌도 무사석처럼 큼직한 돌로 바꾸면 숭례문이 더욱 당당하게 보일 것이다. 숭례문 하면 한양도성의 정문인데 작은 돌로 올망졸망하게 쌓은 것은 보기에 좋지가 않다. 또한, 육축이 끝나는 부분과 성곽이 만나는 곳의 돌쌓기가 잘못 되었다. 돌이나 벽돌을 쌓을 때는 위아래 층의 세로줄눈이 서로 통하지 않는 '막힌줄눈'이어야 한다. 그래야 위에 실린 하중을 밑으로 분산시킬 수 있다. 그런데 숭례문 육축과 성벽이 만나는 부분 몇 곳이 세로줄눈이 위아래 층이 뚫려 있는 '통줄눈'으로 되어 있다. 이 부분도 이번 기회에 막힌줄눈으로 바로잡아야 한다.'

나는 그의 주장에 맞선다.

"숭례문복구단의 입장은 어떤 기존의 모양도 일제강점기 이후 변형되었다는 충분한 증거가 없으면 그대로 유지하는 것입니다. '아름답다'거나 '당당하다'는 느낌은 지극히 주관적인 감정입니다. 감정적인 느낌은 사람에 따라 다를 수 있습니다. 문화재를 고치면서 주관적인 감정에 끌릴

숭례문 육축과 성벽 연결부 상세
육축이 성벽과 연결되는 부분의 돌을 좀 더 큰 돌로 바꾸고 성곽 돌을 쌓는 방법도 부분적으로 변경해야 한다는 의견
도 있었으나 문화재를 고치면서 주관적인 감정에 끌릴 수는 없다. 육축 가장자리의 작은 돌은 나름대로의 필요에 의해
서 그 크기가 정해진 것으로 보인다.

수는 없습니다. 숭례문의 성벽이 훼손되기 전인 조선시대의 사진에도
육축 가장자리의 성벽 돌은 작은 것으로 나타나 있습니다. 현재 그곳에
남아 있는 성벽 돌과 정확하게 일치하고 있습니다. 숭례문 좌우 성벽 돌
은 세종 대에 쌓은 것입니다. 성벽 돌을 자세히 살펴보면, 모서리를 굴
려 마치 옥수수알 모양으로 가공했고, 성벽 아래는 크고 위로 갈수록 점
차 작아지는 체감이 뚜렷합니다. 이러한 모습은 전형적인 세종 대의 양
식입니다. 육축과 성벽이 만나는 부분은 구조적인 측면에서 이해해야
합니다. 육축 가장자리의 작은 돌은 나름대로의 필요에 의해서 그 크기
가 정해진 것으로 보입니다. 위에서 내려다볼 때, 그 자리는 일직선으로
가던 육축의 무사석이 성벽으로 연결되면서 갑자기 곡률반경이 매우 작
은 심한 곡선을 이루는 부분입니다. 곡률반경이 작을수록 곡선으로 된

숭례문과 흥인지문

숭례문에는 흥인지문과는 달리 성문 밖에 별도의 작은 성을 쌓아 성문을 지키는 옹성이 없다. 숭례문 주변의 지형과 이를 이용한 성문과 성벽의 상대적인 위치 때문이다. 1. 숭례문과 성곽의 배치 2. 흥인지문의 옹성

부분을 부드럽게 처리하려면 그 부분에 놓이는 성곽 돌이 작아져야 합니다. 더욱이 현재의 성벽 돌이 세종 대의 것입니다. 이것을 새것으로 바꾸는 것은 상상할 수 없는 일입니다. 또한 육축과 성벽이 만나는 곳의 돌쌓기 역시 일부 통줄눈이 있다고 해서 이를 막힌줄눈으로 바꿀 수는 없습니다. 지금 우리가 가진 돌쌓기 원칙이 절대적인 것은 아닙니다."

다른 자문위원들도 대체로 내 의견에 동조한다. 19세기 말 조선시대의 사진에서 분명하게 확인할 수 있는 성곽 돌의 모양을 '웅장하게' 바꿀 수는 없기 때문이다.

숭례문에는 홍인지문과는 달리 성문 밖에 별도의 작은 성을 쌓아 성문을 지키는 옹성이 없다. 그 이유는 숭례문 주변의 지형과 이를 이용한 성문과 성벽의 상대적인 위치 때문이다. 숭례문의 위치는 오목하게 모아지는 양측 성벽의 꼭짓점에 놓여 있다. 성문으로 쇄도하는 적을 숭례문 양측 성벽에서 공격할 수 있어 옹성이 필요치 않은 천연의 요새다. 이 때문에 숭례문 성벽은 육축과 일직선이 아니라 각을 이루며 연결되고 그 부분이 부드러운 곡선으로 처리되었다.

『성종실록』에 의하면, 숭례문을 고치면서 옹성을 쌓자는 의견이 대두되었다. 이에 맞서 태조 대부터 원래 없었던 것이니 쌓지 말자는 의견도 만만치 않았다. 숭례문 바로 밖에는 민가들이 있었다. 임금은 옹성을 쌓으려면 이들 민가를 헐어야 된다는 사실을 염려했다. 그래서 "도적이 숭례문까지 이르도록 나라에서 막지 못하면 이미 나라가 제 구실을 못하는 것이다"라고 하며 옹성 쌓는 것을 허락하지 않았다.[19] 또 하나, 임금이 옹성 쌓는 것을 허락하지 않은 데는 숭례문 양측 성곽의 배치가 어느 정도 옹성의 역할을 할 수 있다는 점도 고려했을 법하다.

나무와 돌을 다듬는 풍경

●

전통연장을 사용하는 목수와 석수들

전통연장으로 나무를 다듬다

"기존에 사용하던 기계는 모두 치우라고 해. 괜히 오해받지 말고."

나는 경복궁에 있는 숭례문 치목장을 둘러보며 숭례문복구단 직원들에게 지시한다. 목재를 다듬는 치목장은 숭례문 복구현장이 좁아 경복궁 내에 있었던 광화문 복원 치목장을 물려받아 사용하고 있다. 숭례문 복구현장은 석재를 다듬는 치석장으로 사용하기 때문이다. 광화문 복원 역시 S목수가 맡았었기 때문에 치목장을 별도로 인수인계할 필요가 없다. 광화문 복원 때는 각종 전동공구와 대형 목공기계를 사용하여 목재를 가공했기에, 치목장에는 여전히 그때 사용한 기계들이 여기저기에 놓여 있다. 치목장에서 아예 전동공구와 목공기계를 제거함으로써, 외부로부터는 기계를 사용한다는 오해를 불식시키고 목수들에게는 기계를 사용하고픈 유혹을 근본적으로 차단할 요량이다.

전통연장을 사용하여 치목하는 데 목수들이 가장 부담을 느끼는 것이 무엇일까. 아마도 대형 탕개톱으로 판재를 켜는 일일 것이다. 옛날 톱을 구하는 것부터가 문제다. 요즘은 제재소에서 판재를 켜기 때문에 더 이상 그런 톱을 만드는 곳이 없다. 옛날 톱이 있으니 그걸 보고 만들

3

4

숭례문 공사 현장
1. 대패질 2. 대자귀질 3. 치석 4. 석공사

©김종남　　　　　　　　　©김종남

자귀질(왼쪽)과 인거톱으로 판재 켜기

대자귀질은 두 손으로 곡괭이를 잡고 땅을 파는 모습과 흡사하다. 작업자는 목표물을 응시한 채 꼿꼿하게 선 자세에서 앞으로 약간만 몸을 숙인 뒤, 두 손으로 움켜잡은 대자귀를 목표물에 내리친다. 세 사람이 한 조가 되어 통나무를 판재로 켜는 톱질은 십자형의 거치대에 먹줄을 놓은 통나무를 비스듬히 걸쳐놓고 긴 탕개톱의 양쪽 끝을 한 사람은 아래에서 또 한 사람은 위에서 나눠 잡고 톱질한다. 나머지 한 사람은 먹줄 선으로 톱질이 되는지 지켜본다.

어달라고 하면 어디선가 만들 수는 있을 것이다. 대자귀를 제대로 사용할 수 있는 목수도 거의 없다. 자귀질은 목수라면 1960년대까지는 누구[1]나 하던 일이고 1970~80년대까지도 대부분의 목수들이 할 줄 알았다. 그러나 S목수 밑에 있는 20명이 넘는 목수 중 대자귀질을 해본 사람은 한두 사람에 불과한 실정이다. 그도 오래전 일이라 다시 숙달되려면 시간이 걸릴 것이다. 다른 사람들은 배워가면서 작업을 해야 한다.

　나는 다시 직원들과 함께 경복궁 치목장을 찾아 목수들이 전통연장으로 목재를 다듬는 모습을 살펴본다. 목수들이 도끼, 탕개톱, 자귀 등 전통연장으로 작업하는 것은 더디고 힘들어 보인다. 통나무를 기둥이나 보로 치목하는 데는 대자귀가 주로 사용된다. 먼저 통나무에 먹줄을 튕겨 치목할 부분을 표시한 다음, 통나무와 직각 방향으로 치목할 깊이만큼 도끼질을 한다. 이렇게 도끼질을 미리 해놓는 것은 자귀질을 쉽게 하기 위한 준비 작업이다. 다음으로는 통나무의 길이 방향으로 자귀질을 해 원하는 모양의 부재를 얻는다. 마지막으로 정교한 마감을 위해 대패질이 추가된다.

　대여섯 명의 목수들이 대자귀를 들고 각자의 앞에 놓인 통나무를 다듬고 있다. 호리호리한 몸집을 가진, 60대 중반쯤 되어 보이는 목수 한 사람만 제법 손놀림이 빠르고 가벼워 보인다. 나머지 목수들은 기다란 대자귀가 부담스러운 듯 조심스러워 하는 몸짓이 역력하다. 대자귀질은 두 손으로 곡괭이를 잡고 땅을 파는 모습과 흡사하다. 작업자는 목표물을 응시한 채 꼿꼿하게 선 자세에서 앞으로 약간만 몸을 숙인 뒤, 두 손으로 움켜잡은 대자귀를 목표물에 내리친다. 대자귀질 잘 하는 목수 한 사람만 약간 앞으로 몸을 숙인 채 꼿꼿한 자세로 기다란 대자귀를 시원스럽게 일정한 리듬으로 내리 찍는다. 자귀질이 어눌한 나머지 목수들은 엉덩이를 뒤로 뺀 채 잔뜩 구부린 자세라 보기에도 부자연스럽다. 거기에다가 행여 다칠세라 하나같이 축구선수처럼 정강이를 감싸는 보호대를 둘렀다. 처음 하는 사람에게 대자귀질은 자칫 나무 대신 자신의 정강이를 내려찍기 쉬운 매우 위험한 작업이다.

그래도 자귀질하는 것은 그런대로 볼 만하다. 세 사람이 한 조가 되어 통나무를 판재로 켜는 톱질은 작업 속도가 너무 느리고 힘들어 마치 억지 고행처럼 보인다. 십자형의 거치대에 먹줄을 놓은 통나무를 비스듬히 걸쳐놓고 긴 탕개톱의 양쪽 끝을 한 사람은 아래에서 또 한 사람은 위에서 나눠 잡고 톱질한다. 나머지 한 사람은 먹줄 선으로 톱질이 되는지 지켜본다. 힘들게 톱질해도 먹줄 선을 벗어나게 되면 일정한 두께로 판재를 켤 수 없어 얻을 수 있는 판자의 수가 줄어든다. 톱질 하는 두 사람은 온몸이 땀으로 뒤범벅이 되어 흰 작업복 아래로 맨살이 비친다.

전통기법의 석공사과정

돌, 손으로 다듬는 거 쉽지 않다. 돌이 나무보다 단단하니까. 석공사 역시 목공사와 함께 1970년대부터 전동공구가 들어와 서서히 기계화 되었다. 지금은 옛날 방식을 아는 사람조차 거의 없는 실

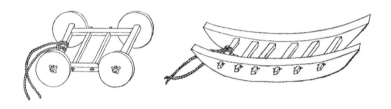

동거(왼쪽)와 썰매(오른쪽)
화성 건설은 대규모 성곽공사로 인해 엄청난 석재가 소요되었지만, 비교적 가까운 곳에 돌을 채취할 수 있는 팔달산이
있어서 운반이 용이했다. 겨울철에는 얼음 위에서 썰매를 이용하거나 작은 바퀴가 네 개 달린 수레인 동거를 개발해
운반했다. 『화성성역의궤』. 국립중앙박물관 소장.

정이다. 숭례문복구단 직원들도 문화재청에 근무하면서 여러 문화재
공사에 참여해왔지만, 목공사·석공사 등 각 분야의 장인들이 어떠한
도구를 가지고 어떠한 과정과 기법으로 일하는지 상세하게 알기는 쉽
지 않다. 건축문화재 보존을 위해 계획하고 감독하는 것과 몸으로 직접
건물을 짓고 고치는 것은 다른 일이다. 하물며 옛날 장인들이 어떻게
일했는지 현재의 시점에서 모르는 것은 당연한지도 모른다.

석공사의 과정은 채석, 운반, 가공, 현장설치로 나눌 수 있다. 돌을
채석하는 곳을 '부석소'浮石所라 했는데, 돌은 무거워 운반이 어렵기 때
문에 가능한 한 공사장 가까운 곳을 택했다. 17세기 말에 있었던 종묘
영녕전永寧殿 수리와 경덕궁慶德宮 수리 때는 한양 외곽에 있는 조계산
에, 18세기 중엽에 있었던 의소묘 공사에서는 창의문 밖과 남산 밑에
부석소를 설치했다. 숭례문에 쓰인 석재는 남산, 무악재, 낙산에 부석
소가 있었다.

18세기 말 정조 때 있었던 화성 건설은 대규모 성곽공사로 인해 엄
청난 석재가 소요되었지만, 성곽에서 불과 3~7리 떨어진 곳에 돌을 채
취할 수 있는 팔달산이 있어서 운반이 용이했다. 10리는 약 4킬로미터
에 해당한다. 더욱이 겨울철 얼음 위에서 썰매를 이용하거나 '동거'童車

180

라 하여 작은 바퀴가 네 개 달린 수레를 개발해 운반했다. 바퀴가 작아야 수레의 높이가 낮아져 무거운 돌을 싣고 내리기에 편리하다. 동거는 물건을 실을 수 있도록 네모난 나무틀을 만들고 네 귀퉁이에 작은 통나무 바퀴를 달아 나무틀의 가로대에 끈을 묶어 사람이 끌었다. 주로 평지에서 돌이나 기와 등을 운반하는 데 사용했다. 20세기 초 대한제국 시절에 있었던 건축공사 때는 대부분 우이동에서 채석했다. 그런데 궁궐의 박석만은 모두 강화의 석모도 것이다. 무엇보다 얇게 켜로 떠지는 박석이 이곳에서만 생산되었고, 강화도가 공사현장에서 멀기는 하지만 돌을 배에 실어 운반하는 것이 가능했기 때문이다.

석공사는 암석을 채취하는 채석작업부터 시작된다. 먼저 암석을 덮은 표토를 걷어내 암반을 노출시킨 후, 암반에 먹줄을 튕겨 떠낼 자리를 표시한다. 그 다음은 먹줄 선을 따라 일정한 간격으로 정으로 구멍을 뚫는데, 이 구멍을 '정혈'釘穴, 이때 사용하는 정을 '입정'立釘이라 했다. 이렇게 해서 구멍이 뚫어지면 '비김쇠'라 불리는 쐐기를 구멍에 끼운 후 큰 쇠몽둥이로 내리쳐서 돌을 떠냈다. 지금도 남산 와룡묘 부근 바위에는 옛날에 돌을 떠내기 위해 파낸 정혈 자국들이 남아 있다. 비김쇠를 내리치는 쇠몽둥이의 무게가 70근斤이었다 하니 요즘 무게로는 대략 42킬로그램 정도 된다. 비김쇠는 큰 쇠몽둥이에 의해 연속적으로 가격되기 때문에, 곧 부러지거나 뭉개져 한두 번 돌을 떠내면 더 이상 사용할 수 없었다. 뭉개진 비김쇠는 대장간에서 달구고 두들겨 다른 연장을 만드는 데 사용되었다.

일단 부석소에서 석재를 떠내면, 그 자리에서 소요되는 부재의 크기와 모양에 맞추어 다소 여유를 두고 다듬었다. 목공사에서와 같이 이를 초련 또는 '초운'初運이라 했는데, 돌의 무게를 줄여 운반을 쉽게 하기 위해서였다. 이렇게 대략적인 모양으로 초련한 석재를 썰매, 대거大車, 유형거游衡車, 동거 등에 실어 공사현장으로 운반했다. 썰매는 겨울

〈돌 깨는 석공〉
강희언, 18세기 중엽, 비단에 수묵, 22.8×19.9cm,
국립중앙박물관 소장.

철 눈이나 얼음 위에서 사용했다. 썰매는 얼음 위에서는 편리했으나,
땅에서 끌 때 힘이 많이 드는 문제점이 있었다. 대거는 장대석 등 큰 부
재를 운반하는 데 사용했는데, 바퀴가 두 개 달린 큰 수레로 소 네 마리
가 끌었다. 대거와 같은 큰 수레는 바퀴가 커서 돌을 싣기 어렵고 바퀴
살이 약해 부러지기 쉬웠다. 이 둘의 단점을 보완하여 만든 것이 유형
거였다. 유형거는 정조 때 화성 건설을 위해 정약용이 고안한 발명품이
다. 현장으로 운반한 초련 석재를 좀 더 정교하게 실제의 치수에 맞추
어 다듬는 것을 재련 또는 '재운'再運이라 했다. 재련한 석재를 제자리
에 갖다놓는 것을 '입배'라 했다. 입배과정 중 필요에 따라 석재를 부분
적으로 다듬는 것을 정련 또는 '삼운'三運, 이를 맡은 석수를 '입배석수'
또는 '삼운석수'라 했다.[20]

　　그러면 무거운 석재를 어떻게 높은 곳으로 들어올렸을까. 요즘에 크
레인이 있듯이 옛날에도 뭔가가 있었을 것이다. 문헌상『화성성역의궤』

에서 확인할 수 있는 것은 두 가지다. 하나는 거중기인데, 다산 정약용이 화성 건설을 위해 특별히 고안한 것으로 알려져 있다. 그 원리는 작은 도르래와 큰 도르래를 이용해 힘과 일의 원리를 적용한 것이다. 이때 도르래의 역할은 크게 두 가지인데, 하나는 힘의 방향을 바꾸는 것이고 다른 하나는 힘에서 이득을 볼 수 있게 하는 것이다. 물리학 법칙에 의하면, 일은 힘에 거리를 곱한 것이기 때문에 일에서는 이득을 볼 수 없다. 오히려 도르래의 마찰력 때문에 일에서는 조금 손해를 보게 된다. 그러나 사람의 힘은 한계가 있기 때문에, 작은 힘을 이용할 수 있다는 것에 큰 의미가 있다.

　다른 하나는 '녹로轆轤'라는 것이다. 견고하게 짠 나무틀에 긴 장대 둘을 수직보다 약간 비스듬히 나란히 세우고 그 사이 높은 쪽 끝에 도르래를 단다. 아래 쪽 나무틀에는 끈을 감을 수 있는 얼레를 설치한다. 사용할 때는 긴 밧줄의 한쪽 끝을 얼레 축에 감아 두고 나머지 한쪽 끝은 장대의 높은 쪽에 설치한 도르래에 걸쳐 아래쪽으로 늘어뜨린다. 늘어뜨린 줄에 물건을 묶은 다음 얼레를 돌리면 물건이 위로 올라간다. 녹로는 거중기보다 가벼운 물건을 들어올릴 때 사용했는데, 화성 건설 이후에도 계속 사용했다는 기록이 있다. 그러나 거중기는 화성 건설 이후에 사용했다는 기록이 없는 걸로 보아 소멸된 것 같다.[21]

　석재는 정으로 가공한다. 영건의궤를 조사해보면, 여러 가지 이름의 정을 발견할 수 있다. 편자정, 솔정, 곳정, 입정, 장정, 광정, 창포정, 첨지정, 번자정, 오푼정, 착정, 부석정, 각정, 곡정, 협정, 비김쇠 등 수많은 정의 이름이 열거되어 있다. 그러나 현재 정확하게 그 용도를 아는 정은 불과 몇 가지에 불과하다. 부석정이나 각정은 정의 종류라기보다는 돌을 떠내거나 글자를 새기는 용도에 사용된 정을 통칭한 것으로 보인다. 입정은 돌을 떠낼 때 구멍을 파는 데 사용한 정이고, 비김쇠는 그 구멍에 끼워 돌을 떠낼 때 쐐기 역할을 한 쇠를 말한다. 장정은 길이

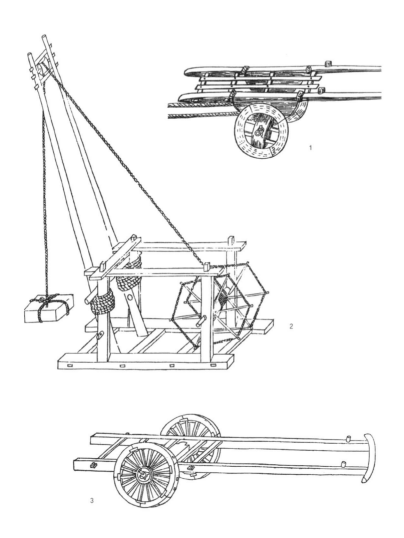

조선시대 공사기구들

대거는 바퀴가 두 개 달린 큰 수레로 소 네 마리가 끌었다. 장대석 등 큰 부재를 운반하는 데 사용했는데, 바퀴가 커서 돌을 싣기 어렵고 바퀴살이 약해 부러지기 쉬웠다. 이 단점을 보완하여 만든 것이 유형거였다. 유형거는 정조 때 화성 건설을 위해 정약용이 고안한 발명품이다. 녹로는 견고하게 짠 나무틀에 긴 장대 둘을 수직보다 약간 비스듬히 나란 히 세우고 그 사이 높은 쪽 끝에 도르래를 달고, 아래 쪽 나무틀에는 끈을 감을 수 있는 얼레를 설치한다. 녹로는 거중 기보다 가벼운 물건을 들어올릴 때 사용했는데, 화성건설 이후에도 계속 사용했다는 기록이 있다. 1. 유형거   2. 녹로 3. 대거

가 긴 정, 광정은 날이 넓은 정, 창포정은 날이 창포잎처럼 긴 정, 오푼
정은 날의 폭이 5푼 되는 정, 곡정은 날이 굽은 정, 협정은 날이 좁은 정
등 정의 모양을 가리켰다. 나머지는 그 용도나 모양이 분명하지 않다.[22]
여기서 한 푼分은 한 치寸의 10분의 1, 한 치는 한 자尺의 10분의 1, 한
자는 약 30센티미터다. 그러므로 5푼은 대략 1.5센티미터에 해당한다.

"이왕 하는 거, 제대로 해봅시다!"

문화재 일을 한다는 50대 후반쯤 되어 보이는 석수 한
사람이 나를 찾는다. 숭례문 복구공사를 전통기법으로 한다는 말을 듣
고 석공사에 대해 꼭 하고픈 말이 있다고 한다. 그의 말이다.

'석공기계 대신 정을 쓰는 것만으로는 옛날같이 부드러운 돌의 질감을
얻을 수 없다. 예전에 석수들이 돌일을 배울 때는 매일 그날 쓴 정을 대
장간에서 벼렸다. 아무리 잘 벼린 정이라도 하루만 쓰면 날이 무뎌지기
때문이다. 정을 벼리는 일은 여간 번거롭고 성가신 일이 아니다. 요즘은
정의 끝 부분에 중석重石, tungsten이나 인조 다이아몬드가 붙어 있어 벼
리지 않고 쓸 수 있는 정이 나와 있어 보통 그것을 쓴다. 그러나 문제는
이러한 정으로 돌을 가공하면 힘들여 손으로 작업하는 의미가 없다. 표
면이 옛날같이 자연스럽게 가공되지 않기 때문이다. 어느 정도 무뎌진
정으로 돌을 다듬어야 부드럽고 자연스러운 질감을 얻을 수 있다. 때문
에 석수들이 중석이나 다이아몬드가 박힌 정을 쓰는 일이 없도록 해야
한다. 만약 그런 정을 쓴다면, 비록 인력으로 가공하더라도 옛날처럼 부
드러운 돌의 표면 질감을 얻을 수 없고 전통기법이라고 할 수도 없다.

그의 말에 나는 잔뜩 호기심이 발동해 묻는다. 처음 듣는 이야기니까.

"중석이나 다이아몬드가 박힌 정은 날이 너무 날카롭다는 말씀이죠? 구체적으로 어떤 차이가 있습니까?"

그의 설명이 계속된다.

'보통 쇠로 된 정은 대장간에서 날을 벼려도 몇 번 사용하면 처음의 날카로움이 곧 무뎌진다. 그래서 어느 정도 무뎌진 상태로 돌을 가공하게 된다. 정을 돌에 대고 망치로 때리면 돌 표면이 작은 조각으로 얇게 물고기 비늘마냥 벗겨진다. 그러나 중석이나 다이아몬드가 박힌 정을 사용하면, 날카로운 정의 날이 돌 표면을 파고들어 그 자국이 비 온 마당에 실지렁이가 기어간 자리처럼 남는다.'

그의 말을 듣자 나는 '아! 그렇구나' 하고 무릎을 친다. 미처 거기까지는 생각하지 못했다. 그런데 옛날처럼 정과 망치로 돌일을 할 수 있는 석수가 얼마나 있을지 걱정이다.

경복궁 광화문 복원공사 때 석재가공이 시빗거리가 되었던 적이 있다. 광화문 복원공사가 한창일 때 석수 한 사람이 문화재청장 앞으로 민원을 냈다. 광화문 육축에 들어갈 석재가 기계장비와 전동공구로 가공되어 전통기법이 아니라는 것이다. 당시 경복궁 복원을 책임지고 있던 문화재청 궁능문화재과는 입장이 난처하게 되었다. 다른 사람도 아닌 문화재 일을 하는 석수가 석공사에 대해 시비를 걸고 나왔으니 변명의 여지가 없었다. 2008년 11월, 이에 대한 대책을 논의하기 위해 문화재청 담당자와 공사업체 관계자 그리고 석공사의 책임을 맡은 도석수가 서로 머리를 맞대었다. 당시 광화문 육축 복원공사가 이미 상당히 진행된 상태였기 때문에 이를 해체해 다시 전통기법으로 가공하는 것은 현실적으로 어려움이 있었다. 그때까지는 문화재청에서도 석수들에

186

게 순수한 인력人力으로 석재를 가공하도록 주문하지는 않았다. 이러한 사정을 감안해 이미 가공된 석재가 옛 부재와 어우러질 수 있도록 광화문 육축의 표면을 인력으로 가공하기로 했다. 기계와 전동공구를 사용하여 석재를 가공하되 마무리 손질만은 인력으로 하여 기계가공의 어색함을 어느 정도 상쇄해보자는 것이었다.

이런 나의 걱정에 나를 찾아온 그 석수는 지금 나이 쉰 이상 되는 사람들은 다 정과 망치로 일을 배웠으니 마음만 먹으면 할 수 있을 것이라고 내게 용기를 준다. 그 대신 정을 벼릴 수 있는 대장간이 공사현장에 반드시 있어야 한다는 단서를 붙인다. 그의 말에서 가능성을 확인한 나는 나도 모르게 안도의 한숨을 쉰다. 전통기법을 강하게 밀어붙일 작정이지만, 막상 일할 사람이 못한다고 뒤로 빼면 난감할 수밖에 없다.

나는 석공사를 의논하기 위해 숭례문 현장사무실에서 석장 두 사람을 만난다. 의논이라기보다는 전통기법을 전제로 한 석공사 계획을 그들로부터 듣고 싶어서다. 석장 한 사람이 먼저 말문을 연다.

'석장들이 숭례문 공사 하겠다고 나섰을 때는 장인 선정 때 약속했듯이 전통기법으로 하겠다고 각오한 것이다. 옛날에는 돌일하는 것이 진짜 어려웠다. 옛날에 돌일 배울 때는 배가 고파 정과 망치를 잡았다. 그때는 하루 종일 일을 해도 밥만 먹여주면 고맙게 생각할 정도였다. 처음부터 돌일을 배울 수 있는 것도 아니었다. 처음에는 대장간에서 정 벼리는 일만 시켜 그 일만 했다. 한 1년 이상 그렇게 대장간에서 석수들 뒤치다꺼리만 하다가 겨우 정을 잡을 수 있었다. 돌일이 그렇게 힘들었기 때문에 예전에는 석수들이 일하는 옆에 목수들은 얼씬도 못했다. 시비가 붙으면 석수들을 이길 수 없다고 생각했기 때문이다.'

"옛날 방식대로 정과 망치로만 돌을 다듬어야 합니다. 정은 어떤 것을 쓸 작정입니까? 중석이나 다이아가 박힌 것은 안 됩니다. 잘 아시겠지만."

나는 그래도 걱정이 돼 다짐을 받고 싶어 한다. 석장은 웃으며 걱정하지 말라는 시늉으로 손을 크게 가로저으며 말을 받는다.

'이왕 하는 거 제대로 한번 해볼 작정이다. 그러나 옛날 정은 구할 수도 만들 수도 없다. 옛날 쇠를 요즘은 구할 수 없으니까, 그 부분은 어쩔 수 없다. 요즘 석장들이 돌일을 배울 때도 벌써 옛날 쇠로 만든 정은 없었다. 그때는 기차 스프링으로 정을 만들었다. 왜 그런지는 모르지만 기차 스프링 쇠가 제일 좋았다. 요즘은 자동차 스프링을 이용한다. 석장들은 이미 자동차 스프링을 구해 아는 공구점에 부탁해서 정을 잔뜩 만들어 놨다. 자신 휘하에 있는 일꾼이 스무 명이 넘어, 한 사람 당 정을 최소한 50개씩 넉넉하게 준비해놨으니 정에 대해서는 걱정 안 해도 된다.'

나는 그래도 미심쩍어 다시 묻는다.

"그럼 자동차 스프링으로 만든 정도 매일 벼리면서 작업하는 겁니까?"

석장은 그렇다고 대답하며, 작업장에 정을 벼릴 수 있는 대장간이 있어야 한다고 일러준다. 날을 벼리면서 작업한다는 것은 자동차 스프링으로 만든 정의 날이 지나치게 강하지 않다는 것을 의미한다. 옛날 쇠가 더 이상 생산되지 않는 현실에서 옛날 정을 그대로 재현해서 만드는 것은 애초부터 불가능하다. 자동차 스프링으로 옛날 정과 비슷한 정을 만들 수 있다는 것이 그나마 다행이다.

돌 다듬는 치석장 풍경
석수들은 한 손에 정을 잡고 다른 손에 망치를 들고 돌을 쏘아보며 정의 머리를 내리친다.

"걱정하지 마세요. 대장간은 이미 준비하고 있습니다."

나의 대답이 시원하다.

따스한 봄볕 아래 치석장이 활기에 넘친다. 쇠 파이프로 널찍한 골조를 짜고 그 위에 천막을 씌워 마련한 치석장 안에서는 족히 열다섯 명은 되는 석수들이 정과 망치를 들고 돌을 쪼아댄다. 십 수 개의 망치가 정의 머리를 때리자 거의 동시에 십 수 개의 정이 돌을 깎아내는 소리가 어우러진다. 마치 온 동네 여인네들이 모여 다듬이질을 하는 것 같은 맑은 파열음이 난다. 정을 맞은 돌 조각들이 물고기 비늘처럼 벗겨져 여기저기 사방으로 튄다. 석수들의 모습도 각양각색이다. 어떤 이는 튀는 돌 조각으로부터 눈을 보호하느라 보안경을 낀 채 돌을 쪼아대고, 어떤 이는 돌가루가 몸속으로 들어갈까봐 모자를 눌러 쓰고 목을 수건으로 칭칭 동여맸다. 또 어떤 이는 이러나저러나 관계없다는 양 그저 헐렁한 작업복만 걸친 모양새가 한가로워 보이기까지 한다. 모양새는 이렇게 모두 제각각이지만, 왼손에 정을 잡고 오른손에 망치를 들고 돌을 쏘아보며 정의 머리를 내리치는 석수들의 손놀림은 모두가 한결 같다. 자세히 보면 석수들은 망치로 정을 내리치는 것이 아니라 정을 향해 망치를 던진다. 망치가 정의 머리에 닿기 직전 석수들은 망치를 잡았던 오른손을 살짝 놔주고, 동시에 정을 잡았던 왼손도 살짝 놔버린다. 그래야 돌로부터 되돌아오는 충격이 석수의 몸으로 전달되지 않는다. 누가 가르쳐준 것인지 아니면 스스로 체득한 것인지 모를 일이다.

지붕 없는 치석장 밖 마당에서, 석수 한 사람이 그의 어깨 춤은 되어 보이는 높이와 그만큼의 너비를 가진 큰 돌에 올라타 손가락 두 마디쯤 되는 깊이의 홈을 한 뼘 간격으로 일렬로 판다. 홈을 다 파자, 그는 금방 판 홈에 홈의 깊이보다 조금 긴 쐐기를 꽂는다. 내 눈에 쐐기의 모양은 마치 짧은 정 같아 보인다. 일렬로 꽂힌 쐐기는 돌의 표면에 아주 조금 머리를 내밀고 있다. 방금 홈을 파고 쐐기를 박은 석수가 쐐기가 박힌 돌 위에 올라서더니 큰 쇠메로 일렬로 꽂힌 쐐기들을 번갈아가며 두들긴다. 무리한 힘을 들여 내리치지도 않는다. 그저 쇠메를 자연스럽게 올렸다가 중력의 원리를 이용해 내리치는 정도다. 마치 마술이라도 부리듯, 거대한 석재가 둔탁한 소리를 내며 금이 가더니 마침내 두 동강이 되어 서로 반대 방향으로 쓰러지면서 흙먼지를 낸다. 석장 한 사람이 빙그레 웃으며 내게 다가온다. 나는 믿을 수 없다는 듯이 그를 바라보며 묻는다.

"어떻게 저렇게 큰 돌이 저토록 쉽게 갈라지죠?"

그의 대답이다.

'아무나 한다고 갈라지진 않는다. 다 방법이 있다. 돌에는 결이 있다. 경험 많은 석수는 돌의 결을 읽을 수 있다. 그러면 쐐기를 이용해 돌을 가르는 것이 가능하다. 아무리 단단하고 큰 돌이라도 결을 파고드는 작은 쐐기를 못 당한다. 마치 바늘로 큰 얼음을 가르는 것과 같은 이치다.'

전통가공과 현대공법의 차이

현대식 석공사의 특징은 인력사용을 최대한 줄이기 위해 화약과 중장비 그리고 기계공구를 이용한다는 것이다. 요즘은 중장비를 이용하기 때문에 운반은 별다른 의미가 없다.

석산에서 돌을 떼어내는 데에는 두 가지 방법이 있다. 하나는 '버너커팅'burner cutting이라는 방식이다. 거대한 암반의 가장자리로부터 뜨거운 열풍을 암반에 강하게 불어넣어 'ㄷ' 자 모양으로 깊은 골을 판다. 그 다음 열려 있는 가장자리 암반 면의 아래쪽에 착암기로 구멍을 뚫어 화약을 장전해 폭파시킴으로써 돌을 떼어낸다. 다른 하나는 버너커팅 대신 '와이어소'wire saw라는 장비를 이용한다는 것만 다를 뿐 기본적인 원리는 같다. 와이어소로 골을 팔 때는 먼저 보어링boring 기계로 네 개의 구멍을 뚫은 후, 그곳에 와이어소를 집어넣어 커팅을 함으로써 'ㄷ' 자 모양의 골을 형성한다. 'ㅁ' 자가 아니라 'ㄷ' 자 모양으로 골을 파는 것은 보통 석재를 떼어낼 때 암반의 가장자리부터 시작해 한쪽 면은 언제나 열려 있기 때문이다. 떼어내는 돌은 보통 한 면이 15~25미터에 이르는 정육면체로 엄청난 크기다. 이 거대한 석재에 다시 착암기로 곳곳에 구멍을 뚫고 폭약을 충전해 폭파시켜 운반 가능한 크기로 분할한다. 그 크기는 길이가 2.4~3미터, 폭이 1.2~1.4미터, 높이가 1.4~1.5미터 정도다. 여기까지가 채석장에서 돌을 떼어내 운반 가능한 크기로 나누는 과정이다. 이렇게 나누어진 석재는 가공을 위해 대형 트럭에 실려 석공장으로 운반된다. 석공장에서는 석재용 톱을 사용하여 마치 나무를 다루듯 석재를 마음대로 원하는 크기와 모양으로 가공할 수 있다.

석공장에서 가공된 석재는 절단면이 너무 매끈할 뿐 아니라 톱자국까지 선명하게 남아 있어 그대로 사용하기는 어렵다. 매끈한 면을 거칠게 가공하기 위한 작업이 필요한 데, 버너마감과 에어툴air tool을 이용하는 방법이 있다. 버너마감은 압축산소를 연소시켜 석재 표면에 열을 가해 2~5밀리미터 벗겨내 거친 표면을 얻는다. 에어툴은 압축공기를 이용하여 석재 표면을 기계적으로 타격하여 거친 표면을 유도한다. 현대건축에서는 버너마감으로 끝내는 경우가 많지만, 문화재 공사에서는 버너마감 위에 추가적으로 에어툴을 사용하는 것이 더 일반적이다. 버너마감만으로는 전통적인 석재가공 면과 너무 많은 차이가 나기 때문이다. 에어툴을 추가하더라도 전통가공과 차이가 생기는 것은 피할 수 없는데, 이는 현대공법의 한계라고 할 수 있다. 어찌 보면, 현대공법이 갖는 한계가 지극히 당연한 것이기도 하다. 옛날 석재가공은 거친 가공에서 고운 가공으로 순리대로 진행되었지만, 현대식 기계가공은 톱으로 절단한 매끈한 면을 전통가공처럼 보이게 하기 위해 거친 가공으로 거꾸로 가기 때문이다. 에어툴은 석재에 직각으로 타격을 가하기 때문에 돌가루가 생기고 표면이 곰보자국같이 된다. 전통적인 방법으로 사람이 정으로 석재를 가공하면, 석재 면에 비스듬하게 정이 가격되어 석재 표면이 조금씩 비늘 조각처럼 벗겨져 자연스러운 질감을 얻을 수 있다.

성곽 뒤 축대를 쌓다

기계로 가공한 석재를 쓰되, 마무리는 손으로

성곽 뒤 축대의 필요성

성곽은 방어용 군사시설이다. 외부에서 공격해오는 적을 격퇴하기에 적합하도록 자연지형을 이용해 깎아지른 듯 가파르게 성벽을 쌓는다. 숭례문 좌우 성곽도 본래 구릉지의 남쪽 경사면에 9미터 정도의 높이로 세워졌다. 그래서 성곽 안쪽이 바깥쪽보다 지반이 높았다. 20세기에 들어 성곽이 헐리고 주변에 도로가 생기면서 원래의 지형이 심하게 변형되었다. 지금은 성곽 안팎의 땅이 높이 차이가 거의 없어, 여기가 성곽이 있던 곳인지 짐작조차 하기 어렵다.

숭례문 좌우의 성곽은 현재의 주변사정을 감안해 서쪽으로 16미터, 동쪽으로 53미터 복원하기로 한다. 애당초 동쪽으로는 남산 쪽 언덕배기를 따라 현재의 주변상황이 허용하는 최대치인 88미터까지 복원할 계획이었다. 그러나 숭례문지하상가로 연결되는 지하보도의 안전 문제로 축소가 불가피하다. 구조안전진단 결과, 지하보도 위로 성곽을 쌓을 경우 지하보도의 안전을 보장할 수 없다.

원래의 지형이 변형된 현재의 상태에서 성곽을 복원한 후, 성곽의 뒷부분을 어떻게 처리해야할지가 고민거리다. 성곽의 뒤편에 충분한 여유 공간이 있으면, 흙을 채워 예전처럼 구릉지를 재현할 수 있다. 그러나 성곽 뒤편에 인접하여, 남대문시장 앞을 지나는 도로가 있어 그것

193

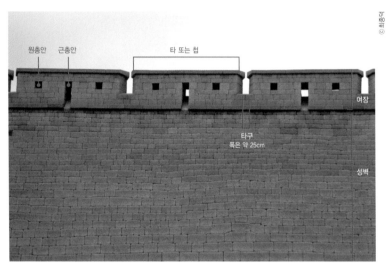

© 김성철

원총안　근총안　　　　　　　타 또는 첩

여장

타구
폭은 약 25cm

성벽

성곽의 구성
성벽은 성돌을 쌓아올린 높은 담이고, 여장은 성벽 위에 1.5미터 정도의 높이로 나지막이 별도로 쌓은 또 다른 담이다.
여장은 일정한 길이로 토막 난 담장들로 이루어진다. 하나의 토막 난 담장을 타 혹은 첩이라 하고, 타와 타 사이의 공
간을 타구라고 한다. 여장에는 총안이라 하여 활이나 총으로 적을 공격할 수 있는 구멍을 뚫어 놓는다. 수평으로 뚫어
멀리 있는 적을 공격하는 원총안과 아래쪽을 향하게 뚫어 가까이 있는 적을 공격할 수 있는 근총안이 있다.

은 불가능하다. 본래 성곽 뒤에 버티고 있었던 구릉지가 없으니, 성곽
의 구조적인 안전을 위해 성곽 뒤편을 든든하게 받쳐줄 인공적인 축대
가 필요하다. 성곽과 축대 사이는 돌을 채운 다음, 흙을 덮고 잔디를 입
힌다.

　성곽은 성벽과 여장으로 이루어진다. 성벽은 성돌을 쌓아올린 높은
담이고, 여장은 성벽 위에 1.5미터 정도의 높이로 나지막이 별도로 쌓
은 또 다른 담이다. 성곽 바로 뒤에는 성벽의 높이를 따라 길을 내는데,
이를 '회곽로'廻郭路라 한다. 회곽로는 성곽을 끼고 이어지는 길로, 군사
들은 이곳을 따라 이동하고 순찰을 돈다. 여장은 몸을 숨기고 적을 공
격할 수 있는 전투시설로 연속된 담장이 아니라 일정한 길이로 토막 난
담장들로 이루어진다. 하나의 토막 난 담장을 '타'垛 혹은 '첩'堞이라 하
고, 타와 타 사이의 공간을 '타구'垛口라고 한다. 숭례문 여장의 경우,

194

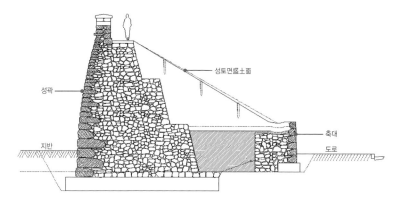

성곽, 도로, 축대의 관계

한 타의 길이는 약 3.75미터, 타구의 폭은 약 25센티미터이다. 여장에는 '총안'이라 하여 활이나 총으로 적을 공격할 수 있는 구멍을 뚫어놓는다. 총안에는 수평으로 뚫어 멀리 있는 적을 공격하는 '원총안'遠銃眼과 아래쪽을 향하게 뚫어 가까이 있는 적을 공격할 수 있는 '근총안'近銃眼이 있다.

숭례문 좌우 성곽의 경우, 지반으로부터 회곽로까지의 높이는 위치에 따라 차이는 있지만 성곽높이에 여장높이를 뺀 약 7.5미터다. 성곽 뒤의 축대와 연이어서는 인도와 차도가 차례로 놓인다. 축대를 높게 하면, 축대로부터 회곽로까지 완만한 경사로 성곽을 안전하게 지지할 수 있다. 그러나 축대가 높아지면, 그만큼 축대 옆 인도를 지나는 사람이 느끼는 위압감은 커지게 된다. 인도를 지나는 사람이 편안하게 걸을 수 있도록 축대를 충분히 낮추면, 이번에는 회곽로와 축대 사이의 경사가 세진다. 경사가 셀수록 그 위를 덮은 흙이 흘러내릴 가능성이 커진다.

이러한 사안을 종합적으로 고려하니, 위치에 따라 다소 차이는 있지만 축대의 높이는 평균적으로 2.3미터가 된다. 보통 사람의 키를 1.7미터로 볼 때, 이 역시 축대 바로 옆 인도를 걷는 사람이 위압감을 느낄 수밖에 없다. 그러나 그 이하로는 불가능하다. 토질공학적인 측면에서, 성곽 뒤 회곽로와 축대 사이에 채워지는 흙의 경사는 높이에 대한 길이의 비比가 1대 8 이상 유지되어야 안전을 보장할 수 있다.

기계냐, 손이냐, 끊임없이 이어지는 고민

성곽 뒤편 인도와 인접하여 수직으로 쌓아올릴 축대의 재질도 고민거리다. 나는 실용적인 목적에 충실하게 콘크리트를 마음에 둔다. 콘크리트로 축대를 만들면 뚜렷이 성곽과 구분된다. 그러나 콘크리트는 너무 이질감이 난다며, 석재를 선호하는 의견이 숭례문복구단 직원들 사이에 많다. 대신 손가공하는 성곽과는 달리, 축대의 석재를 기계로 가공하면 표면 질감이 달라져 쉽게 구분된다는 것이다. 대다수의 자문위원들도 콘크리트는 너무 튄다고 지적한다. 결국 축대는 기계로 가공한 석재를 사용하기로 결론이 난다.

성곽공사가 마무리 단계에 다다르고 축대공사가 막 시작될 무렵, 직원들이 축대 쌓는 방법에 대해 보고한다. 축대 쌓을 때, 현장에서 그라인더를 좀 쓰도록 허용하겠다는 것이다.

"전동공구를 쓰겠다고?"

나는 깜짝 놀라는 반응을 보이며 묻는다. 직원들의 대답이다.

'어차피 축대는 구조적인 보강을 위한 것이라 전통기법과는 관련이 없다. 게다가 기계로 가공된 장대석을 쓰기로 한 만큼, 그라인더를 쓰는 것은 자연스러운 것이다. 공사비 절약과 공기단축의 이점도 있다.'

그러나 나는 생각이 다르다.

"글쎄 맞는 말이긴 한데, 어쩐지 내키지가 않아. 지금까지 석재가공에
일체 기계를 사용하지 않았는데, 새삼스럽게 그라인더 소리가 나고 돌
가루가 날리면 모양새가 좋지 않잖아. 기계로 성곽 돌을 가공한다는 오
해의 소지도 있고. 그러지 말고 그냥 지금까지 하던 대로 하지 그래. 돌
공사 좀 늦어진다고 전체 공정에 영향을 주진 않아. 그라인더 대신 정을
쓴다고 공사비가 크게 늘어나는 것도 아닐 테고."

축대에 쓰이는 석재는 공장에서 기계로 가공된 것을 현장으로 반입
한다. 아무리 잘 가공된 석재라도, 현장에서 쌓을 때 현장여건에 맞추기
위해 약간의 현장가공이 필요하다. 나의 간곡한 말 때문인지 직원들도
대놓고 내 의견에 반대하지는 않는다. 나는 현장을 나오다가 퇴근하는
석장 한 사람과 마주친다. 마침 같은 방향이라 지하철역까지 석장의 차
에 동승해 조금 전 직원들과 나눴던 가공법에 대한 그의 의견을 묻는다.

"축대 쌓을 때 그라인더를 사용하겠다는 말을 들었는데, 제가 반대했습
니다. 여태 손으로 작업하느라 고생했는데, 현장에서 그라인더 돌아가
는 소리가 나면 분위기 망칠 것 같아서 안 된다고 했습니다. 조금만 더
고생해주세요. 물론 기계로 가공한 석재로 축대를 쌓기로는 했지만, 그
라인더 소리가 현장에서 울리고 돌가루가 날리면 지금까지의 숭례문 현
장 분위기를 망칠 수 있습니다."

축대는 별 의미가 없는 것이라 그렇게 제안했던 것이라는 석장의 대
답이다. 그러나 내 말을 들으니 기계를 안 쓰는 것이 좋을 것 같다고 호
응한다. 뜻밖에 석장의 반응이 순조롭다. 차 속 분위기가 화기애애해지

197

자 나는 평소 궁금했던 것을 묻는다.

"전에 다른 현장에서 그라인더로 돌 가공하는 걸 봤는데, 소음도 엄청 심하고 돌가루도 많이 날리더군요. 작업하는 분들 몸에도 좋지 않을 것 같던데, 어떻습니까?"

석장의 대답이다.

'기계작업을 많이 한 석수 중에는 진폐증에 걸린 사람도 꽤 있다. 그라인더로 돌을 갈아내면 미세한 돌가루가 날린다. 방진마스크를 써도 작은 가루가 폐 속으로 들어간다. 옛날에는 그런 병이 없었다. 정으로 작업하면 돌 조각이 떨어져 나오지, 돌가루가 날리진 않는다.'

전통기법이 환경은 물론이고 장인들 건강에도 좋은 모양이다.

갈등은 풀고, 문제는 해결하고

복구현장을 둘러싼 문제 해결하기

숭례문 전시관이 관리동으로 바뀌다

"서울시에서 전시관 문제를 재협의하자고 합니다."

"재협의라니?"

"국비와 지방비의 분담비율을 변경해달라고 합니다."

"어떻게?"

"5대 5로 하자고 합니다."

"전시관이면 3대 7이지?"

"예, 국비가 3이고 지방비가 7입니다."

"그게 우리 마음대로 되나. 국비와 지방비 분담비율은 우리가 정하는 게
아니고 기재부가 전 부처를 대상으로 정하는데, 그걸 우리한테 바꿔달
라고 하면 어떻게 해."

"글쎄요, 모르진 않을 텐데, 서울시 문화재과도 하도 답답하니 그러는
것 같습니다. 투자심사에서 우선순위가 밀려 예산이 삭감되었답니다."

"투자심사? 누가 누구를 대상으로 투자심사를 했다는 거지?"

"서울시 자체 투자심사라고 합니다."

"대외적으로 약속해놓고 이제 와서 투자심사를 해서 못하겠다면 어떻게
하나? 대외적으로 약속한 걸 그렇게 뒤집어도 되는 건지 모르겠네."

"그러게 말입니다. 곧 공문을 보내겠답니다."

화재 직후 국내외로부터 숭례문 복구를 위한 성금이 쇄도하고 소나무를 기증하겠다는 사람들이 줄을 서는 등 관심이 뜨겁자, 서울시도 뭔가 역할을 하고 싶어 했다. 숭례문 복구는 문화재청에서 맡기로 했기 때문에, 서울시는 숭례문 가까운 곳에 '숭례문 전시관'을 지어 숭례문과 관련되는 자료를 전시하겠다고 나섰다. 복구될 숭례문에는 화재와 외부침입에 대비한 방재설비가 갖추어지게 될 예정이어서, 숭례문 전시관에는 방재설비를 운용할 방재센터와 경비인력이 상주할 관리시설도 포함된다.

일반적으로 국보나 보물 같은 국가지정문화재를 수리하거나 복원할 경우, 소요예산의 70퍼센트는 국가에서, 나머지 30퍼센트는 소재지 지방자치단체에서 각각 부담하는 것이 한국의 문화재 관리시스템이다. 지방지정문화재의 경우, 국가와 지방의 분담비율은 5대 5로 바뀐다. 그러나 문화재를 전시하고 홍보하기 위한 전시관을 지을 경우, 국비와 지방비의 분담비율은 3대 7이다. 무턱대고 각종 전시관을 짓겠다고 정부에 손을 벌리는 지방자치단체의 요구를 억제하기 위한 조치다. 이에 따라 30억 원가량의 예산이 소요되는 숭례문 전시관도 문화재청에서 9억 원을, 서울시에서 21억 원을 분담하게 되어 있다. 그런데 5대 5로 분담비율을 조정하자는 말은 애당초 21억 원을 대겠다고 했던 서울시가 15억 원만 부담하겠다고 입장을 바꾼 셈이다. 정부가 지방자치단체에 주는 국고보조금의 비율은 정부의 예산을 총괄하는 기획재정부가 정한다. 문화재청은 서울시의 요구를 들어줄 수 있는 권한이 없다. 서울시 또한 이를 모를 리 없다. 숭례문 전시관에 대한 서울시의 재검토 요청이 있은 후, 나는 이 문제를 협의하기 위해 서울시 문화재과장을 만난다. 내가 먼저 말을 꺼낸다.

"전시관은 서울시에서 먼저 맡겠다고 화재 직후 국민들 앞에 약속한 것으로 알고 있습니다. 이제 와서 못하겠다고 입장을 바꾼 특별한 이유가 있습니까? 숭례문 전시관은 숭례문 복구와 직접적인 관계가 있습니다. 새롭게 복구될 숭례문에는 각종 방재설비가 들어가는데, 이를 조정하고 운용하는 방재센터가 전시관에 위치하게 됩니다. 그런데 이제 와서 서울시에서 전시관을 못하겠다고 발을 빼면 숭례문 복구에 직접적인 영향이 있습니다. 방재센터가 없는 상태에서는 숭례문 복구를 마칠 수 없습니다."

서울시 문화재과장의 답변이다.

'오해가 있는 것 같다. 서울시에서 전시관을 못하겠다는 것이 아니다. 지방비 분담비율을 낮추어달라는 것뿐이다. 서울시의 재정상태가 예전 같지 않다. 요즘 부동산 경기가 죽어 지방세가 걷히질 않는다. 불요불급한 사업 외에는 규모를 줄이거나 뒤로 미루고 있다. 그래서 부담을 조금 줄여달라는 것일 뿐 안 하겠다는 것은 아니다. 숭례문 전시관은 국민들에게 한 약속도 있고 해서 문화재과에서 방어를 많이 했지만, 내부 투자 심사 결과 중요도가 떨어진다고 해서 사업비가 삭감되고 말았다.'

내가 다시 말한다.

"아무리 그렇지만 수십 조 원의 예산을 집행하는 서울시에서 숭례문 전시관 예산 몇 억을 삭감하는 것은 이해가 안 갑니다. 더군다나 국비와 지방비의 분담비율을 바꿔달라는 것은 무리한 요구입니다. 잘 아시다시피 분담비율은 기획재정부에서 정하는 것이기 때문에 문화재청은 재량권이 없습니다."

문화재과장은 거듭 서울시의 사정을 헤아려 문화재청에서 이 건에 대해서만 분담비율을 바꿔달라고 기획재정부를 설득해달라는 부탁을 한다. 그러나 기획재정부가 전체적으로 정해놓은 국비와 지방비에 대한 분담비율을 특정사안에 대해 바꿔줄 리 없다. 더구나 재정자립도가 전국 지자체 중에서 제일 높은 서울시에서 지방비 부담을 줄여달라는 것은 설득력이 떨어진다. 서울시의 부탁도 있고 해서 문화재청에서 기획재정부에 분담비율 변경이 가능한지 타진해봤는데 '손톱'도 안 들어간다. 만약 이 건에 대해 예외를 인정해주면 모든 지자체가 같은 요구를 할 것이란 게 기획재정부의 입장이다. 서울시 문화재과장과의 만남은 서로 상대방의 입장 차이만 확인하는 자리가 되고 만다.

"서울시에서 공문이 왔습니다. 전시관 예산이 최종적으로 서울시의회에서 삭감되었다는 통보입니다."

한 직원의 보고다.

"그래? 그럼 끝났네. 다음 단계로 우리가 쓸 수 있는 카드는 뭐가 있지?"
"별로 없습니다. 국비와 지방비 분담비율을 조정하는 것은 불가능하고."
"그럼 사업을 돌리는 방법밖에 없지."
"사업을 돌리다니요?"
"전시관을 포기하는 거야. 애당초 계획했던 전시시설은 생략하고 관리시설만 지으면 돼. 전시관은 3대 7이지만, 관리시설은 거꾸로 국비와 지방비의 분담비율이 7대 3이니까. 경비인력이 상주할 경비실과 방재설비를 제어할 방재센터를 담을 수 있는 관리동만 있으면 최소한의 필요요건은 갖추는 셈이지."
"그럼 숭례문과 관련된 자료전시는 포기하는 겁니까? 전시관을 짓겠다는 것도 숭례문 복구방침에 포함되었던 것인데. 말하자면 국민과의 약속입니다."

"서울시에서는 지금 한양도성을 유네스코 세계유산에 등재시키길 원하고 있어. 그러자면 자연히 한양도성박물관이 필요할 거고. 이번에 숭례문 전시관을 생략하는 대신, 앞으로 만들 한양도성박물관에 숭례문 자료를 전시하라고 하면 돼. 숭례문이 한양도성의 정문이니, 어찌 보면 숭례문 전시관을 별도로 짓는 것보다 그게 더 합리적일 수도 있어. 그러면 약속을 어기는 것이 아니라 좀 더 광범위한 차원에서 전시계획을 세우는 것이 되겠지. 서울시가 원하는 대로 매칭비율을 낮추어 지방비 부담을 줄여줄 수도 있으니 일거양득인 셈이지."

국장과 청장도 숭례문 전시관 대신 숭례문 관리동으로 계획을 바꾸자는 내 생각에 동의한다. 어찌되었거나 관리동만 있으면 숭례문 복구를 마치는 데에는 이상이 없고, 서울시의회에서 이미 전시관 예산을 삭감한 현실을 무시할 수 없기 때문이다. 서울시도 관리동으로 변경하자는 문화재청의 제의에 찬성한다. 대신 국비와 지방비의 분담률은 5대 5로 하기로 한다.

G20서울정상회의, 가설덧집 디자인 해프닝

숭례문 복구를 위해서는 비바람과 같은 날씨에 영향을 받지 않고 공사를 계속할 수 있는 가설물이 필요하다. 문화재를 덮어 씌우는 가설물이란 뜻으로 문화재청에서는 이를 '가설덧집'이라고 부른다. 공사를 위해서는 옛날에도 가설덧집을 지었을 것이다. 그러나 기록이 없어 그 정확한 구조와 형태는 모른다. 요즘처럼 철이나 플라스틱 같은 편리한 재료가 없어, 목재와 짚 등 한정된 재료로 가설덧집을 엉성하게 지었을 것이다. 그래서 공사를 빨리 끝내야 했다. 당시의 엉성한 가설덧집으로는 그 속에서 진행하는 건축공사를 장기간 보호할 수 없었을 것이다. 이를 옛 기록에서 확인할 수 있다. 『정조실록』에 의하면, 1776년 3월 정조는 즉위하자마자 창덕궁 주합루 건축을 명했고 그해 9월 25일 준공했다.[23] 주합루 공사는 현재의 관점에서도 엄청난 속도였다. 가설덧집이 요즘처럼 완벽하지 못해, 공사기간이 길어지면 공사중 비바람에 피해를 입기 십상이었기에 빨리 공사를 마쳐야 했다. 요즘 그만한 건물을 지으려면 최소한 2년은 걸린다.

가설덧집은 그 속에서 공사할 수 있는 작업공간을 포함하기 때문에 크기가 클 수밖에 없다. 숭례문 가설덧집의 경우, 현장사무소와 자재창고 등 공사에 필요한 공간을 포함하자 그 크기는 35미터의 폭과 41미터의 깊이에 28미터의 높이에 이른다. 조선건축의 백미라고 일컬어지는 숭례문을 대신한다는 것 말고, 가설덧집의 엄청난 볼륨만으로도 서울 도심의 분위기를 썰렁하게 만들기에 충분하다. 이 때문에 도심의 미관을 고려해 가설덧집에 디자인 개념을 도입하는 것이 최근의 경향이다.

2006년부터 실시된 광화문 복원을 위한 가설덧집 역시 이러한 목적으로 디자인 개념이 도입되었다. 광화문 복원은 잘못된 기존 건물을 철거하고 새로운 건축물을 짓는 것이었기 때문에, 철거와 복원 두 차례에 걸쳐 각각 다른 가설덧집이 세워졌다. 그때마다 문화재청에서는 도심의 미관을 고려해 가설덧집의 정면을 디자인했다. 철거용 가설덧집에는 광화문의 창건과 복원연도를 바코드로 형상화한 작품을, 복원용 가설덧집에는 민족의 염원을 담았다는 달항아리를 모자이크화한 작품을 각각 설치해 광화문 복원의 의미를 되새겼다. 그러나 숭례문의 경우, 청장은 가설덧집 디자인에 돈을 들이는 것에 반대한다. 곧 허물 임시건물에 돈을 들일 필요가 없다는 것이다.

2010년 11월 11일 개막될 예정인 'G20 서울정상회의'를 열흘 앞둔

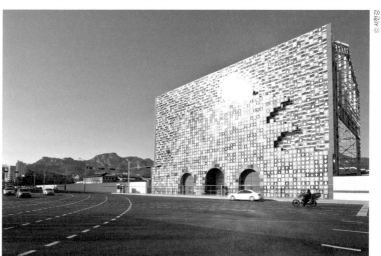

광화문 철거용 가설덧집과 복원용 가설덧집

광화문 복원은 잘못된 기존 건물을 철거하고 새로운 건축물을 짓는 것이었기 때문에, 철거와 복원 두 차례에 걸쳐 각각 다른 가설덧집이 세워졌다. 그때마다 문화재청에서는 도심의 미관을 고려해 가설덧집의 정면을 디자인했다. 철거용 가설덧집에는 광화문의 창건과 복원연도를 바코드로 형상화한 작품을, 복원용 가설덧집에는 민족의 염원을 담았다는 달항아리를 모자이크화한 작품을 각각 설치해 광화문 복원의 의미를 되새겼다.

11월 1일 'G20 서울정상회의 준비단'에서 숭례문 가설덧집 디자인을 요청해온다. 각국 정상들이 지나갈 서울 한복판에 공사판이 벌어져 보기 싫으니 환경미화를 해달라는 것이다. 앞으로 열흘 남았으니 번갯불에 콩을 볶아먹으라는 것이나 다름없다.

청장의 반대에도 불구하고, 2009년에 숭례문 복구단은 가설덧집 디자인을 심각하게 추진했다가 포기한 적이 있다. 당시 한 보석업체가 숭례문 가설덧집 디자인을 기부하겠다고 제의해왔다. 그러나 그 업체의 숨은 의도는 가설덧집을 광고판으로 이용해 자사를 광고하겠다는 것이어서 받아들일 수 없었다.

'G20 서울정상회의 준비단' 측의 요구조건을 충족시키려면 2~3일 안에 디자인을 확정해야 한다. 나의 머릿속에 문화부청사 전면에 설치되었던, 한글로 디자인된 걸개그림이 불현듯 떠오른다. 순전히 나 혼자 생각으론, 외국 사람들에게 한글의 독특한 모양을 아름답게 소개할 수 있고 디자인에 별로 시간이 걸리지 않을 것 같다. 문화부는 부처의 이미지 때문에 한두 달에 한번 꼴로 청사 전면에 새로운 디자인을 설치한다. 문화부에 알아본 결과, 작가는 S대학의 K교수다.

곧바로 다음날 숭례문 현장에서 그를 만난다. 나는 디자인을 부탁하게 된 급박한 사정을 설명하고 행사 이틀 전인 11월 9일까지는 설치가 완료되어야 한다고 일러준다. 그가 특별히 생각하는 디자인이 있느냐고 물어 나는 일전에 그가 했던 한글 디자인을 떠올린다. 그러자 그는 한글 디자인은 전번 것과 똑같이 할 수는 없으니 시간이 많이 걸릴 것 같다며 난색을 표한다. 나는 다시 숭례문과 관련된 옛 그림을 이용하는 것도 빨리 디자인하는 방법 중 하나라는 의견을 낸다. 숭례문 화재 1주기 전시회 때 만들어놓은 디지털 파일이 있어 디자인 작업이 빠를 것이라는 설명도 덧붙인다. 그가 반색한다. 용기를 얻은 나는 숭례문 화재 1주기 전시회 도록에서 〈이기룡필남지기로회도〉를 펼쳐 보이며 디자인 아이디어를 제시한다.

"이 그림 속에 숭례문과 한양도성이 표시되어 있으니 그 부분을 적당히 잘라 사용하면 좋을 것 같습니다. 그러면 가설덧집 네 면 중 한 면은 해결되었지요? 나머지 세 면 중 한 면은 숭례문과 성곽이 연결된 복구도 면을 사용하면 어떻겠습니까? 세 번째 면은 숭례문 사진 중 적당한 것을 넣어도 좋을 것 같습니다. 그리고 다 채우면 재미없으니까 나머지 한 면은 비워두는 것도 괜찮을 것 같고, 교수님이 전문가니까 제 말은 그냥 참고만 하세요."

이틀 후 오후, K교수는 내게 전화해 디자인 안을 이메일로 보냈다고 알려온다. 디자인 안은 내가 참고로 하라는 것과 별반 다른 게 없다. 다만 붉은색과 파란색이 교차하는 얇은 띠로 가설덧집의 모서리를 장식하는 것이 더해졌을 뿐이다. 붉은색은 현재를, 파란색은 미래를 상징한다는 설명이 곁들여져 있다. 설치 기한까지는 앞으로 5일 남았다. 그러나 그가 제시한 작품값이 지나치게 높아 받아들이기가 어렵다. 5,000만 원이라는 작품값에 숭례문복구단 직원들 모두 놀란다.

시간만 까먹었다. 벌써 11월 5일이다. 디자인 설치를 완료하라고 통보받은 날짜가 11월 9일이기에 이제 5일 남아 있을 뿐이다. 디자인 안이 확정된다고 했을 때, 출력하는 시간이 최소 이틀은 필요하다. 가설덧집에 손쉽게 설치하려면 그림의 바탕 재료는 천이 적당하다. 천은 출력할 수 있는 크기가 한정되기 때문에, 여러 조각으로 출력해서 재봉질로 한 조각으로 맞추어야 한다. 설치하는 것도 만만치 않다. 가설덧집의 크기 때문에 대형 크레인을 이용해야 한다. 교통이 뜸한 밤을 이용한다고 해도 적어도 다섯 시간 이상은 걸린다. 이것저것 따져보니 결국 디자인을 위해 남은 시간은 고작 이틀뿐이다.

1

2

새 가설덧집 전체 모습과 그림이 붙은 모습
가설덧집의 남쪽 면에는 〈이기룡필남지기로회도〉 중 그림 부분을 잘라 숭례문과 성곽 부분을 돋보이게 디자인했다. 이
를 위해 숭례문과 성곽 부분은 도드라지게 하고 나머지 부분은 흐리게 처리했다.

나는 내 방식대로 직접 디자인하기로 마음먹는다. 시간적으로 이 방법밖에 대안이 없다. 가설덧집의 남쪽 면에는 〈이기룡필남지기로회도〉중 그림 부분을 잘라 숭례문과 성곽 부분을 돋보이게 디자인한다. 이를 위해 숭례문과 성곽 부분은 도드라지게 하고 나머지 부분은 흐리게 처리한다. 서쪽 면에는 숭례문과 성곽이 나타난 복구 도면을 앉힌다. 도면의 선이 너무 가늘어 흐릿하기 때문에 굵게 바꾸고 '한양도성의 정문 숭례문'이란 문구를 도면 위에 넣는다. 북쪽 면은 화재 1주기 전시회에 사용했던 김대벽의 숭례문 사진 중 현판 부분만 잘라낸다. 현판은 본래 남쪽을 향해 걸려 있던 것이라는 직원들의 의견이 있으나 나는 상관하지 않는다. 네 면을 다 채우면 재미없으니까 동쪽 면은 그냥 비워두기로 한다.

비판 보도 해명하기

"과장님, 숭례문 복구에 중장비가 동원되고 있어 전통기법은 말뿐이라는 비판 보도가 있었습니다. 사실여부를 확인하시고 필요하다면 담당기자를 만나 해명하는 것이 좋을 듯합니다."

대변인실 L사무관으로부터의 전화다. 대변인실은 홍보업무를 담당하고 있어 문화재청과 관련된 보도를 모니터링하고 필요 시 해당부서로 하여금 적절한 대응을 주문하는 것이 주요 임무다. 나는 즉시 인터넷으로 지난 뉴스를 검색해 문제의 보도를 찾아 '다시보기' 버튼을 누른다. 숭례문 육축에서 남서쪽으로 연장된 석축에서 포크레인이 작업하는 배경화면과 함께 카랑카랑한 여기자의 목소리가 울려 퍼진다.[24]

보도상으로는 꼼짝없이 당한 모습이다. 나는 숭례문복구단 직원들을 불러 자초지종을 묻는다. 직원들 중 한 사람이 억울하다는 표정으로 남서쪽 석축은 원형이 아니라고 설명한다. 그 증거로『서울 남대문 수리보고서』를 보여준다. 이 책은 1960년대 숭례문 수리를 기록한 보고서인데, 당시의 수리에 대한 기록은 물론 숭례문 각 부분의 상태에 대해 자세히 기록하고 있다.

숭례문의 육축과 석축은 역사적으로 세 가지 요인에 의해 피해를 입었다. 첫째는 1899년 미국회사에 의해 도입된 전차의 진동이다. 처음에는 숭례문 홍예를 관통하여 전차선로가 부설되어 숭례문 육축에 직접적인 진동을 주었다. 교통량이 많아짐에 따라 전차 선로를 숭례문 주변으로 돌렸지만, 대형전차가 도입되어 진동이 더 심해졌다. 둘째는 1907년 8월 1일 대한제국 군대의 강제해산으로 비롯된 대한제국군과 일본군 사이의 전투다. 1905년 을사늑약으로 외교권을 일본에 박탈당한 후, 고종 44년(1907) 고종은 만국평화회의가 열린 네덜란드 헤이그에 밀사를 파견하여 세계 열강에게 국권회복을 호소하고자 했다. 이 사건이 빌미가 되어 고종은 일본에 의해 강제로 퇴위당하고 순종이 즉위했다. 이완용과 이토 히로부미는 대한제국 군대를 해산한다는 비밀각서를 교환했다. 군대해산명령이 내려지자, 여기에 반기를 든 대한제국군이 숭례문 북쪽 성벽에 의지하여 일본군과 시가전을 벌였다. 이때 일본군은 숭례문 석축 위에 기관총을 설치하고 전투에 임했다. 이로 인하여 석축은 총탄으로 인한 피해를 입었다. 이때 숭례문 좌우 성곽이 헐린 이후, 숭례문 좌우에는 성곽이 있었다는 흔적으로 약간의 석축만 남게 되었다. 셋째는 한국전쟁으로 인한 피해로 이전 두 차례보다 훨씬 치명적이었다. 각종 총탄과 포탄의 유탄이 숭례문의 문루와 육축 그리고 석축에 적중하여 표면상으로나 내부적으로 막대한 피해를 입혔다. 특히 남서쪽 석축에 거대한 포탄이 떨어져 하부 2단과 3단의 무사석을 깨뜨리고 석축 내부에 깊숙이 박혔다. 이 충격으로 뒤편인 북서쪽 석축이 밀려나는 결과를 초래했다. 특히 남서쪽 석축은 원래의 모습이 사라졌다. 이를 나중에 수리하면서 내부를 콘크리트로 완전히 채웠다.[25]

나는 대변인실 L사무관의 의견을 받아들여 숭례문 현장에서 비판 보도를 한 기자를 만난다. 카메라 기자를 대동하고 미리 도착한 기자는 마치 사냥꾼이 사냥감을 찾듯이 연신 숭례문 복구현장을 여기저기 둘러보면서 현장을 스케치하고 있다. 간단한 인사를 나누자마자 기자가 먼저 입을 연다.

'기자가 오늘 여기 나온 것은 숭례문복구단의 변명을 듣자는 게 아니다. 오히려 자기 잘못을 인정하지 않고 변명에 급급한 숭례문복구단의 행태를 취재하러 나왔다.'

잘못하면 혹 떼려다 혹 하나가 더 붙을지 모르는 상황이다. 고개를 돌리자 멀리서 방송용 카메라가 나를 향해 촬영하고 있는 모습이 보인다. 무어라 대꾸도 하기 전에 기자의 말이 이어진다.

'문화재청의 변명대로라면 기자가 엉터리 보도를 했다는 것인데, 나는 그런 기자가 아니다. 제보를 받은 후, 2중 3중으로 확인하고 보도했다. 현장에서 일하는 사람들과 인터뷰도 했다. 모두들 잘못을 인정했다. 할 말 있으면 일단 들어보겠지만, 대신 구차한 변명으로 판명되면 더 큰 창피를 당하게 될 것이다.'

카랑카랑한 기자의 목소리가 뉴스를 통해 들었을 때보다 더 날카롭다.

"보도된 남서쪽 석축의 외형은 일제강점기에 변형되었고 내부는 한국전쟁 때 포탄이 떨어지는 바람에 파손되어 1960년대에 수리하면서 콘크리트로 채웠던 곳입니다. 그래서 석축을 해체하는 과정에서 착암기로 콘크리트를 깨어내고 포크레인으로 깨어낸 콘크리트 조각들을 긁어 담았던 겁니다. 콘크리트로 변형된 부분을 제거하기 위해 착암기와 포크레인을 썼던 거예요. 그곳은 전통기법하고는 전혀 관계없는 부분입니다. 저하고 그 쪽으로 가서 현장을 확인합시다."

나의 반박에 기자도 호락호락하지 않다. 이렇게 대꾸하며 따진다.

'그러면 왜 당시 현장에서 작업했던 사람들은 잘못을 시인했을까? 기자는 어느 한쪽 말만 듣고 보도하지 않는다.'

나는 준비해온 자료를 내밀며 거듭 확인을 부탁한다.

"글쎄, 그 사람들이 왜 잘못했다고 했는지는 나중에 확인해보면 알게 되겠지요. 지금 이 자리에서 잘잘못을 가리는 것은 한계가 있습니다. 여기 제가 준비해온 자료를 기자님께 드릴 테니 나중에 찬찬히 읽어보세요. 이 자료는 1961년부터 1963년 사이에 있었던 숭례문 수리 때 작성된 보고서 중에서 관련 있는 부분만 복사한 것입니다. 제가 지금 말씀 드린 숭례문 남서쪽 석축의 상태를 이 자료가 설명하고 있으니 진실이 무엇인지 확인하는 데 도움이 될 겁니다."

기자와 설전을 벌이는 사이에 카메라 기자는 계속 기자와 나의 대화 모습을 동영상으로 찍고 있다. 기자는 일단 내가 준비해온 자료를 받아들고 다시 한 번 확인하겠다는 말을 남기고 떠난다. 사무실로 돌아온 나는 현장 근로자들이 왜 기자와 인터뷰할 때 잘못했다고 말했는지 직원들에게 묻는다. 숭례문복구단 직원 한 사람이 대답한다.

'확인한 바로는, 현장에서 일한 사람들은 시키는 대로 하는 사람들이라 전체적인 내용을 잘 모르고 있다. 그러던 차에 기자가 갑자기 마이크를 들이대고 자기를 비추는 카메라가 돌아가고 하니까 당황해서 그런 답을 한 것 같다.'

'당신 잘못했지?' 하니까, 바싹 얼어서 엉겁결에 '예!' 하고 대답하는 식이다.

한 재미건축가의 오해

숭례문 복구가 중반에 접어든 2011년 7월, 재미 건축가 C씨가 불쑥 문화재청과 청와대 그리고 여러 언론사에 편지를 보내 숭례문 복구에 자신의 자료가 무단으로 이용되고 있다고 주장한다. C는 1961년 S대학교 건축학과 4학년 학생의 신분으로 숭례문 수리에 참여한 적이 있다. 당시 숭례문은 한국전쟁으로 만신창이가 되어 곧 쓰러질 것 같은 위태로운 상태였다. 숭례문 수리현장은 C에게는 전통건축을 배울 수 있는 좋은 실습장이었다. 해체한 부재를 스케치북에 그리고 목수들이 일하는 과정을 꼼꼼하게 노트에 옮겨 적었다. 임천 감독관은 C를 기특하게 여겨 하나라도 더 가르쳐주려고 애썼다. 일에 바쁜 목수들도 귀찮아하지 않고 C가 묻는 말에 자세히 대답해주었다. 숭례문을 통해 전통건축의 정수를 맛본 C는 대학 졸업 후 미국 유학길에 올랐고, 지금은 미국에서 건축가로 활동을 마치고 은퇴한 상태다.

숭례문 화재 직후 C는 미국에서 현지 한국 언론에 자신의 경력을 소개면서 자신이 1960년대 숭례문이 수리되던 당시의 도면과 기록을 가지고 있다고 밝혔다. 또한 그는 한국 대통령에게 같은 내용의 편지를 썼다. 숭례문 화재로 온 나라가 들끓고 있던 때라 자신에 대한 C의 홍보는 효과를 발휘했다. 곧바로 각종 방송과 신문에 C가 소개되었고, 대통령에게 보낸 편지는 문화재청으로 전달되었다. 이에 문화재청장은 1961년 숭례문 수리를 참관했던 C의 경력을 고려해서 그를 숭례문복구 자문단 고증분과위원으로 위촉했다. C가 이번에 보낸 편지의 내용이다.

현재 진행 중인 숭례문 복구는 문화재청과 KBS가 공모하여 저의 숭례문 자료를 제 허락 없이 무단으로 사용하여 이루어지고 있으니 이를 바로잡아주시기 바랍니다.

2008년 10월 저는 문화재청의 요청으로 한국을 방문하여 제가 46년 동안 소중히 보관하였던 숭례문 자료를 한국에 소개만 하고 미국으로 다시 가져온 적이 있습니다. 저는 당시 서울에 체류 중 문화재청의 알선으로 2008년 10월 14일 KBS TV 9시 뉴스에 출연하게 되었습니다. S아나운서와 숭례문에 관한 대화로 생방송을 하였습니다. 방송실에 들어가기 전에 숭례문 실측도가 든 가방을 방송실 안으로 가져갈 수 없다는 보안원의 요구에 따라 가방을 보안원에게 맡겨두고 방송을 마쳤습니다. 방송을 마치고 가방을 확인한 결과 가방 안의 자료가 흐트러져 있음을 발견하고 누군가 제 자료를 복사했을 거라고 추측하게 되었습니다. 이 자료는 1961년 제가 숭례문 수리에 참여하였을 당시 목수와 감독관의 협조를 받아 손수 기록한 도면과 자료들입니다.

한국에서 어머님이 20년 동안 보관하시고 제가 26년 동안 미국에서 보관해온 자료를 제 허락 없이 복사해간 사실을 지금까지 믿을 수 없습니다. 문화재청은 소실된 목조구조물에 관한 세상에서 유일한 제 기록이 지금 숭례문 복구에 사용되고 있다는 사실을 세상에 숨기고 있습니다. 50년 동안 귀중하게 소장해온 자료를 소유자인 저의 허락도 없이 말입니다. 대한민국 국보 제1호인 숭례문 복구공사가 문화재청과 KBS가 공모하여 부당하게 훔친 자료로 이루어진대서야 말이 되겠습니까? 이런 일이 다시는 일어나지 않도록 정정당당하게 밝혀주시기를 요청합니다.

숭례문복구 고증분과 자문위원 C.

C의 어처구니없는 오해는 1960년대 그가 생활했던 한국에서의 경험에서 비롯되었을 법하다. 오래전에 한국을 떠난 해외교포들이 그런 성향을 보인다고 한다. 그렇지 않고서야 어떻게 국가기관과 공공방송사가 공모해서 자신의 자료를 훔쳤다고 추측할 수 있을까. C가 한국을 떠난 1960년대는 법이나 원칙보다는 주먹이나 반칙이 성행했던 시절이었으니, 한국에서 당시 겪었던 C의 개인적인 경험이 이런 오해의 출발점이었을 것이다.

숭례문 공사가 지지부진하자, 1962년 2월 22일 오후 3시 문교부차관실에서 대책회의를 가진 후 작성한 회의록이 있다. 당시 대책회의에는 문교부차관을 비롯해 모두 17명이 참석했다. 주요 참석인사를 살펴보면, 국립박물관장, 건축가 김중업, 문교부 기획조정관, 문교부 문예국장, 문교부 사회교육국장, 문화재관리국장, 문화재관리국 문화재과장, 서울시 교육국장, 서울시 문화과장, 서울시 남대문중수소장 등이다. 이 기록에서 당시 국립박물관장이었던 김재원의 증언에 의하면, 조원재 목수가 임천 감독관의 지시를 무시하고 청부업자를 동원해 숭례문을 마구 해체하는 바람에 현황 실측도 제대로 할 수 없었다. 조원재 목수는 숭례문 말고도 그 이전에 이루어진 강진 무위사 극락전과 서울 사직단 수리 때에도 감독관의 지시를 무시하고 함부로 건축물을 해체해서 문제를 일으킨 적이 있다고 김재원 관장이 증언하고 있다. 김재원 관장은 업자가 하청을 주려고 임천 감독관을 테러했다고 증언하고 있다. 임천 감독관은 그 후 열흘 이상 현장에 출근하지 못했다.[26]

아마 조원재 목수는 문화재에 대한 개념은 없었던 것 같다. 그는 그

215

저 옛 건물은 고치면 그만이라는 생각을 가졌던 것으로 추측된다. 그러니 건물을 해체하면서 일일이 실측하고 기록해야 한다는 입장을 견지한 임천 감독관이 눈엣가시 같은 성가신 존재로 비쳤을 것이다. 회의록에는 없지만 원로들의 증언에 의하면, 임천 선생은 업자 중의 누군가로부터 남대문 지하도에서 테러를 당했다.

당시 한국의 상황이 이러했으니 C가 아직도 한국사회가 그럴 것이라고 생각할 수도 있다. 이러한 점을 고려하여 숭례문복구단에서 C에게 답신을 보낸다.

위원님께서 질의하여주신 숭례문 실측도와 관련하여 다음과 같이 답변 드립니다.

1. 문화재청에서는 한국방송공사와 공모하여 위원님께서 소장하신 숭례문 실측도 등의 자료를 무단 복사한 사실이 없습니다.
2. 위원님 소장자료에 대한 언론보도자료는 위원님께서 한국을 방문하셨던 2008년 10월 13일 위원님의 동의 하에 배포되었던 것입니다. 이는 문화재청 홈페이지에서 확인하실 수 있습니다.

문화재청에서 현재 숭례문 복구에 사용하고 있는 도면은 1966년에 발간된 숭례문 해체수리보고서와 2005년 발간된 숭례문 정밀실측조사보고서 등에 수록된 도면입니다.

위원님께서는 위원님 소장 실측자료 없이는 완전한 복구가 불가능하다고 하셨으나, 이는 사실과 다릅니다. 숭례문은 2008년 방화로 인하여 상층 문루는 상당한 피해를 입었습니다. 그러나 하층 문루는 거의 피해를 입지 않아 1960년대 수리 때의 모습대로 남아 있어, 이를 해체하여 실측한 결과 완벽한 복구도면을 작성할 수 있었습니다. 또한 다행스럽게도 큰 피해를 입은 상층 부분도 중요 결구부는 많은 부분이 그대로 남아 있어 원래의 결구 상태를 확인할 수 있었습니다. 이와 더불어 1961년 당시 숭례문 수리에 직접 참여하셨던 J목수께서 소장하고 계시던 해체실측도면 26매를 기증하여주서서 복구에 더욱 완벽을 기할 수 있게 되었습니다. 문화재청에서는 위원님께서 소장하고 계신 자료 역시 나름대로 의미 있는 자료일 것으로 기대하고 있습니다. 그러나 위원님의 거부로 위원님의 자료를 상세히 검토할 수 없어 그 가치를 판단할 수 없었습니다. 아무쪼록 위원님의 자료를 검토할 수 있는 기회를 주신다면 그에 대한 적절한 보상과 조치를 할 예정이니 협조하여주시기 바랍니다.

문화재청 숭례문복구단

이러한 도중에 C의 주장이 한 신문에 실린다.

숭례문 상세도면 없이 복구공사

문화재청이 지난 2008년 국보 제1호 숭례문을 복원하는 데 결정적 단서가 될 자료를 확인하고서도 3년이 지난 최근에야 뒤늦게 자료 확보에 나선 것으로 밝혀져 논란이 예상된다.

재미건축가 C씨는 2일 "1960년대 숭례문 해체 보수 공사 당시의 실측 기록을 자세히 담은 자료를 들고 2008년 한국을 찾았으나 당시 자료를 열람한 문화재청이 사진 4~5장만 찍고 '다시 연락 드리겠다'고 해 미국으로 그냥 돌아갔다"고 했다. 3년 만에 다시 한국을 찾은 C씨는 "4일 문화재청에 자료를 기증하겠다"고 밝혔다.

숭례문은 1961년부터 2년간 해체 보수했으나, 이때 만들어진 해체 실측도면은 어느 곳에도 보관되어 있지 않다. 문화재청이 내부 '해부 도면'조

차 확보하지 못한 상태에서 대대적 수술에 들어간 셈이다.[27]

숭례문복구단은 더 이상의 말썽을 차단하기 위해 C를 설득해 그의 도면과 기록을 확보하기로 한다. 자료가 쓸모 있느냐 없느냐 하는 것은 나중 문제이고, 그 자료를 확보하지 않으면 필요한 자료를 확보하지 않았다는 시비에 시달리게 된다. C는 계속해서 자신의 자료 없이는 제대로 된 복구가 불가능하다고 주장할 것이다. 결국, 숭례문복구단은 C의 자료를 복사하는 대가를 지불하되 대외적으로는 기증받는 형식을 취하기로 C와 합의한다. 그 후, 숭례문복구단에서 학술자료를 담당한 직원이 C의 자료를 검토한 결과를 보고한다.

'C씨의 자료는 건축부재 실측기록 및 공사기록이 대학노트 40쪽, 임천 선생과 양철수 선생 그리고 조원재 목수가 나눈 대화록 47쪽, 숭례문 상량문 사진과 묵서 사본으로 나눌 수 있다. 이중 상량문 사진과 묵서 사본은 이미 알려진 것이다. 조원재 목수와 임천 감독관 그리고 양철수 선생 사이의 대화록은 공사와는 별 관계가 없지만 당시 전문가들의 의견을 엿볼 수 있어 어느 정도 가치를 인정할 수 있을 것 같다. 그러나 깊이 있는 내용은 없고 그저 옆에서 들은 내용을 학생이 간단하게 메모한 수준이다. 건축부재 실측기록은 간단하게 손으로 그린 그림으로 J목수가 기증한 정식도면이 이미 있기 때문에 큰 의미가 없다. 대체적으로 보면 현재 진행중인 숭례문 복구에 필수적인 사항은 찾아볼 수 없고 단순 참고사항 정도라고 평가할 수 있다.'

숭례문의 전통기와

●

전통기와 되살리기의 출발점으로 삼다

전통기와에 관한 우려들

'전통기와 사용하는 거 신중하게 생각해야 한다. 전통기와 좋아하다가 잘못하면 큰 코 다친다. 제와장이 전통기와를 만든다고는 하는데, 모양만 그럴 듯하지 성능이 못 따라줄지 모른다. 문화재관리국 시절인 1980년대에 문화재관리국에서 제와장이 만든 기와 샀다가 혼난 적이 있다. 전통기와 만든다고 해서 일부러 구입해서 사용했는데, 공사가 끝난 후 겨울이 지나고 봄이 되니까 기와가 전부 갈라지고 말았다. 동파가 난 것이다. 당시 문화재관리국 담당자들은 예산 들여 산 걸 버리지도 못하고, 누가 무어라 할까봐 쉬쉬하면서 그거 처리하느라 몇 년 동안 마음 고생했다. 서오릉 여기저기에 잔뜩 쌓아놓고 사용도 못했다. 그래서 결국은 전통기와를 포기하고 공장에서 생산된 현대기와를 사용하게 되었다. 집 아무리 잘 짓고 고쳐 놓으면 무슨 소용이 있나? 기와가 잘못되어 지붕에서 비가 새면 그 밑에 있는 목재가 다 썩어버리는데.'

숭례문 복구에 현대기와 대신 전통기와를 사용하겠다는 내 생각에 문화재청 출신 숭례문복구자문단 한 위원이 주의를 환기시킨다. 그의 걱정이 계속된다.

'문화재에 전통기와 올린다면 다들 박수 칠 것이다. 정답은 그게 정답이니까. 나중에 기와가 갈라져서 건물에 비가 줄줄 새면 그 박수 소리가 계속 들릴까? 박수 대신 비난하고 힐난하는 소리가 텔레비전 9시 뉴스에서 메아리치고 신문 1면의 머리기사를 장식할 것이다. 공무원은 안전하게 가야 한다. 특히 문화재를 다루는 공무원은 신중에 신중을 더해야 한다. 잘 하면 당연한 것이고 잘못되면 책임져야 하는 게 공무원 사회다. 그리고 더 중요한 것은 책임은 과장 혼자 지는 것이 아니다. 과장이야 자기 좋아서 한 일이니 그렇다손 치더라도 같이 일한 직원들은 어떻게 되나? 아무튼 동파에 관한 것이 검증이 되지 않는 한 전통기와 사용은 자제해야 한다. 화재 나기 전에 숭례문 지붕에 전통기와 한 장이라도 있었나? 전부 현대기와였다. 1980년대 중반 이후, 문화재청에서는 동파 날까봐 겁이 나서 아예 전통기와를 사용하지 않았다.'

국장도 비슷한 걱정을 한다. 자신의 경험에 비추어볼 때 걱정이 된다는 소리다. 틀린 말은 아니다. 기와가 탈나서 지붕에서 비가 새는 날이면 숭례문 복구는 치명상을 입게 될 것이다. 그렇다고 속 편하게 현대기와를 사용하는 것은 전통기와를 되살릴 수 있는 모처럼의 기회를 놓치는 꼴이 된다.

1980년대까지 겨우 명맥을 유지하던 전통기와는 1980년대 이후 기와에 'KS'로 표시되는 한국공업규격이 적용되면서 완전히 자취를 감추고 말았다. 전통기와로는 KS에서 규정한 기와의 규격을 도저히 충족시킬 수 없었다. 그것은 기와에 대한 KS규정이 전통기와의 물성과 동떨어진 것이었기 때문이다. 1991년부터 2010년까지 경복궁을 복원한다고 일제강점기에 없어진 건물을 다시 짓고 낡은 전각을 수리했지만, 전통기와와는 질감과 색감이 전혀 다른 현대기와가 궁궐을 온통 뒤덮어 오히려 고궁의 옛 정취를 잃어버리고 말았다. '기와집'이란 말에서 알 수 있듯이 전통건축의 외관에서 기와가 차지하는 비중은 가히 절대적이다.

전통기와를 사용하기 위해서는 우선 전통기와에 대해 부정적인 시각을 가지고 있는 주변 사람들부터 설득해야 한다. 지붕을 전통기와로 입히겠다고 제와장까지 뽑아놓은 마당에, 이제 와서 동파 때문에 전통기와를 포기한다고 물러설 수는 없다. 옛날에는 동파되는 기와를 어떻게 사용했느냐고 따지면 할 말이 없을 것이다. 나는 전통기와의 동파 문제를 반드시 확인한 후 사용하겠다고 국장을 안심시킨다.

그러나 사실은 나 자신도 전통기와를 사용해야 된다는 당위감만 가지고 있을 뿐 기와에 대해 깊은 지식이 없다. 다만 하나, 옛날에 사용한 걸 지금은 못 쓴다는 것은 말이 안 된다는 논리적인 신념이 나를 이 길로 이끌고 있다. 전통기와나 현대기와 모두 만드는 것을 본 적도 없다. 다만 전통기와에는 현대기와가 가지지 못한 독특한 질감과 색감이 있다는 것을 나는 지금까지 문화재를 다루어온 경험에서 체득하고 있다. 분명 그것은 포기할 수 없는 전통건축의 미학이다. 그럼 전통기와의 동파 문제는? 만약 사람들의 염려대로 전통기와가 그토록 동파에 취약한 근본적인 문제를 안고 있다면, 기와집이 애당초 성립될 수 없었을 것이다. 기와집은 천 년 이상 한반도에서 지어지고 사용된 살아 있는 전설이다. 백문百聞이 불여일견不如一見이다. 전통기와와 현대기와의 차이점을 정확히 이해하려면 기와제작 현장을 견학해야 한다.

전통기와와 현대기와 현장 견학

숭례문복구단 직원들과 함께 나는 전남 장흥에 있는 H제와장의 작업장을 찾는다. 산기슭 작은 마을을 지나 자동차 한 대가 덜컹거리며 겨우 지나는 구불거리는 산길 끝에 작업장이 나타난다. 꾸불꾸불한 가는 나무기둥이 녹슨 함석지붕을 받치고 있는 작업장은 국가에서 지정한 중요무형문화재 제와장의 작업장이라고 하기에는 민망하다. H제와장과 그의 제자 D가 우리 일행을 맞는다. 80대 중반의 H제와장은 호피무늬 뿔테안경 너머로 보이는 눈매가 선해 보인다. 심한 남도 사투리에는 자신감과 진지함 그리고 노 장인의 노련함이 배어 있다. 30대 후반의 D는 한국전통문화대학교를 졸업한 후 기와에 꽂혀 15년 넘게 제와장 밑에서 기와 만드는 법을 전수받고 있다.

기와 작업장을 그들은 '기와막'이라 한다. H의 기와막에는 보잘것없어 보이는 기와제작용 도구 몇 점과 찌그러진 양은주전자, 빈 플라스틱 음료수병 몇 개가 전부다. 기와제작용 도구라야 기와 모양을 만드는 '와통'瓦桶, 와통을 돌리는 물레, 흙을 손질하는 쇠스랑, 흙을 두드리는 판자, 흙을 가르는 철사 등이 고작이어서 뭐 하나 반듯해 보이는 것이 없다. 제법 널찍한 기와막 앞마당에는 기와 빚는 흙이 여기저기 수북하게 쌓여 있고, 따로 한쪽에서는 성형이 완료된 기와가 비닐로 반쯤 덮인 채 건조되고 있다.

H제와장과 제자 D가 시범을 곁들여 설명하는 기와 만드는 과정은 복잡하고 힘들어 보인다. 보기에도 인내를 요하는 고된 작업의 연속이다. 기와작업은 흙을 손질하고 준비하는 단계, 준비된 흙으로 기와의 모양을 만드는 단계, 마지막으로 기와를 가마에 넣고 굽는 단계로 구분할 수 있다.

기와의 재료가 되는 흙을 '태토'胎土라고 하는데, 보통 논에서 채취하는 점토를 사용한다. 흙은 논의 표면을 한 자, 즉 30센티미터 정도의 깊이로 파낸 다음 그 밑에서 채취한다. 표면 흙은 거름이나 이물질이 많이 포함되어 있어 부적합하다. 흙을 채취하는 시기는 추수가 끝난 후부터 입춘을 지나 춘분까지 계속된다. 태토는 약간의 모래가 섞인 것이라야 한다. 모래는 흙에 탄성을 준다. 높은 온도로 구워질 때 모래에 함유된 석영이 녹아서 유리질로 기와에 함유된다.

채취한 흙은 돌과 나무토막 같은 불순물을 걸러내고 반죽하여 기와 만들기에 적합하게 손질한다. 이를 위해 제와장은 '구와질', '벼늘작업', '다무락작업'이라 불리는 흙작업 단계를 차례로 거친다. 구와질은 맨 처음 흙을 손질하는 작업이다. 흙을 부수고 이기면서 불순물을 가려낸다. 이를 위해 쇠스랑으로 큰 돌을 골라내면서 발로 흙을 밟아 이긴다. 이때 작업을 쉽게 하기 위해 흙에 물을 뿌려가며 하는데, 이 작업을 세 번 정도 반복한다.

벼늘작업은 흙을 본격적으로 숙성시키는 과정이다. '벼늘'은 나무나 풀 또는 짚 따위를 쌓은 더미를 가리키는 말이다. 벼늘작업은 흙을 손질하여 벼늘, 즉 짚더미 모양으로 쌓는 과정이다. 이 과정에서 작업자는 구와질한 흙을 조금씩 옮겨 동그랗게 차곡차곡 겹겹이 쌓고 맨발로 밟아 다지면서 다시 한 번 돌과 같은 불순물을 골라낸다. 또한 철사를 이용해 쌓아놓은 흙을 켜켜이 훑어 걸리는 돌을 가려낸다. 벼늘작업을 마치면 흙은 마치 추수가 끝난 논에 정리된 짚더미 모양으로 쌓이게 된다. 이 작업 역시 세 번 정도 반복하는데, 이 과정에서 태토는 충분히 숙성되어 탄력을 갖게 된다.

흙작업의 마지막은 다무락작업이다. '다무락'은 담장의 방언이다. 다무락작업은 기와를 만드는 형틀인 와통 바깥에 붙이는 흙판을 만들기 위한 사전작업이다. 기와는 와통에 흙판을 붙여 만든다. 다무락작업은 벼늘작업으로 숙성된 흙을 담장 모양으로 쌓아올리는 것이다. 이때 쌓아올리는 담장의 너비와 길이는 각각 와통의 높이와 바깥 원주에 해당한다. 이렇게 하는 것은 다무락으로부터 기와 두께만큼 한 켜씩 걷어내 와통에 붙이는 흙판을 만들기 위해서다.

기와의 재료가 되는 흙이 준비되면 기와의 모양을 만드는 단계로 옮아간다. 기와는 와통에 다무락작업으로 미리 준비한 흙판을 붙여 만든다. 기와는 건물의 모양을 내기 위한 장식기와를 제외하면 암키와와 수

기와를 만들기 위한 흙작업

구와질은 맨 처음 흙을 손질하는 작업이다. 흙을 부수고 이기면서 불순물을 가려낸다. 벼늘작업은 흙을 본격적으로 숙성시키는 과정이다. 흙을 손질하여 벼늘, 즉 짚더미 모양으로 쌓는다. 다무락작업은 흙작업의 마지막으로, 벼늘작업으로 숙성된 흙을 담장 모양으로 쌓아올린다.

1. 구와질 2. 벼늘작업 3. 다무락작업 ⓒ김창대

키와로 이루어진다. 암키와는 폭이 넓고 오목한 면이 위로 향하고, 수키와는 좁고 볼록한 면이 위로 향하게 놓인다. 암키와는 아래 기와의 윗부분이 위 기와의 아랫부분에 덮이도록 아래 위를 겹친다. 이 때문에 기와는 밑에서 위로 인다. 그래야 빗물이 지붕 위에서 아래로 흘러내릴 때 기와 사이로 침투하지 않는다. 수키와는 암키와를 다 인 다음 좌우 암키와 사이에 수직으로 생기는 빈틈을 덮어 빗물이 지붕으로 스며들지 못하게 한다. 수키와 역시 암키와처럼 아래에서 위로 인다.

암키와는 가로보다 세로가 조금 더 길고 가로 방향으로 오목하다. 이에 비해 수키와는 암키와와 비슷한 세로의 길이에 가로 방향으로 짧은 볼록한 형태를 가진다. 기와의 모양을 만드는 기본은 둥근 와통의 바깥 둘레에 흙판을 붙인 다음 속에 들어 있는 와통을 들어올려 둥글게 모양을 잡은 흙판만 남기는 것이다. 암키와용 와통은 아래보다 위가 약간 넓은 원통형이다. 그래야 와통의 바깥에 흙판이 붙어 있는 상태에서 와통을 들어올려 흙판으로부터 분리하기 쉽다. 와통에 흙판을 붙일 때에는 먼저 '통보'라 부르는 삼베나 마麻로 만든 천을 와통에 씌운다. 이 또한 나중에 와통에 밀착되어 둥글게 형성된 흙판(이를 '통기와'라 한다)으로부터 와통을 쉽게 분리하기 위해서다. 다무락작업을 통해 만들어놓은 담장모양의 흙더미 양 옆에 일정한 간격으로 눈금을 매긴 자를 세우고 철사로 한 눈금씩 걷어내 흙판을 만든다. 이때 다무락의 너비는 와통의 길이가 되고, 다무락의 길이는 와통의 바깥 원주가 되며, 자의 한 눈금은 기와의 두께가 된다.

흙판을 와통에 붙인 후에는 '바대'라 불리는 나무판으로 두들겨 흙판이 와통에 잘 붙도록 한다. 바대에는 와통에 붙은 흙이 묻어나지 않도록 홈을 새기는데, 이것이 나중에 기와의 표면에 독특한 문양으로 남게 된다. 이를 가리켜 기와의 등에 있는 문양이라 하여 흔히 '등문양'이라 한다. 등문양은 기와의 볼록 면에만 생기기 때문에, 오목한 면이 위

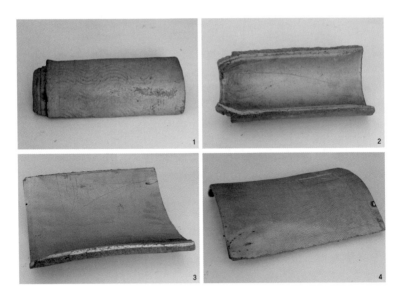

수키와와 암키와

암키와는 폭이 넓고 오목한 면이 위로 향하고, 수키와는 좁고 볼록한 면이 위로 향하게 놓인다. 암키와는 아래 기와의
윗부분이 위 기와의 아랫부분에 덮이도록 아래 위를 겹친다. 암키와는 가로보다 세로가 조금 더 길고 가로방향으로 오
목하다. 이에 비해 수키와는 암키와와 비슷한 세로의 길이에 가로방향으로 짧은 볼록한 형태를 가진다.

1. 수키와의 노출되는 면   2. 수키와의 숨겨지는 면   3. 암키와의 노출되는 면   4. 암키와의 숨겨지는 면   ⓒ김창대

로 향하는 암키와의 등문양은 아래쪽으로 감추어진다. 볼록한 면이 위
로 향하는 수키와의 등문양만 지붕 표면에 노출된다. 그 대신 오목한
면이 위로 노출되는 암키와의 오목면에는 통보에 의한 흔적이 나타난
다. 통보에 의한 흔적은 주로 천을 연결한 재봉선이나 통보가 부분적으
로 접힌 흔적 등으로 등문양만큼 선명하지는 못하다. 그러나 전통기와
에 나타나는 통보에 의한 흔적 역시 현대기와의 매끈한 표면과는 전혀
다른 독특한 질감을 가진다. 등문양은 전통기와의 제조과정에서 저절
로 만들어진 '의도되지 않은' 문양이다. 그러므로 현대기와는 등문양이
없다. 2005년, 등문양이 없어 매끈한 현대기와가 눈에 거슬린다는 지
적이 있자, 문화재청에서는 '의도적으로' 등문양을 넣도록 기와제작 지
침을 마련한 적이 있다. 그래서 요즘 공장기와에는 전통기와처럼 등문

양이 있는 것도 있다. 그러나 이 의도된 현대기와의 등문양은 눈속임에 불과하다.

흙판을 와통에 붙여 둥글게 기와의 모양을 만든 다음에는 둥글게 모양을 잡은 흙판(이렇게 와통에 붙은 상태의 기와를 '통기와'라 한다)을 와통으로부터 분리해야 한다. 이때 제와장은 '기와밭'이라고 부르는 기와 건조장으로 자리를 옮겨 흙판이 바깥에 붙어 있는 상태에서 속에 있는 와통을 들어올려 통기와를 남긴다. 와통에는 미리 세로로 '눈태'라 부르는 칼집을 넣어놓아 나중에 와통으로부터 분리한 통기와를 쉽게 4등분할 수 있도록 한다. 따라서 한 와통에서 네 장씩 암키와를 생산한다. 와통으로부터 통기와를 분리한 다음, 미리 넣어둔 눈태를 따라 형성된 음각선의 상부 2분의 1만 대나무 칼로 깊은 홈을 낸다. 동시에 통기와의 하단부는 짚으로 덮어 마르지 않도록 한다. 요즘은 짚 대신 비닐을 주로 사용한다. 상단부가 마른 다음, 통기와를 뒤집어 나머지 음각선에 대칼로 깊은 홈을 낸다. 이어서 짚이나 비닐로 덮여 미처 마르지 않은 하단부(통기와를 뒤집었기 때문에 위쪽으로 그 위치가 바뀌어 있다)의 안쪽에 '남생이'라 부르는 작은 나무판을 대고 그 바깥으로 '건장채'라 하는 나무판으로 두드려 말단부를 얇게 만든다. 이것을 '건장치기'라고 한다. 나중에 기와를 일 때 겹쳐지는 부분이 서로 잘 밀착되도록 하기 위한 제와장의 배려다.

통기와의 나머지 반에 대한 건조가 완료되면, 미리 넣어둔 칼집으로 인해 약간의 충격으로 기와는 4등분된다. 이렇게 모양을 갖춘 기와를, 굽기 전의 기와라는 의미로 '날기와'라 부른다. 수키와의 제작방법도 암키와와 대동소이하나, 통기와를 이등분하여 하나의 와통에서 두 장씩 수키와를 생산한다는 점이 다르다. 또한 수키와의 한쪽 말단부에는 '언강'이라 부르는 모양을 별도로 만들어 아래 위의 수키와끼리 서로 꼭 맞게 겹쳐질 수 있도록 한다.

기와 만들기의 흙판 붙이기

기와의 모양은 둥근 와통의 바깥 둘레에 흙판을 붙인 다음 속에 들어 있는 와통을 들어올려 둥글게 모양을 잡은 흙판만 남겨 만든다. 흙판을 와통에 붙인 후에는 바대라 불리는 나무판으로 두들겨 흙판이 와통에 잘 붙도록 한다. 바대에는 와통에 붙은 흙이 묻어나지 않도록 홈을 새기는데, 이것이 나중에 기와의 표면에 독특한 문양으로 남게 된다. 이를 가리켜 '등문양'이라 한다. 1. 수키와 와통에 흙판 붙이는 작업 ⓒ김창대 2. 바대로 암키와 와통에 흙판 붙이기(등문양 생성) ⓒ김창대 3. 암키와 등문양 ⓒ최종덕

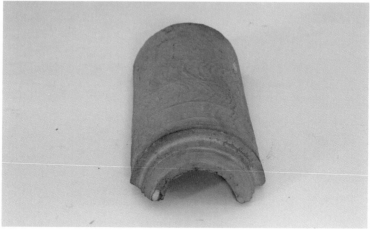

기와 모양 만들기

통기와를 건장채로 두드려 말단부를 얇게 만드는 것을 건장치기라고 한다. 기와의 건조가 완료되면 미리 넣어둔 칼집으로 인해 기와는 4등분된다. 수키와의 한쪽 말단부에는 '언강'이라 부르는 모양을 별도로 만들어 아래 위의 수키와끼리 서로 꼭 맞게 겹쳐질 수 있도록 한다. 1. 건장치기ⓒ김창대   2. 기와 건조 ⓒ최종덕   3. 수키와 언강 ⓒ김창대

기와의 모양이 완성되면 가마에 넣고 굽는 마지막 작업이 기다린다. 복잡한 여러 단계를 거쳐 기와를 만들었지만, 잘 굽지 못하면 그때까지의 모든 노력이 물거품이 되고 만다. 기와를 굽는 작업은 기와를 가마 속에 재는 작업과 불을 때는 작업으로 나눌 수 있다. 기와를 굽기 위해서는 먼저 가마 속에 기와를 차곡차곡 재야 한다. 기와 만드는 사람들은 기와가마를 '기와굴'이라고 부른다. 기와를 잘 재야 열기가 골고루 전달되어 좋은 기와를 생산할 수 있다. 기와 재는 작업이 끝나면, 기와를 재기 위해 만들었던 '굴문'을 막고 기와가 잘 구워지기를 기원하는 제사를 지낸다. 이를 '굴제사'라 한다. 굴제사가 끝나면 바로 불작업을 시작한다.

불작업은 제와장의 오랜 경험에 의해 불의 상태와 기와가 달구어지는 정도에 따라, '피움불', '초불', '중불', '상불', '센불', '막음불'로 구분한다. 피움불은 처음 피우는 불이란 뜻으로 아궁이 앞에서 불을 지핀다. 보통 저녁식사 무렵에 피움불을 시작한다. 피움불의 목적은 가마 속의 습기를 말리고 온도를 높여 가마가 불을 빨아들일 준비를 시키는 것이다. 처음부터 아궁이 속에서 불을 때면 가마는 불을 받아들이지 못하고 뱉어낸다. 피움불을 두 시간 정도 지속하면, 가마 속의 습기가 제거되어 가마가 불을 받아들일 준비가 된다. 이때부터 비로소 본격적으로 불을 땔 수 있다.

아궁이 속으로 불을 넣어 본격적으로 불을 때면서 초불이 시작된다. 초불을 때면 기와가 전체적으로 검게 변한다.

중불이 시작될 즈음은 가마굴 안의 고래(불길이 통하도록 낸 고랑)가 붉게 변하고 기와의 색깔은 잿빛과 동시에 약간 붉은 색을 띠게 된다. 이때 땔감을 자주 넣어 불을 세게 한다.

상불의 시작은 굴뚝을 통하여 불꽃이 나오고 기와의 색깔이 붉게 변하며 가마의 천장 역시 붉은 색으로 변하는 것으로 알 수 있다. 이때 굴뚝을 반 정도 막으면서 '좀구멍'이라 부르는 작은 구멍을 마련한다. 좀구멍은 나중에 굴뚝을 완전히 막았을 때 가마 안을 관찰할 수 있도록 하기 위한 것이다. 상불을 땔 때에는 나무를 자주 넣어 강한 불을 유지한다.

센불 때에는 가마 안이 모두 빨갛게 달아오르며 굴뚝으로 연기가 휘돌아 나온다. 이때 기와굴 안을 관찰할 수 있는 좀구멍과 불을 때는 아궁이를 제외하고 굴뚝을 포함한 모든 구멍을 틀어막는다.

통나무를 넣어 화력을 최고조로 올려 좀구멍으로 볼 때 불빛이 은빛으로 이글거리면 막음불로 전환한다. 막음불에 이르러서는 연소실이 다 메워지도록 통나무를 가득 넣고 아궁이까지 모두 진흙으로 막는다. 이렇게 구멍을 막는 것을 '봉창 막는다'고 한다. 그러나 아직 내부를 관찰하기 위한 좀구멍 한 개가 남아 있다. 막음불 때에는 구멍을 모두 막기 때문에 센불 때에 비해 화력이 떨어진다.

봉창을 막은 후 30분 정도 지나면, 좀구멍을 통해 나오는 연기의 색깔이 검은색에서 회색 그리고 흰색으로 변한다. 연기가 어느 정도 빠진 것으로 판단되면, 마지막으로 남겨두었던 좀구멍까지 틀어막는다. 이때 좀구멍을 너무 일찍 막으면, 기와가 검은 덩어리로 변하거나 과열로 가마가 폭발한다. 반대로 안전하게 한다고 너무 천천히 막으면, 기와의 품질이 나빠진다. 막음불 상태에서 굴 안에 산소공급이 차단되어 불완전 연소가 일어나게 된다. 이때 발생된 탄소가 기와의 표면에 스며들어 탄소막을 형성하게 된다. 이를 가리켜 '연煙을 먹인다'고 한다. 탄소막은 발수성이 강해 기와 표면에 물이 닿으면 마치 토란잎처럼 물을 머금지 않고 밀어내는 작용을 한다.

좀구멍을 막은 후, 가마에서 가스가 새는 것을 방지하기 위해 물에 진흙을 개어 가마 위에 뿌리는데, 이를 '굴단속'이라 한다. 굴단속은 봉창을 막은 후 기와굴 문을 개봉할 때까지 사흘 동안 계속한다. 굴단속

막음불 직전 센불 때의 가마
센불 때에는 가마 안이 모두 빨갛게 달아오르며 굴뚝으로 연기가 휘돌아 나온다. 좀구멍과 아궁이를 제외하고 모든 구멍을 틀어막는다.

을 소홀히 하면 기와의 품질이 나빠진다. 완전히 봉창을 막은 후 사흘 정도 지난 새벽에 굴문을 튼다. 새벽을 택하는 이유는 아궁이 안에 남아 있는 불씨를 잘 보기 위함이다. 불씨가 남아 있다가 다시 불이 붙으면, 다 구워놓은 기와가 흰색으로 변해 못 쓰게 된다. 아궁이 안에는 물을 충분히 뿌려 남아 있는 불씨를 완전히 없앤다. 가마가 완전히 식으면 기와를 꺼낸다. 잘 구워진 기와는 검은 은회색을 띤다.

기와 제작과정을 견학하고 H제와장과 그의 제자로부터 설명을 들은 나는 H옹이 현대기와를 어떻게 생각하는지 궁금해 질문한다.

"선생님, 전통기와 만드는 과정이 이처럼 복잡하고 힘든 일인 것을 오늘에야 비로소 알게 되었습니다. 이렇게 힘들게 만들어도 문화재청에서는 선생님 기와를 사용하지 않고 공장기와만 사용하는데, 어떻게 생각하세요? 섭섭하실 것도 같은데."

"기계개와가 번들번들하니께, 때깔이 좋고 딱딱 맞아 이기 쉬우니 다 기계와를 쓰지만, 손으로 만든 것이 볼품은 없지만 훨씬 더 오래 가제오. 섭섭할 것도 없지라우. 그래도 요만큼 버팅기는 것은 손개와를 알아주고 찾는 이가 있응께."

H가 그동안 제와장으로서의 명맥을 유지할 수 있었던 것은 손으로 만든 기와의 참 멋을 알고 주문하는 사람이 있었기 때문이다. 먼저 써본 사람의 입소문으로 그의 기와를 찾는 사람이 꾸준히 이어지고 있다. H는 더 이상은 말을 아낀다. 그러나 자신이 손으로 만든 기와가 기계로 만든 현대기와보다 오래간다는 것만은 분명히 해두고 싶다는 말투다. 나는 조심스럽게 1980년대 문화재관리국에 납품한 기와의 동파 문제를 꺼낸다. H의 말대로 기와가 오래 가려면 동파가 나지 않아야 한다. 나의 갑작스런 질문에도 그는 전혀 당황하는 기색이 없다. 잠시 생각에 잠긴 듯 눈을 지그시 감더니 과거 자신의 잘못을 순순히 시인한다. 당시에는 많은 물량을 짧은 시간에 만들다보니 제대로 못 만들었다고 실토한다. 담담하게 자신의 잘못을 인정하는 노 제와장의 모습에서 나는 오히려 달관의 경지에 오른 장인의 기품을 느낀다.

장흥에서 제와장 H의 기와제작 모습을 견학한 나는 곧이어 직원들과 함께 국내 최대 규모의 생산량을 자랑한다는 경북 K시에 있는 K기와공장을 방문한다. 공장 주변에는 기와를 만들 흙이 산더미같이 쌓여있고, 흙을 채취하고 운반하는 중장비 몇 대가 육중한 엔진 소리를 내며 작업하고 있다. 공장에서 기와를 만드는 과정은 방앗간에서 가래떡 뽑는 과정과 흡사하다. 그러나 기와공장의 분위기는 소음이 심하고 온통 시커먼 먼지가 잔뜩 끼어 있어 방앗간이라기보다는 흡사 연탄공장 같다. K기와 사장은 공장 내부를 안내하면서 모든 공정이 자동화되어 있어 사람의 손길이 거의 필요 없다고 기와 제작과정을 설명한다.

포크레인과 덤프트럭 등 중장비를 동원해 채취한 흙은 기계장치에 의해 고운 흙으로 정제된 후 가래떡을 만들기 위한 쌀가루처럼 반죽된다. 반죽된 흙은 높은 압력에 의해 기와 단면 모양의 구멍 속으로 밀려 들어가고, 그 반대편에서 가래떡처럼 길게 뽑아진다. '가래떡'은 기와의 길이만큼 일정한 간격으로 잘리게 되는데, 암키와의 경우 이것으로 기와의 모양은 완성된다. 수키와는 한쪽 끝에 있는 언강을 만드는 과정을 한 번 더 거친다. 만들어진 기와는 건조실로 운반되어 일정한 시간 동안 건조된다. 건조가 끝나면 기와는 가스 가마로 옮겨져 섭씨 1,150도의 온도로 구워진다. 공장 안에 일하는 사람은 기계가 고장 날 때 고치는 사람과 완성된 기와를 옮기는 사람이 전부다. 나머지는 모두 기계가 사람을 대신한다.

전통기와 VS 현대기와

숭례문복구단은 전통기와와 현대기와의 제작현장을 직접 확인함으로써 전통기와와 현대기와의 특징과 차이점을 이해하게 된다. 전통기와와 현대기와의 차이는 전적으로 제작방법에서 비롯된다. 이 둘은 서로 비슷한 것이 아니라 전혀 다른 물성을 가진 별개의 것이다. 문화재청은 그동안 수많은 건축문화재를 수리하고 복원하면서 현대기와를 사용했지만, 이에 대해 별다른 문제점을 인식하지 못했다.

1980년대 중반 이후 전통기와 생산업체는 모두 사라졌다. 이제 모든 기와 생산업체가 기계설비를 이용하여 현대기와만 생산하고 있다. 현대산업사회의 자동화와 표준화 그리고 대량생산의 미덕이 문화재와 관련된 기와산업에서조차 당연시 되고 있다. 1980년대에는 기와에 '한국공업규격'인 KS규정이 적용되어 전통기와는 설 자리를 잃어버렸다. 전통사회에서 만들어진 문화재에 20세기 공업규격의 잣대를 들이댔다.

　KS규정에서 정한 기와의 품질기준은 '흡수율 9퍼센트 이하', '휨강도 280킬로그램 포스 퍼 제곱센티미터(kgf/㎠) 이상'이다. 흡수율은 기와의 부피에 대해 기와가 물을 빨아들이는 비율을 가리킨다. 기와 속에 포함된 공극이 많으면 물을 머금는 능력이 커지기 때문에 흡수율이 커진다. 흡수율이 작다는 것은 기와 내부에 공극이 작아 그만큼 밀도가 높다는 것을 의미한다. 휨강도는 기와를 구부러지게 하는 외력에 견디는 힘이다. 휨강도가 크다는 것은 그만큼 기와가 강하다는 것을 가리킨다. '휨강도 280킬로그램 포스 퍼 제곱센티미터 이상'이라는 것은 사방 1센티미터 되는 면적에 280킬로그램의 무게가 가해질 때까지 견딜 수 있다는 뜻이다. 그런데 숭례문 기와 한 장의 크기가 가로 36센티미터, 세로 49센티미터이므로, 이 기와 한 장이 견딜 수 있는 무게는 자그마치 $280 \times 36 \times 49 = 49$만 3,920킬로그램이다. KS규정에서 기와의 품질기준을 이렇게 정한 것은 두 가지 지극히 간단한 추측으로부터 비롯되었다. 흡수율이 낮으면 기와가 물을 머금을 공간이 작기 때문에 동파에 잘 견디고, 휨강도는 강할수록 좋다는 것이다.

　실험에 의하면, 평균적인 전통기와의 흡수율과 휨강도는 각각 15퍼센트와 200킬로그램 포스 퍼 제곱센티미터 내외다. KS규정에 따르면 전통기와는 규격미달이다. 흡수율과 휨강도의 측면에서 전통기와의 물성과 전혀 다른 품질기준을 KS규정이 채택하고 있다는 것은 전통기와

	KS규정	전통기와
흡수율	9% 이하	15%
휨강도	280kgf/㎠ 이상	200kgf/㎠ 내외

KS규정과 전통기와의 흡수율과 휨강도

235

를 인정할 수 없다는 것이나 다름없다. 기와에 KS규정이 생기자 전통기와 생산업체는 모두 문을 닫을 수밖에 없었다.

전통기와의 흡수율이 높은 것은 공극이 많은 흙반죽을 사용하기 때문이다. 사람이 맨발로 밟아 흙을 이기기 때문에 공극이 많을 수밖에 없다. 여기에 비해 현대기와를 만드는 흙반죽은 공극이 매우 적다. 기계를 이용해 밀도 높은 흙반죽을 만들 뿐 아니라, 이를 높은 압력으로 기와제작용 구멍 속으로 밀어넣어 뽑아내기 때문이다. 요즘 현대기와의 흡수율은 고작 1퍼센트 정도에 불과하다.

기와는 집의 맨 윗부분인 지붕에 얹혀진다. 기와에 가해지는 힘은 기와 자체의 무게와 기와를 일 때 가해지는 작업충격 그리고 겨울철 폭설 때 쌓이는 눈의 무게가 전부다. 기와를 일 때 사람이 밟고 지나가는 충격과 겨울철 폭설을 지탱할 수 있으면 충분하다. 움직이는 '동動하중'은 정지해 있는 '정靜하중'보다 크다고 한다. 극단적으로 기와를 일 때 작업자에 의해 가해지는 동하중이 작업자 몸무게의 열 배라고 하자. 그러면 100킬로그램의 몸무게를 가진 작업자가 기와 한 장에 가하는 동하중은 1,000킬로그램이 된다. 폭설이 쌓인 상태에서 기와를 이지는 않으니까, 작업충격과 폭설의 무게가 동시에 실리는 일은 없다. 아무리 폭설이 와도 기와 한 장에 1,000킬로그램이 쌓이지는 않는다. 전통기와의 휨강도가 200킬로그램 포스 퍼 제곱센티미터 정도라면, 가로 36센티미터, 세로 49센티미터인 숭례문 기와는 35만 2,800킬로그램의 무게를 감당할 수 있다. 그러므로 항상 충분한 휨강도를 가진 전통기와보다 훨씬 높은 휨강도를 요구하는 KS규정은 지나치다고밖에 할 수 없다.

그러면 남은 문제는 기와의 흡수율과 동파 사이의 상관관계를 밝히는 것이다. 과연 흡수율이 높으면 동파에 취약할 것이라는 추측이 사실일까. 그전까지 여기에 대한 실험이 한 번도 없었다. 숭례문복구단은 기와의 흡수율과 동파 사이의 상관관계를 밝히기 위해 실험을 한다. 실험에 사용된 기와는 H제와장이 만든 기와, 숭례문에 사용되었던 조선 시대 기와, K기와공장에서 제작한 현대기와 이렇게 세 종류다. 기와의 동파에 대한 실험은 KS규정에서 정한 다음과 같은 가혹한 조건에서 실시된다.

1. 기와를 섭씨 20±5도, 즉 섭씨 15~25도 사이의 온도에 있는 맑은 물에 24시간 담근 후 꺼낸다.
2. 곧바로 섭씨 -20±3도, 즉 섭씨 -23~-17도 사이의 온도를 가지는 냉동실에 여덟 시간 동안 넣은 후 꺼낸다.
3. 이를 다시 섭씨 15~25도 사이의 온도에 있는 맑은 물에 여섯 시간 담근 다음 기와에 균열이나 박리 등 이상이 발생하는지를 관찰한다.
4. 이와 같은 일련의 과정을 10회 반복한다.

실험 결과는 지금까지의 추측을 빗나간다. 흡수율이 낮아 동파에 강할 것이라는 현대기와에서 오히려 가장 먼저 이상이 생긴다. 현대기와는 동파실험 세 차례 이내에 표면에 균열이 생기기 시작한다. 제와장 기와와 숭례문 옛 기와는 모두 세 차례까지는 이상이 없다. 특히 숭례문 옛 기와는 여섯 차례를 넘어서야 비로소 표면에 미세한 균열이 생기는 정도다. 실험에 사용된 기와의 흡수율은 현대기와가 1퍼센트, 숭례문 옛 기와가 15퍼센트, 제와장 기와가 17퍼센트 정도다. 실험 결과, 기와의 흡수율이 낮으면 동파에 유리할 것이라는 그동안의 추측은 잘못된 것이다.[28]

동파실험과 더불어 기와의 휨강도와 비중에 대해서도 비교 실험한다. 휨강도는 예상대로 현대기와가 280킬로그램 포스 퍼 제곱센티미

	H제와장 기와	옛 기와	현대기와
동파실험	세 차례까지 이상 없음	여섯 차례 이후 표면에 미세한 균열	세 차례 이내 표면 균열
흡 수 율	17%	15%	1%
휨 강 도	180kgf/cm² 이상	200kgf/cm² 이상	280kgf/cm² 이상
비 중	2.1	2.1	3.2

└─── 현대기와의 65% ───┘

H제와장 기와, 옛 기와, 현대기와 비교 실험 결과

터를 초과하여 가장 높고, 그 다음이 숭례문 옛 기와가 200킬로그램 포스 퍼 제곱센티미터 정도, 제와장 기와는 180킬로그램 포스 퍼 제곱센티미터 정도로 가장 낮다. 기와의 무게에 결정적인 영향을 주는 비중은 현대기와가 3.2로 가장 높고, 숭례문 옛 기와와 제와장 기와는 모두 2.1로 현대기와의 65퍼센트 정도에 불과하다. 이는 같은 크기일 때 현대기와의 무게에 비해 전통기와의 무게가 65퍼센트에 불과하다는 것을 나타낸다. 기와가 무거워 좋을 것이 없다. 기와가 무거우면 구조체에 부담을 주어 집의 수명을 단축시킨다.[29]

H제와장 기와가 조선시대 숭례문 옛 기와와 차이가 나는 것은 기와가마 때문이다. H제와장의 기와제작 방법 중 기와를 빚는 것은 전통의 방법이지만, 기와를 굽는 기와가마가 전통의 것이 아니다. H제와장의 기와가마는 조선의 전통 기와가마가 아니라 일제강점기에 도입된 것으로 보인다. '달마요' 혹은 '감투요'라고 불리는 이 가마는 설치가 간단한 이점은 있지만, 가마 내의 온도가 고르지 못하고 섭씨 1,000도 이상 온도를 올리기 힘들어 기와의 품질이 떨어진다. 무엇보다 전통기와를 만든다면서 정체가 불분명한 가마로 숭례문 기와를 구울 수는 없다. 조선의 전통 기와가마는 '등요'登窯다. 구릉지나 산비탈을 이용해 경사지게 만든다고 해서 '오를 등'登 자를 써서 등요라 한다. 일제강점기 이후 등요를 이용한 기와생산은 맥이 끊기고 말았다. 그러나 다행스럽게 그동

238

안 발견된 등요 유적지가 전국 곳곳에 많이 흩어져 있어 이들을 연구하면 옛 등요를 재현할 수 있다.

숭례문복구단은 숭례문 기와제작용 등요에 대한 연구를 기와학회에 의뢰한다. 기와학회는 전국의 기와가마 유적지에 대한 조사와 컴퓨터 시뮬레이션을 통해 등요를 재현하는 데 성공한다. 이로써 H제와장의 기와는 명실상부한 전통기와로 다시 태어날 수 있게 된다.

기와업계의 반발

숭례문에 현대기와 대신 전통기와를 입힐 것이라는 소문이 나자, 기와업계에서 들고일어난다. 그들은 전통기와의 사용이 숭례문 복구에 그치지 않을 것이라고 염려하는 듯하다. 지금까지 당연한 것으로 여겼던 현대기와가 숭례문 복구에서 정면으로 거부되고 있고, 이러한 분위기가 앞으로 확산될 것이기 때문이다. 또 하나는 몇몇 전문가들만 알았던 사실, 즉 현대기와가 전통기와와 전혀 다른 기와라는 사실이 숭례문 복구를 계기로 알려지게 될 것이기 때문이다. 숭례문 복구 공사가 끝나고 숭례문이 새롭게 모습을 드러내면, 사람들은 숭례문 기와에서 지금까지 보아왔던 기와와는 다른 모습을 발견하게 될 것이다.

기와업계 대표들은 항의의 표시로 문화재청을 방문한다. 이 자리에서 그들은 H제와장의 기와에 대한 문제점을 지적하면서 전통기와의 사용을 재고해줄 것을 요청한다. 기와업계 대표들은 미리 준비한 '숭례문 기와의 복원 제작과 관련한 문제점 및 제안'이란 제목의 의견서를 '문화재기능인 제작와공' 5인의 이름으로 문화재청에 제출한다.

(전략) 기와제작에는 기본적으로 가장 핵심적인 네 가지 과정이 있습니다. 원료, 성형, 건조, 소성의 과정이 그것으로 H제와장이 사용하는 소

성방식은 일본식 소성방식입니다. 조선시대에서 일제강점기 전까지는 전통가마인 등요나 평요를 사용하여 우리만의 전통기와를 소성해왔습니다. 그런데 우리의 전통 소성기법을 배제하고 일본식 소성기법으로 기와를 만들어온 사람이 어떻게 대한민국 무형문화재로 지정되었는지 참으로 유감스러운 일이 아닐 수 없습니다. 일본식 가마에서 기와를 구워내는 이러한 사람을 우리의 전통기법을 계승한 것으로 잘못 알고 중요무형문화재 제와장으로 지정한 문화재청도 이러한 책임에서 자유로울 수 없을 것입니다. 아울러 차제에 이러한 무형문화재 지정과정에서의 문제점과 왜곡된 내용들이 제대로 밝혀지고 바로잡혀지기를 충심으로 바랍니다. H제와장은 지난 23년 동안 무형문화재로 지정되었던 것으로 만족하고 지금 당장 물러나서 더이상 우리의 선대 기와 장인들을 욕보여서는 안 된다고 생각합니다. 더불어 필연적으로 잘못된 방식으로 승계될 후계자의 양성도 중단되어야 합니다.

(중략)다행히도 우리나라에는 숭례문 복원기와를 만들고자 하는 30년 이상의 경험과 소명의식을 가진 기와 장인들이 많이 있습니다. 이들을 대상으로 하여 전통기법으로 성형하고 전통가마에서 소성한 기와를 어떤 색상과 강도 그리고 흡수율로 제작해야 하는지 기준을 제시하고 이러한 기준에서 제작된 시제품을 검토하여 공정한 입찰을 진행해야 할 것입니다.(후략)

'문화재기능인 제작와공'이란 전통기와를 제작할 수 있는 장인을 말하는 것으로 문화재청에서 수여하는 자격이다. 그러나 이들은 지금까지 전통기와를 제작하기보다는 기와공장에서 현대기와를 생산하는 일에 종사해왔다. 그들에게 '문화재기능인 제작와공'이란 자격증은 현대기와업체를 그럴듯하게 꾸미는 장식품에 지나지 않았다. 자격증만 딴

후 숭례문 복구 전까지는 전통기와를 만들지 않다가, 숭례문 복구에 전통기와를 사용한다니까 자신들의 지분을 요구하고 나선 것이다. 그러나 기와업계에서 전통기와의 사용을 부정적으로만 볼 필요는 없다. 오히려 전통기와의 확산은 그들에게 새로운 기회가 될 수 있다. 전통기와를 만드는 제와장과 그의 제자가 있다고 하나, 그들이 만들 수 있는 양은 극히 제한적일 수밖에 없다. 더구나 현대기와와는 달리 일일이 손작업을 거쳐야 하는 전통기와의 제작과정을 생각하면 더더욱 그렇다. 만일 앞으로 문화재청에서 문화재에는 현대기와 대신 전통기와를 입히겠다고 방침을 정하면, 전통기와에 대한 새로운 시장이 생기게 된다. 전문기관에서 조사한 전통기와의 제작단가는 현대기와의 열 배 이상이다. 그만큼 기와의 시장 규모가 커질 것이다. 숭례문 복구를 계기로 문화재청에서 전통기와의 사용을 확대하려면 전통기와의 제작방법과 품질기준을 제시해야 한다. 제와장에 비해 월등한 자금력과 시설을 보유한 기와업계가 이 기준만 맞춘다면 새로이 형성될 전통기와시장은 그들의 몫이 될 수 있다.

　그동안 가만히 있던 숭례문복구단 직원들도 우려의 목소리를 내기 시작한다. 직원들의 걱정은 전통기와의 품질이 아니라 예산집행의 어려움이다. 전통기와를 구우려면 전통 기와가마인 등요를 먼저 만들어야 하지만, H제와장은 스스로 등요를 지을 형편이 못 된다. 숭례문에는 2만 2,000장 이상의 기와가 소요된다. 이를 구우려면 최소 세 기의 등요가 필요하다. 등요 한 기를 만드는 데는 3,000만 원 이상의 비용이 든다. H제와장의 사정을 고려하면 부득이 문화재청에서 등요를 지어주고 기와를 굽게 해야 할 판이다. 그러나 기와제작에 필요한 시설은 당연히 제작을 맡은 제와장의 몫이다. 만약 문화재청에서 등요를 제공하면 나중에 감사에서 지적을 받을 것이라고 직원들은 걱정한다. 그러나 나는 생각이 좀 다르다. 부여에 있는 한국전통문화대학교에 등요를 설치하고, 숭례문 기와제작이 끝난 후에는 교육용으로 전환하면 된다. 한국전통문화대학교는 국립대학이니 더욱 문제될 것이 없다.

H제와장의 작업장인 장흥에서 기와를 생산하는 것은 여러 가지 여건으로 어려움이 많다. 우선 등요를 지을 만한 땅이 마땅치 않다. 제와장의 작업장이 차지하고 있는 땅은 세 기의 등요를 짓기에는 협소하다. 더욱이 H제와장 소유의 땅도 아니다. 또 하나는 비교적 짧은 시간에 2만 장 이상의 기와를 만들려면, H제와장과 그의 제자 D를 도와줄 수 있는 풍부한 보조 인력이 필요하다. 한국전통문화대학교에는 전통문화에 관심을 가진 많은 학생이 있어, 이들 우수한 자원이 기와제작의 보조자가 될 수 있다. 숭례문복구단은 한국전통문화대학교에 등요를 비롯한 기와제작시설을 설치하여 기와를 제작하고, 숭례문 복구 후 이들 시설을 학교에 기증하는 방안을 제안한다. 학교 측으로서는 기와제작시설이 저절로 생기는 것이니 마다할 리 없다. H제와장과 제자 D도 부여에서 작업하는 것을 저어하지 않는다.

등요 설치, 해결의 실마리

숭례문복구단은 문화재청 무형문화재과의 주요 임무 중의 하나가 중요무형문화재에 대한 지원인 점을 감안하여, H제와장에게 등요를 지원해줄 수 있는지 알아본다. 무형문화재과에서는 한 기 정도 지원하는 것은 가능하다는 답변이다. 그러나 제와장의 활동지가 장흥이기 때문에 부여에 등요를 지어주는 것은 곤란하다는 단서가 붙는다. 관련시설을 지원하는 것은 중요무형문화재의 활동 근거지를 원칙으로 한다는 것이다. 등요를 지을 땅에 대한 소유주가 H제와장이라야 한다는 단서도 붙는다. 남의 땅에 등요를 지어주었다가 철거해야 하는 처지가 되면 예산만 낭비한 꼴이 되기 때문이다.

우여곡절 끝에 등요에 대한 해결의 실마리가 풀린다. 장흥 작업장 토지 소유주는 H제와장의 딸인데, 등요가 들어서는 일부 땅에 대한 소유권을 제와장 앞으로 변경하기로 동의한다. 땅 문제가 해결됨에 따라 무형문화재과에서 장흥에 등요 한 기를 지원하기로 한다. 이와 더불어 뜻밖에 신한은행에서 숭례문 복구용 전통 기와가마 제작비용을 부담하겠다고 나선다. 신한은행은 2005년부터 '숭례문 지킴이'를 자처하고 숭례문 화재 전부터 여러 가지 활동을 해오고 있다. 숭례문 화재 이후에는 신한은행 직원들이 토요일과 일요일에 개방하는 숭례문 복구현장에 대한 안내를 맡고 있다. 숭례문 복구용 전통 기와가마 제작지원도 이에 대한 연장선이다. 신한은행의 지원은 '문화유산국민신탁'을 통해 이루어진다. 정부에 대한 기부를 금지하고 있는 「기부금품의 모집 및 사용에 관한 법률」 때문에 문화재청에 대한 직접적인 기부는 어렵다. 문화유산국민신탁은 「문화유산과 자연환경자산에 관한 국민신탁 법」에 의해 민간차원의 문화유산 보존을 위해 설립된 단체로 민간으로부터의 기증이나 기부를 받을 수 있다. 이에 따라 신한은행은 문화유산국민신탁을 통한 간접적인 방법으로 한국전통문화대학교 내에 숭례문 복구용 등요 세 기를 기증하기로 한다. 좋은 일은 한꺼번에 터지는 모양이다.

전통철물 제작의 시행착오

지지부진한 제작 대신 옛날 것을 사용하다

믿었던 도끼에 발등을 찍히다

"드릴 말씀이 있습니다."

숭례문복구단에서 대외업무를 맡고 있는 직원이 심상찮은 뉘앙스로 운을 띄운다. 그의 보고다.

'A의 제련작업이 지지부진하다. 몇 차례 작업을 했다고 하는데, 생산량이 극히 적어 예상을 훨씬 밑돌고 있다. 게다가 요즘은 아예 제련작업을 하지 않는 것 같다. 왜 빨리 제련작업을 하지 않느냐고 물으면, 이런저런 핑계를 대며 오늘하겠다 내일하겠다 하며 차일피일 미루기만 한다. 방송이나 신문기자들이 현장에 오면 제련로에 불을 떼는 시늉만 하고 실제로는 하는 게 없다. 이렇게 하다간 철물제작이 정상적으로 이루어지기 어려울 것 같다. 몇 번 그러고 나니 이제 그 사람이 진짜 제련을 할 수 있는지 의심스럽다. 며칠이 걸리더라도 제련작업을 처음부터 끝까지 직접 지켜보고 확인해야겠다.'

그러면서 그는 며칠 여주로 출장을 다녀오겠다고 한다. 나는 문화재청은 한국전통문화대학교와 업무협약을 맺었다는 점을 상기시키며, A

에게 독촉을 해도 철물제작 프로젝트의 책임연구원인 J교수가 할 문제지 우리가 직접 A와 입씨름할 필요는 없다고 일러준다. 담당직원이 하소연한다.

'J교수에게 이야기하면 제철작업은 장인이 알아서 하는 일이라고 전적으로 A에게 맡기자는 대답이다.'

그러나 일이 어디 그런가. 담당자의 입장에서 급하고 답답하니까 일하는 사람에게 직접 이야기하게 된다. 그는 혼자 여주에서 며칠을 먹고 자며 A의 제련작업을 확인하고 돌아와서 보고한다.

'A만 믿고 있다간 낭패 볼 것 같다. 투입하는 철광석과 노력에 비해 생산되는 철의 양이 너무 적다. A도 생각같이 잘 되지않으니 제련을 꺼리고 있다. 처음부터 자신이 있었던 게 아니고 어떻게 하면 되겠지 하면서 덤빈 것 같다. 소량을 제련해서 칼 한자루 만드는 것과 숭례문 복구용 철물을 만들기 위해 많은 양의 철을 생산하는 것은 차원이 다르다. 신뢰에 금이 가니까, 이제는 전에 보여준 칼도 진짜 A가 제련한 쇠로 만든 것인지 의심이 가기까지 한다. 철의 품질도 좋지 않은 것 같다. 대장간에서 일하는 사람들과 마찰이 있다. A가 생산한 철을 대장간에 갖다주었더니 대장간에서 일하는 사람들이 쇠가 갈라져 작업할 수 없다는 반응이다.'

담당직원의 말을 듣고 나니 가슴이 답답하다. 나는 대장장이들이 전통철의 성질을 잘 몰라서 오해했을 것이라고 말해본다. 왜냐하면 그들이 제련으로 생산된 전통철을 본 적이 없기 때문이다. 그러나 담당직원은 내 말보다는 대장장이의 안목에 손을 들어준다. 자신이 봐도 제련된 쇠가 좀 엉성해 보인다는 것이다. 기가 막힌다. 믿던 도끼에 발등 찍힌다는 말이 이런 걸 두고 하는 말인가 싶다. 시간이 많지 않다. 2011년 9월부터는 목부재에 대한 치목이 끝나고 조립을 시작하기로 되어 있다. 그때까지는 철물이 준비되어야 한다. A의 제련작업에 대한 검증이 필요하다.

"전통제련 전문가들 좀 알아봐. A씨의 제련작업을 검증해봐야겠어. J교수 말을 너무 믿었던 것 같아. 만약 A씨의 제련법에 문제가 있다면 지금까지 한 것으로 마무리하고 더 늦기 전에 다른 방법을 찾아봐야지."

실패한 전통철 제작

담당직원으로부터 A의 제련작업이 지지부진하다는 보고가 있은 후, 2011년 3월 숭례문 현장사무실에서 A의 제련작업을 검증하기 위한 전문가 자문회의가 열린다. 자문회의에는 두 사람의 외부전문가, J교수와 A, 그리고 숭례문복구단 직원들이 참석한다. 외부 전문가 두 사람은 전통철을 연구한 한신대학교의 N교수와 충남대학교의 T교수다. 담당직원이 A의 제철작업 현황을 사진을 곁들여가며 설명한다.

'현재까지 A의 제철작업으로 생산된 철이 300~400킬로그램에 지나지 않는다. 그나마 품질이 나빠 대장간에서는 작업을 못하겠다는 불평이다. 쇠가 이리저리 갈라져 있어 철을 잘 모르는 담당직원이 보기에도 허술해 보인다. 뭔가 문제가 있는 게 틀림없다. 당초 계획했던 것보다 생산량은 반으로 줄고 생산기간은 두 배로 늘었다.'

J교수가 A를 변호하고 나선다.

'그동안 고고학적인 발굴을 통해 제련로 유적을 여러 곳 발견했지만, 우리는 아직까지 전통제련법을 완벽하게 알지 못하고 있다. 이것은 앞으로 연구를 통해 밝혀야 하는 부분이다. A의 방법은 전통방식에 기본을 두되 나름대로 10년 이상 연구해서 개발한 노하우다. 지금까지 누구도 완벽하게 전통철을 제련한 사람은 없었다. 이러한 측면을 고려한다면, 비록 생산량이 적고 기간이 오래 걸리더라도 인정할 건 인정해야 한다.'

N교수가 A의 작업방식에 대한 문제점을 지적한다.

'A가 선철을 뽑기 위해 사용한 원형고로는 높이가 너무 높다. 조선시대 고로의 높이는 2미터를 넘지 않았다. 자료를 보면 괴련철을 생산하기 위해 사용한 상형로에 철광석을 넣고 제련했다고 하는데, 상형로에 철광석을 넣으면 반드시 실패한다. 상형로는 사철을 제련할 때 사용해야 한다.'

T교수도 N교수와 의견이 같다.

'상형로에 철광석을 가지고 작업한 것은 잘못이다. 상형로에는 사철을 사용해야 한다. 『세종실록지리지』를 보면, 세종 때 조공을 받은 철 원료의 50퍼센트 이상이 사철이었다. 우리나라에서 사철이 가장 많이 나는 곳은 소연평도다. 김해, 산청, 하동 지역에서도 사철이 나고 임진강 상류 지역에도 사철이 많이 난다.'

비판이 계속되자 A는 자신의 제련법이 독창적이라고 말한다. 철광석을 제련하기 위해 상형로를 사용한 대신, 환원이 충분히 일어날 수 있도록 상형로의 높이를 올렸다는 설명이다. N교수가 A의 말을 받는다.

'그래도 결과가 좋지 않지 않느냐. 상형로로 제련을 하려면 사철을 사용하고 원형고로로 제련하려면 철광석을 사용해야 한다. 이렇게 생산량이 낮다는 것은 방법이 잘못 되었다는 것을 의미한다. A가 한 작업은 전통 제련법이 아니다. 전통방법은 새롭게 창조하는 것이 아니라 옛 사람들이 사용했던 방식을 고증을 통해 재현하는 것이다.'

A가 고개를 떨군다. 숭례문복구단으로서는 참 난감하게 되었다. 전통철을 사용하겠다고 이미 공포했고 포스코로부터 협찬까지 받은 마당에 전통철 제련을 포기해야 할 판이다.

그런데 생각지도 않은 곳에서 해결의 실마리가 보인다. 경복궁관리소장이 숭례문 복구에 전통철을 사용한다는 이야기를 듣고 보관하고 있는 전통철이 있노라고 알려온다. 3톤 정도의 양으로 1998년 경회루 수리할 때 나온 것이라고 한다. 요즘은 고건물을 수리하면서 현대철물이 좋은 줄 알고 옛날 철물을 용도 폐기하는 경향이 있다. 2000년에 해체 수리한 근정전에서도 많은 철물이 나왔다. 이들을 재사용하지 않고 일부는 박물관으로 보내고 나머지는 경복궁 내에 묻은 적이 있다. 숭례문의 경우, 화재로 목재는 일부 불탔지만 철물은 대부분 온전하다. 1960년대에 숭례문 수리하면서는 요즘과는 달리 기존의 전통철물을 그대로 재사용했다. 일부 부족한 부분만 현대철물로 대체했다. 경복궁에 보관 중인 것과 숭례문에서 회수한 전통철이면 복구에 충분한 양이 될 것이다.

잠시 현장을 떠나다

"과장님 혹시 1년간 교육 갔다 오실 의향 없으신지요? 우리청 앞으로 과장급 교육 한 자리가 생겼는데……."

운영지원과장이 찾아와서 대뜸 묻는다.

"글쎄요. 너무 갑작스러워서. 저는 잘 아시겠지만 계속 하고 싶은 일이
있어서 좀 그렇습니다만……."
"잘 생각해보세요..이번 기회에 업무에서 벗어나 재충전의 기회를 갖는
것도 괜찮을 것 같은데요."
"그런데 하필 왜 저한테 권하는 거죠?"
"이번 교육은 부이사관 과장이 갈 수 있는 교육입니다. 우리 조직의 입
장에서 보면 서기관 과장이 가는 것보다 부이사관이신 과장님께서 가
시는 것이 남아 있는 과장 중의 한 사람이 부이사관으로 승진할 수 있는
기회가 생기기 때문입니다."

조직의 논리다. 운영지원과장이 서둘러 자리를 뜬다. 나는 의아해
하면서도 한쪽 구석에 짚이는 것이 있다. 현판 수리를 두고 청장과 의
견이 달랐던 것이 마음에 걸린다. 지금 교육 가자니 숭례문 복구에서
손을 떼야 한다는 점이 못내 아쉽다. 숭례문 복구는 놓치고 싶지 않은
프로젝트다.

숭례문 화재 전까지 이루어졌던 문화재 수리가 나는 늘 못마땅했다.
그동안 경제제일주의에 몰입했던 사회 분위기에 편승해 문화재 수리나
복원 역시 효율성을 추구하다보니, 문화재가 가졌던 본래의 체취를 잃
어버렸다. 목수들은 1970년대 이후 점차 자귀나 대패 등 전통 손연장을
팽개치고 현대적인 목공기계와 전동공구에 매달리고 있다. 정도의 차
이는 있지만 다른 분야의 장인들도 매한가지다. 문화재 공사현장은 장
인들의 구성진 노동가 대신 각종 전동공구의 요란한 기계음이 점령한
지 오래다. 손연장을 매만지고 벼리는 풍경 대신 전동공구를 연결하는
전선이 어지러이 널려 있는 모습이 문화재 수리현장의 일상이 되었다.

대량생산이 가능한 값싼 현대재료가 전통재료를 몰아냈다. 전통단청재료는 1970년대 중반 이후 현대적인 인공화합물로 바뀌었다. 전통기와는 1980년대 중반 이후 생산이 중단되었다. 모두가 당연하게 받아들이는 효율숭배의 거대한 물결을 아무런 계기 없이 한두 사람이 되돌릴 수는 없다. 온 국민의 관심 속에 전통기법과 전통연장으로 숭례문을 복구하겠다는 선언은 그동안 굳어진 관성의 굴레에서 벗어날 수 있는 계기가 되었다. 숭례문 복구의 매력은 여기에 있고, 나는 이를 은근히 즐기고 있다.

교육파견 발령이 난다. 기간은 2011년 2월부터 12월 초까지다. 당분간 집에서 대기하는 신세다. 그나마 다소 위안이 되는 것은 내가 추천한 P과장이 내 후임으로 숭례문을 맡는 것이다. 청장이 내 청을 하나 들어준 셈이다.

지붕과 마루에 관한
새로운 고증자료의 등장

1960년대 수리 때 변형된 부분을 바로잡을 수 있게 되다

마루는 장마루로, 지붕은 전통구조로

목공사가 중반쯤 진행되고 있던 2011년 10월, 숭례문복
구단은 1960년대 수리 때 변형된 부분을 다시 검토하기 위해 숭례문복
구자문단 기술분과회의를 개최한다. 하층 마루와 지붕에 대한 새로운
고증자료가 발견되었기 때문이다. 새로운 고증자료를 바탕으로 숭례문
복구단에서 검토의견을 발표한다.

'하층 마루를 해체한 결과, 원래 장마루였음을 보여주는 몇 가지 단서를
발견했다. 마루 바로 밑, 마루의 가장자리를 따라 놓인 장대석에서 장마
루의 하부 부재인 귀틀을 끼웠던 것으로 보이는 홈이 좌우로 다섯 개씩
발견되었다. 이 홈을 따라 다섯 개의 귀틀을 가로 방향으로 보내고, 그
위에 귀틀의 직각 방향으로 장선을 가로지르면 장마루를 깔 수 있는 밑
바탕 구조가 준비된다. 장선 위 직각 방향으로 긴 마루널을 깔고 그 위
에 못을 박으면 장마루가 완성될 것이다. 더욱 뚜렷한 증거는 당시 사용
했던 것으로 추정되는 귀틀이 마루 밑에서 발견되었다는 사실이다. 석
재 홈에 끼워본 결과 놀랍게도 길이와 두께가 꼭 들어 맞았다.
또 다른 고증자료는 병서兵書에서 찾을 수 있다. 병서에 의하면, 성곽의
문루 마루 밑에는 병장기兵仗器를 보관하여 유사시 사용할 수 있도록 한

251

다고 했다. 유사시 마루 밑에 보관된 병장기를 쉽게 꺼내려면 우물마루보다는 장마루가 유리하다. 우물마루는 동귀틀에 홈을 파서 마루널을 끼워넣기 때문에 마루널을 떼어내기가 만만치 않다. 이에 비해 장마루는 장선 위에 마루널을 걸치고 위에서 못질만 한 것이기 때문에 못만 빼주면 쉽게 나무널을 걷어낼 수 있다. 마지막으로 결정적인 증거는 옛 기록에서 발견할 수 있다. 영조 때의『승정원일기』에 의하면, 임금이 숭례문 문루에 올라가는 것을 설명하는 대목에서 "임금이 편하게 걸을 수 있도록 박송판薄松板으로 한다"는 말이 있다.[30] 여기서 박송판, 즉 얇은 송판은 장마루에 쓰인다. 우물마루에 쓰이는 송판은 뒷면을 가공하지 않고 그냥 두기 때문에 박송판이라고 할 수는 없다. 또한 우물마루는 문제가 생기면 작은 조각으로 된 마루의 청판이 밑으로 꺼질 수 있어 걷기에 불편할 수 있다. 그러나 장마루는 장선 위에 얇고 긴 송판을 깔아 못질한 것이어서 우물마루처럼 청판이 밑으로 꺼질 염려가 없다. 이상과 같은 여러 사실을 종합할 때, 숭례문 마루는 장마루였던 것이 확실하다.'

마루에 이어 지붕에 대한 새로운 검토의견을 숭례문복구단에서 발표한다.

'덧서까래는 지붕의 무게를 줄이려는 의도에서 1960년대 숭례문 수리에서 처음 시도했는데, 그 후에도 현재까지 지속적으로 사용되고 있다. 중요한 건축물을 중심으로 덧서까래가 사용된 사례를 살펴보면, 1969~1974년 수리되었던 안동 봉정사 극락전, 1998년에 수리된 경복궁 경회루, 2000~2003년에 수리된 경복궁 근정전, 2002년의 창덕궁 관람정, 2003년의 창덕궁 상량정과 능허정 수리에 덧서까래가 사용되었다. 이외에도 최근 많은 문화재를 수리하면서 원래의 지붕구조였던 적심과 보토를 제거하거나 줄이기 위해 덧서까래를 사용했다. 이처럼 원래의 지

ⓒ문화재청

1

2

위와 옆에서 본 귀틀 홈
하층 마루 해체 결과 발견된 석재에 파인 좌우 5개씩의 귀틀 홈은 하층 마루가 원래 장마루였다는 것을 보여준다.

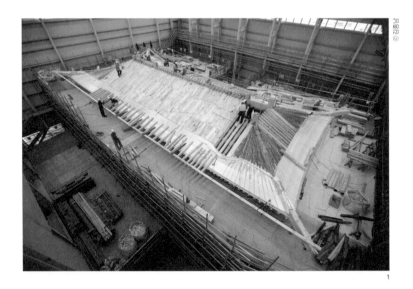

1

2

3

4

숭례문 지붕 올리기
1. 개판 깔고 부연 설치 2·3. 적심 설치 4. 보토 깔기

붕구조를 변경하면서 덧서까래를 사용한 명분은 지붕의 무게를 줄여 구조적 안전을 도모한다는 것이었다. 건물이 무너지고 나면 원형보존이란 말은 공허한 메아리에 불과할 테니, 나름 명분은 되었다. 그러나 이번에 숭례문에 사용할 전통기와는 요즘 사용하는 현대기와와 달리 무게가 가볍다. 실험 결과 새로 제작하는 전통기와는 현대기와 무게의 65퍼센트 정도에 불과하다. 기와가 옛날처럼 가벼워졌으니, 지붕의 무게를 줄이기 위해 원형을 변경했던 명분도 빛을 잃게 되었다. 이제 원래대로 전통적인 지붕구조로 되돌아가는 것이 바람직하다.'

숭례문복구단에서 마루와 지붕에 관한 새로운 고증자료를 제시함에 따라 숭례문복구자문단도 숭례문복구단의 검토의견에 동의한다. 이와 더불어 공포와 공포 사이에 생기는 빈 공간에 포벽을 두느냐 마느냐 하는 문제로 옮겨간다. 이 역시 숭례문이 군 지휘소임을 감안하여 포벽이 없는 것이 합당하다는 결론에 도달한다. 포벽이 없어야 문루에서 공포 사이의 빈 공간으로 적의 동정을 관찰할 수 있기 때문이다.

2011년 12월 초, 나는 교육을 마치고 다시 문화재청으로 복귀한다. 그동안 주변에 많은 변화가 있었다. 문화재청장은 두 번 바뀌었다. 교육 가기 전 차장은 청장으로, 숭례문복구단장이었던 국장은 차장으로 각각 승진했다. 나도 덩달아 국장으로 승진하면서 숭례문복구단장으로 복귀한다. 승진의 기쁨과 함께 무엇보다 숭례문을 다시 맡을 수 있다는 사실이 더없이 반갑다.

파업으로 중단된 목공사

목공사비를 둘러싼 진실

문제는 공사비?

2011년 12월 13일 숭례문 현장, 나는 일주일에 한두 번 이곳을 방문한다. 숭례문복구단 직원들은 순서를 정해놓고 돌아가면서 공휴일도 없이 매일 숭례문으로 출근한다. 현장소장이 현장사무실에 막 들어서는 나를 맞이하며 걱정스런 목소리로 말한다.

"지난 8일부터 S대목장이 목수들을 철수시켜 목공사가 중단되었습니다."

S대목장은 S목수를 말한다. 작업이 중단된 숭례문 문루는 썰렁하다. 목수들은 보이지 않고 조립을 위해 옮겨놓은 부재들만 여기 저기 흩어져 있다.

"돈을 더 달라고 한다면서요?"

'목수들이 철수한 다음 날, 숭례문복구단의 한 직원이 그 사실을 보고하면서 적당한 명분을 찾아 목공사비를 올려주는 게 어떻겠냐고 상의한 적이 있다. S대목장은 전통연장으로 작업하다보니 다른 문화재 공사보다 품이 많이 든다며 이에 대한 보상을 요구한다는 것이다. 그러나 본래 문화재 공사는 전통연장으로 작업하게 되어 있고, 공사비 또한 전통연장을 사용한다는 전제 아래 정해진다. 엄밀히 따지면, 숭례문 복구공사 이전에 목공기계와 전동공구를 사용했던 문화재 공사가 잘못되었다. 오랜 세월 문화재 공사에서 전동공구와 기계가 별다른 제재 없이 사용되다 보니, 이제 그것이 당연시 되어 도리어 전통연장이 낯설게 되고 말았다. 이제는 전통연장을 사용한다고 이에 대한 보상을 요구하는 지경에 이른 것이다. S목수는 공사비를 올려주지 않으면 목공사를 재개할 수 없다고 버티고 있다. 그러나 공사비는 회사와 S목수 사이에 이루어진 계약에 따른 것이라 올려줄 수 없다는 것이 회사의 입장이다. 문화재청에서 목공사비를 증액하는 설계변경을 해주면, 회사에서도 S목수에게 그만큼 공사비를 올려줄 수는 있다.'

현장소장의 원론적인 대답이다. 그러나 목공사비를 올려줄 명분이 없다. 본래 문화재 공사는 당연히 전통연장을 사용해야 한다. 공사비 산정기준이 되는 「문화재수리표준품셈」은 전통연장과 전통기법을 사용하는 것을 전제로 하고 있다. 비록 관행적으로 묵인되어왔지만, 숭례문 복구 이전까지 전동공구와 기계를 사용한 것이 잘못이다. 더구나 재작년 장인 선정 때, S목수를 비롯한 모든 장인들이 전통연장과 기법을 사용하겠다고 서약했다. 이제 와서 전통연장을 사용한다고 위세를 부리는 것은 말이 안 된다. 목공사는 S목수와 회사가 하도급 계약을 맺은 상태니 원도급자인 회사가 책임지고 풀어야 한다.

S목수는 숭례문 복구공사를 맡은 M건설로부터 13억 2,300만 원에 목공사를 맡겠다고 계약한 상태다. 물론 거기에는 숭례문 복구 기본원칙에 따라 전통연장을 사용하여 목공사를 수행한다는 내용이 포함되어 있다. 처음 계약조건과 달라진 것이 없는데, 이제 와서 돈을 더 달라는 S목수의 요구가 회사로서는 황당하다. 조건이 변한 것이 없는데, 설계

변경을 통해 목공사비를 증액시켜줄 수 없기는 문화재청도 매한가지다.

　S목수는 계속 공사를 거부하고 있고, 시간은 2011년 12월 하순을 지나고 있다. 더 이상 지켜만 봐서는 안 되겠다고 생각한 나는 숭례문 복구단의 P과장에게 S목수를 만나 공사를 재개하도록 설득하게 한다. 만약 목공사를 계속 거부해서 정해진 시간 안에 공사를 마칠 수 없게 되면, 문화재청은 계약 당사자인 시공회사에게 그 책임을 묻지 않을 수 없다고 일러둔다. 그렇게 되면, 시공회사는 공기 지연에 따른 경제적인 손실을 원인 제공자인 S목수에게 요구하게 될 것이다. 회사로부터 목공사를 도맡을 것을 계약한 S목수는 일개 목수가 아니라 한 사람의 사업자로서 계약을 이행할 책임이 있다.

언론을 통한 공방

　S목수를 만나고 온 P과장이 의외의 사실을 보고한다. S목수는 공사를 재개하는 정도가 아니라 아예 목공사를 기부하겠다는 것이다. 그러나 모양새가 우습다. S목수가 진짜 기부를 할 생각이 있었으면 일을 시작할 때 진작 했어야 한다. 지금 공사가 마무리 단계에 와 있는데, 돈 더 달라고 몽니를 부리다가 갑자기 기부하겠다고 태도를 180도 바꾸는 것은 아무래도 생뚱맞다. 더구나 그는 2009년 12월 장인 선정 때 만약 자신이 숭례문 복구를 담당할 대목장으로 선정되면 자신의 임금을 기부하겠다고 공언한 적이 있다. 그러나 선정된 후에는 거기에 대해 어떠한 언급도 없었다.

　2012년 1월 5일, 새해 분위기로 약간 들떠 있는 사무실에서 숭례문 복구단 직원 한 사람이 황급히 다가오며 말한다. 기자들로부터 전화가 빗발치고 있는데, 한 시민단체 인사가 기자들에게 숭례문 목공사가 한 달 동안 중단되었다고 문자를 보냈다는 것이다. "숭례문 한 달째 목공사 중단입니다. 노임단가가 문제입니다" 이렇게.

S목수는 며칠 전까지 기부하겠다고 하더니 갑자기 뒤통수를 때린다. 사실 S목수의 주장대로 전통연장을 사용함으로써 목공사비가 올라야 한다면, 목수들이 받는 하루 일당인 노임단가가 아니라 품이 올라야 한다. 노임단가는 변화무쌍한 노동시장의 가격으로 형성된다. 매년 두 차례 대한건설협회에서 조사해서 시장가격을 발표한다. 목수들을 상대로 한 조사에서 그들이 하루 평균 20만 원 받는다고 답변하면 20만 원이 되고, 15만 원을 받는다고 답변하면 15만 원이 된다. 문화재청이 개입할 여지가 없다. 그러나 품은 노동의 양이기 때문에, 기계를 사용하는 노동의 양은 손연장을 사용하는 노동의 양과 분명히 차이가 있다.

기자들에게 무어라고 대답할지 직원들이 걱정한다. 파업이 발생했다는 자체가 숭례문 복구의 모양새를 망치기에 충분하다. 나는 이런 일일수록 솔직하게 사실을 있는 그대로 밝히는 것이 일을 풀어가는 방법이라고 믿고 직원들에게 말한다.

"무어라고 하긴, 있는 그대로 이야기해야지. 공무원은 원칙대로 일할 때가 제일 강해. 괜히 어물어물하면 진짜 뭔가 있는가보다, 하고 의심만 받아. '숭례문 목공사에 대한 문화재청의 입장'이란 제목으로 보도자료를 만들어서 신문기사 마감시간 전에 뿌려. 괜히 일이 엉뚱한 방향으로 확대되기 전에. 일단 한번 보도되면 바로잡는 것은 사실상 불가능해. 보도자료에 포함될 내용은, 첫째, 목공사 이외에 다른 공정은 정상적으로 진행되고 있다는 것, 석공사는 잘 진행되고 있잖아. I석장을 내가 전에 만났더니 힘들기는 하지만 불만은 없다고 하더라. 어찌되었건 자기는 평생 문화재청에 신세를 졌다고 하는 바람에 내가 감동을 받아 울컥했다니까. 둘째, M건설과 S목수 사이의 하도급 내용을 소상히 밝혀. S씨 쪽에서는 부당하게 노동을 착취당하는 것처럼 이야기하지만, 사실 S씨는 일개 목수로 일하는 것이 아니잖아. 사업체의 오너로서 목공사에 대해 M건설과 계약한 상태라는 것을 분명히 알려야 해. 자기가 거느린 목수들이 일을 효율적으로 잘하면 남는 것이고, 그렇지 못하면 손해 볼 수도 있는 거지. 어떻게 사업하는 사람이 매번 남을 수가 있겠어. 셋째, 숭례문 복구 공사비는 전통기법을 기준으로 산정되었다는 것을 분명히 해. S목수 측의 말을 들으면, 마치 우리가 부당하게 목수들을 착취하는 것처럼 들려. 바꾸어 말하면, 숭례문 복구 전까지는 전통기법으로 할 것을 전동 공구로 문화재를 수리해 부당하게 이익을 보았다고 해석할 수 있겠지. 넷째, 목공사의 품이 많이 드는 것은 목수들이 전통기법에 대한 숙련도가 떨어지기 때문이라는 점을 분명히 밝혀. 전에 일하는 것을 보니까 자귀질 제대로 하는 사람이 한 사람도 없었잖아. 아니, 한 사람은 제법 잘 했지? 그 사람 빼곤 다들 그랬잖아. 배워가며 일을 하니 오래 걸리고 품이 많이 들지. 마지막으로, 그럼에도 불구하고 1월 중에만 목공사를 재개하면 전체 공정에 문제가 없다는 것을 포함시키도록 해. 공정상 아직 여유가 있으니. 이 말을 빠뜨리면 나중에 날림공사로 준공한다는 구설수에 휘말릴 수 있어.”

나는 직원들과 함께 보도자료를 만든다.

숭례문 목공사 중단에 대한 문화재청의 입장

일부 시민단체에서 제기한 ‘숭례문은 한 달 전부터 공사 중단, 문화재 수리 임금단가가 문제⋯’ 내용에 대하여 문화재청의 입장을 다음과 같이 밝힌다.

261

숭례문 복구공사는 성곽 복원 및 문루 복구공사로 이루어져 있으며, 문루공사는 목공사, 기와공사, 단청공사로 나누어진다. 이중 이번에 제기된 목공사 이외의 다른 공정은 현재 계획대로 차질 없이 진행 중이다.

숭례문 복구는 순공사비 167억 8,500만 원에 계약되어 2012년 12월 준공될 예정으로 현재 70퍼센트의 공정률을 보이고 있다. 이중 목공사는 2012년 1월 5일 현재까지 하층 문루 조립과 상층 문루 목재가공이 70퍼센트 완료됐으며, 2011년 12월 8일부터 공사가 중단된 상태이다.

숭례문 복구공사의 시공자는 M건설이며 목공사는 대목장 S씨가 참여하고 있다. 문화재청과 M건설 사이에 계약된 총 167억 8,500만 원 중 목공사 비용은 15억 7,800만 원이며, M건설은 다시 13억 2,300만 원에 대목장 S씨와 계약하여 공사를 진행해왔다.

숭례문 복구공사비는 전통기법을 기준으로 마련된 「문화재수리표준품셈」을 적용하여 산출됐으며, 숭례문 복구는 2008년 5월 발표된 숭례문 복구 기본계획에 의해 전통연장을 사용하여 전통기법으로 복구하도록 했다.

이번에 제기된 목공사 임금 단가의 문제는 그동안 장인들이 익숙해져 있던 전동공구 대신 다소 낯선 전통연장을 사용하여 전통기법으로 시공토록 함으로써 발생한 문제이다.

이는 국가가 정해놓은 품과 정부노임단가로 목공사를 진행하고 있으나 숙련도가 떨어지는 전통연장을 사용함으로 인해 인력 품이 많이 들기 때문에 생기는 문제로 판단된다.

이에 문화재청은 M건설에 공사진행을 독촉하는 공문을 두 차례 보냈으며, M건설과 대목장 사이에 원만한 해결을 위한 조율을 시도하고 있다. 문제가 된 숭례문 복구 목공사는 4월 말까지 완료하는 것으로 계획되어 있으며 1월 중 다시 목공사를 시작하면 공정에는 차질이 없을 것으로 전망하고 있다.

보도자료가 나간 다음 날, 직원 한 사람이 목공사 중단에 관한 언론보도를 정리해서 보고한다. 대체적으로 선방한 것 같다. MBC에서는 목공사가 중단된 사실과 이유를 객관적으로 보도했다. 목수 20명 중 전통연장에 숙련된 사람이 고작 서너 명에 불과해 작업시간이 늘어났다고했고, S씨가 작업시간이 늘어난 만큼 돈을 더 달라고 한다고 보도했다. 이와 함께 일에 숙련되지 않아 시간이 더 걸린 것을 돈으로 보상해달라는 것은 이치에 맞지 않는다는 문화재청의 입장을 함께 다루었다. 다른 언론사들도 대체로 같은 논조의 기사를 내보냈다. 다만, 한 신문에서는 목공사 중단으로 공기에 쫓겨 주먹구구식으로 공사가 진행될 것이라는 한 시민단체 인사의 주장을 인터뷰 형식으로 실었다.

목공사 중단 파동은 여기서 그치지 않는다. 다음날 출근길 전철 안에서 혹시나 하고 스마트폰으로 숭례문 관련기사를 검색하다가 '불탄 숭례문 복구에 나와 목수들 품 기부'란 제목의 신문기사를 발견한다. 여론이 자신에게 호의적이지 않다는 것을 확인한 S목수는 곧바로 또다른 충격요법을 쓰는 듯하다.

S대목장은 6일 자신이 목공사를 맡고 있는 숭례문 복구공사 중단과 관련해 "불탄 숭례문을 복구하는 데 내 품은 물론 내 목수들의 품도 기부하겠다"고 밝혔다.

S대목장은 이 날 종로구 창성동 자신의 사무실에서 서울신문 기자와 단독 인터뷰를 갖고 "나와 내 목수들이 돈 몇 푼 더 받으려고 문화재청과 싸우고 있는 것처럼 국민에게 비치는 것이 안타깝다"면서 "평생 목수 일로 먹고 살았는데 내 목수들의 품값은 내가 떠맡을 수 있다"고 밝혔다.

S대목장은 "숭례문 복구공사비가 170억 원인데 목수의 품값은 2~4퍼센트에 불과하다"면서 M건설이 설계변경을 이유로 품값을 줄이겠다면 아예 내가 품값을 다 떠맡고 목공사를 국가에 기부할 생각"이라고 말했

다. S대목장은 2009년 말 복구공사에 참여할 당시 자신의 품값은 받지 않겠다고 문화재청에 낸 제안서에서 밝힌 바 있다.

S대목장은 목수들의 노임 산정 논란과 관련해 "문화재청에서 내 목수들이 전통연장과 방식에 낯설고 숙련되지 않아 노임이 늘어났다고 지적한 것은 사실과 다르다"면서 "통나무를 도끼로 다듬어서 목재를 만들어야 하기 때문에 품이 더 든 것"이라고 반박했다. S대목장은 "1962년 정부가 작성한 목수들의 품셈으로는 150년 전 경복궁 중건 방식과 같은 지금의 숭례문 복구공사 품값을 도저히 맞출 수 없다"고 지적했다.

문화재청은 M건설과 167억 8,500만 원(목재비 포함 목공사 부문 15억 7,800만 원)에 시공사로 계약했고, M건설은 S대목장을 직원으로 영입한 뒤 S대목장에게 목공사 부문을 13억 2,300만 원에 맡겼다. M건설은 설계변경을 이유로 목공사 비용을 10억 원으로 낮췄으며, 5억 4,000만 원이던 목공사 품값도 3억 8,500만 원으로 축소한다고 통보했다.[31]

출근 후, 나는 곧바로 숭례문복구단 직원들과 함께 신문기사를 읽어보면서 대책을 논의한다. 성동격서聲東擊西라더니 정신이 없다. 돈이 적어 일을 못하겠다고 파업했다가, 돌연 기부하겠다고 하더니, 다시 노임단가 때문에 일을 못하겠다고 언론에 흘린 뒤, 이제는 또 다시 기부하겠다고 한다. 진의가 무엇인지 도무지 종잡을 수가 없다. 신문기사를 보면 S목수의 주장이 다분히 선동적이다. 목수의 품값이 전체 공사비의 2~4퍼센트라고 하니까, 내용을 모르는 일반인들이 들으면 문화재청이 목수들을 착취하는 것같이 보이기 십상이다. 거기에다가 그것마저 설계변경으로 품값을 깎았다고 호소하고 있다. 공사계약을 담당한 직원이 자세한 내용을 설명한다.

'숭례문 복구공사의 전체 계약금액은 약 167억 원이다. 숭례문 복구공사는 문루 복구뿐만 아니라 성곽 복원, 훼손부재에 대한 보존 처리, 석축 설치, 지반 정리, 전기 및 방재 설비, 보고서 작성, 폐기물 처리 등 여러 가지 부대공사를 포함하고 있다. 이중 성곽 복원 공사가 약 32억 원으로 가장 큰 비중을 차지하고, 다음이 문루 공사로 약 23억 원이다. 문루 공사 중 목공사비는 약 15억 8,000만 원으로 약 70퍼센트의 비중을 차지한다. 전체 공사비로는 약 9.3퍼센트에 해당한다. 그런데 M건설과 S목수 사이의 하도급 금액은 약 13억 2,000만 원으로 원도급 금액의 약 85퍼센트에 계약이 이루어졌다. 일반적으로 하도급은 원도급의 82~85퍼센트 정도에서 이루어진다. 이렇게 볼 때, 하도급 금액이 적은 것이 아니다. 공사금액에는 일반관리비가 포함되어 있는데, 그 부분은 원도급자인 회사에서 떠안기 때문이다.

사실 순수한 숭례문 문루 공사비는 167억 원이 아니라 23억 원이고, 그중 목공사비가 약 70퍼센트의 비중을 차지한다. 문루 공사에는 단청을 비롯해 기와 등 다른 공사도 있다. S목수는 전체 공사금액을 들먹이며 목공사비가 차지하는 비중이 적다고 주장한다. 일반 국민들이야 구체적인 사항을 모르니 S대목장의 말을 듣고 숭례문 복구에서 가장 중요한 목공사 비중이 너무 적다고 믿을 수밖에 없다. 고도의 전략이다.

설계변경으로 목공사비가 줄어들었다는 것도 S목수는 미리 알고 있었다. 처음 복구공사를 발주할 때는 일단 모든 목부재를 신재로 교체하는 것으로 가정했다. 공사를 발주한 시점에는 불타고 남은 부재 중 사용 가능한 부재가 얼마나 되는지 알 수 없었기 때문이다. 숭례문 복구 기본원칙에서 최대한 기존부재를 재사용한다고 했기 때문에, 당연히 목공사 물량이 줄어들게 된다. 숭례문 복구 기본원칙이 아니더라도, 기존부재를 최대한 재사용한다는 것은 문화재를 하는 사람이면 누구나 아는 평범한 상식이다. 조사한 바에 의하면, 상층 문루는 90퍼센트 정도 불탔지만 하층은 90퍼센트 이상 남아 있다. 하층 문루는 거의 대부분 기존부재를 재

사용하게 되고, 상층 문루도 지붕을 제외하고 창방과 평방까지는 거의 기존부재를 사용할 수 있다. 그러니 목공사 물량이 줄어드는 것이다.

그리고 150년 전 경복궁 중건 방식으로 공사한다는 것은 사실일까? 목수들이 담당하는 목공사만 놓고 보자. 우선 부재의 운반이 옛날과 같지 않다. 산에서 이루어지는 벌채에서부터 한강까지의 운반은 목수의 일이 아니니 제외하더라도, 가공 후 조립을 위해 '목도'를 이용한 운반은 목수의 몫이었다. 목도는 둘 이상의 사람이 짝이 되어 무거운 물건을 밧줄로 얽어서 뒷덜미에 대고 함께 나르는 방법이다. 옛날에는 간단한 운반은 이 방법밖에 없었다. 그러나 숭례문 복구공사에서 부재의 운반은 모두 편리하게 크레인을 이용한다. 그러면 목수들이 사용하는 연장은 같은가? 조선시대의 전통대패와 요즘 목수들이 사용하는 대패는 전혀 다르다. 요즘은 자취를 감춘 전통대패는 하나의 날에 밀어서 대패질하는 방식이었다. 그러나 요새 대패는 날이 두 개에 몸 쪽으로 당기면서 대패질하는 방식이다. 이 대패는 일제강점기 이후 일본으로부터 도입되었다. 이제는 거의 모든 목수들이 이 대패를 쓴다. 목재를 정밀하게 깎거나 구멍을 뚫는 끌도 전통끌과 현대끌이 전혀 다르다. 이렇게 따지면 끝이 없을 정도다. 그러니 지금 숭례문 복구공사를 전통기법으로 한다고 하나 150년 전 경복궁 중건 때와 같을 수가 없다.'

공개적으로 목공사의 품값을 기부하겠다는 S목수의 제안에 대한 직원들의 반응이 싸늘하다. 엄밀하게 따지면, 목공사는 계약 당사자인 S목수와 M건설 사이의 문제다. S목수는 M건설과 계약파기에 따른 절차를 협의하고 그에 따른 배상 등 제반 문제를 먼저 해결해야 한다. 설사 그 문제가 원만히 해결되더라도, 현재의 맥락에서 순수한 기부의사로 받아들일 수는 없다. 홧김에 내뱉은 말에 장단을 맞춰줄 수는 없지 않은가!

266

보도자료가 나간 후, S목수와 시공회사 사이의 하도급을 문제 삼겠다고 한 시민단체가 통보해온다. 그러나 S목수와 시공회사 사이의 하도급은 아무런 문제가 없다. 자유시장경제 체제에서 서로 어떤 일을 해주고 대가를 받기로 하는 것은 당연한 것이다. 다만,「문화재보호법」은 '일괄 하도급'만 금지하고 있다. 일괄 하도급이란 공사를 수주한 문화재 업자가 커미션만 챙기고 자신이 수주한 공사를 다른 업자에게 통째로 넘기는 것이다. 이렇게 되면 실질적인 공사금액이 줄어들어 공사의 품질이 떨어지게 된다. 그러나 부분 하도급은 인정될 뿐 아니라 장려된다. 목공사, 석공사, 단청공사 등의 부분 공사를 하도급으로 공사하는 것은 문화재업계뿐만 아니라 건설업계의 일반적인 경영형태다. 건설공사는 수많은 복합공사로 이루어진다. 건설회사는 핵심적인 기술력만 보유하고 개별공사는 하도급으로 그 분야의 전문건설업자에게 맡긴다. 그래야 경영의 효율성과 공사의 전문성을 꾀할 수 있다.

해결, 그러나……

언론에 파업소식이 보도된 이상 더 이상 기다릴 수만은 없다. 나는 직원들과 상의한 끝에 S목수를 만나 담판 짓기로 한다. 일전에 평소 알고 지내는 S목수의 제자 R목수도 내게 전화를 걸어 S목수를 만나보는 것이 어떠냐고 제의한 적이 있다. R목수가 만남을 주선한다.

경복궁 서측 창성동의 한 카페에서 나는 R목수와 함께 나온 S목수를 만난다. 서로 의례적인 인사말을 나눈 후 내가 불쑥 말을 꺼낸다.

"목공사 재개하실 거죠?"

"이렇게 나왔다는 것은 일을 다시 하겠다는 거지요."

"하여튼 다행입니다. 목공사를 기부하겠다는 말씀은 거두어주셨으면 합니다. 지금 기부하는 것은 저희들로서는 받아들이기 힘듭니다."

"알겠습니다."

"그럼, 아무 조건 없이 목공사 재개한다는 보도자료를 우리가 내겠습니다. 그리고 '문화재청과 S대목장은 국민의 관심사인 숭례문 복구를 위해 최선을 다하는 것이 현 시점에서 무엇보다 중요하다는 데 인식을 같이 했다'는 말을 덧붙이도록 하겠습니다."

한 달 동안 끌어온 줄다리기가 싱겁게 끝난다. 숭례문복구단에서는 '숭례문 목공사 오늘부터 재개하기로'란 제목의 보도자료를 기자들에게 돌려 S목수의 복귀를 알린다.

문화재청은 최근 언론에 보도된 '숭례문 복구 한 달째 중단…'과 관련하여 M건설과 S대목장 사이의 의견을 조율한 결과, 2012년 1월 10일부터 아무런 조건 없이 기존 계약대로 공사를 재개하기로 하였다.

숭례문 복구공사의 목공사 공정이 한 달여간 중단된 상태였으나, 온 국민의 관심사인 숭례문 복구를 위해 최선을 다하는 것이 현 시점에서 무엇보다 중요하다는 것에 인식을 같이 하였다.

목공사는 4월 말 완료될 예정으로 금일 목공사가 재개됨에 따라 전체 공정에는 차질이 없을 것으로 전망하고 있다.

다음날 아침, 나는 복잡한 출근길 지하철 안에서 운 좋게 자리를 잡는다. 속으로 '이런 행운이 있나' 하며 호주머니를 뒤적여 휴대전화기를 꺼내든다. 뉴스 검색에 '숭례문'이라고 입력하자 새로운 기사가 하나 뜬다. S목수의 인터뷰 기사다. S는 목수일을 재개하기로 했다는 사실과 함께 "다만 이후 들어오는 나무들은 통나무가 아니라 제재목으로 들어오는 방향으로 M건설과 협의할 것"이라고 한다.[32] 사무실에 도착한 나는 숭례문복구단 직원들과 둘러 앉는다.

"일이 이상하게 흘러가네. S목수가 원목 대신 제재목을 들여오겠다는 것이 무슨 소리야?"

직원들의 설명이다.

'S목수가 제일 골치 아파하는 작업이 판재와 각재 켜는 일이다. 처음 일을 시작할 때 탕개톱으로 판재 켜는 시범을 보인 적이 있었는데, 목수 세 사람이 한 조가 되어 통나무에 먹줄을 튕겨놓고 켜는데 이틀이 지나도 판재 한 장을 못 켰다. 큰 부재로 이루어지는 기둥과 보는 조립이 대략 끝났으니 앞으로 들어갈 부재는 각재와 판재다. 각재가 있어야 포부재를 치목할 수 있고, 판재가 있어야 지붕에 들어갈 개판과 마루에 쓰일 청판을 만들 수 있다. 소요되는 각재와 판재의 양이 엄청나다. S목수 입장에서, 데리고 있는 목수들을 시켜 각재와 판재를 켤 생각을 하니 갑갑할 것이다. 조선시대에도 판재를 켜는 일이 톱질 중 가장 어려운 일이었다고 했으니, 생전 해본 적이 없는 요즘 목수들에게 그 일을 시키는 게 처음부터 무리인지도 모른다. 아마 S목수가 파업한 것도 임금도 임금이지만 앞으로 판재와 각재 켤 일을 생각하니 엄두가 안 나서 그런 측면도 있는 것 같다. 옛날에도 판재 켜는 일은 전문 톱장이들의 영역이었다니 판재와 각재는 S목수의 요구대로 제재목을 쓰도록 허용하는 것이 원만히 일을 풀어나가는 방법일 수도 있다.'

그러나 치목은 다 전통기법으로 하겠다고 발표했는데, 이제 와서 제재목을 쓰는 것도 우습다. 나는 고민이 깊어진다.

끝을 향하여

———————————

제3부

상량식

공사가 마무리 단계에 들어선 것을 자축하다

전통을 따른 숭례문 상량식

상량식은 목조건축에서 골조의 최상부에 부재를 올림으로써 건축이 거의 마무리 단계에 이르렀음을 자축하는 행사다. 숭례문 복구의 마지막 해인 2012년에 들어서자, 숭례문 문루의 골격이 어느 정도 갖추어지매 자연스럽게 상량식 이야기가 나온다. 상량식의 형식은 이미 경복궁 복원에서 실시한 대로 가능한 한 옛 전통을 따르는 것이 이제 이 시대의 전통이다.

옛날에는 공사를 주관한 영건도감에서 관상감觀象監에 소속된 일관日官으로부터 상량에 적합한 길일吉日을 받았다. 상량식의 형식과 절차는 조선의 예법을 집대성한 『국조오례의』國朝五禮儀에 자세히 규정되어 있다. 조선의 관상감에 해당하는 국가기관을 찾는다면 대한민국의 기상청일 터이나, 요즘 세상에 택일을 담당하는 일관이 있을 리 없다. 숭례문복구단에서 상량식 날을 정한다. 자연스럽게 화재 발생일인 2월 10일이 거론되지만, 상량식은 자축하는 날인데 화재 발생일은 나쁜 날이라 피하고 싶다. 공사의 진행 상태를 고려할 때, 3월 초가 적당해 직원들이 선호하는 '손 없는 날'인 3월 8일에 상량식을 거행하기로 한다. 이왕 하는 거 좋은 날을 잡고 싶은 것이 사람들의 마음인가보다. 상량문을 짓는 제술관은 리듬감 있는 글을 잘 쓴다는 건국대학교 철학과 K교수가,

쓰는 서사관은 경복궁 복원 상량문을 도맡아 써온 서예가 J씨가 맡는다. 옛 전통에 따른 상량축원上樑祝願 의식은 중요무형문화재 종묘제례 보유단체인 종묘제례보존회가 재현한다.

초청인사는 문화체육관광부장관, 서울시장, 국회문화관광방송통신위원회 의원, 숭례문복구자문단, 소나무 기증자, 숭례문 복구 후원업체인 포스코와 신한은행, 숭례문 관람안내 자원봉사자, 숭례문 복구 참여 장인 등이다. 나는 초청장에 들어갈 '초대의 글'을 쓴다.

지난 2008년 2월 10일 안타까움에 발을 구르던 기억을 뒤로 하고
어느덧 숭례문 복구를 시작한 지 4년의 세월이 흘렀습니다.
그동안 문화재청은 숭례문 화재의 충격에서 벗어나
이를 문화재 보존을 위한 전기로 삼고자 혼신의 노력을 기울여왔습니다.
원래의 모습을 조사하고 연구했습니다.
전통재료와 기법을 고집했습니다.
장인들의 힘을 모았습니다.
이제 3월 좋은 날에
지난 아픔을 훌훌 털어버리고
새롭게 태어날 숭례문을 기대하며
옛 제도를 본떠 상량행사를 거행하게 되었습니다.
부디 참석하시어 복구될 숭례문에 대한 기대와 설렘을 함께 나누시길
바랍니다.

2012년 3월 문화재청장 ○○○

상량식의 하이라이트는 상량문을 봉안한 '뜬창방'을 들어올려 제자리에 놓는 것이다. 뜬창방은 용마루 밑으로 용마루와 평행하게 배치되

는 가로 부재로 지붕 속으로 노출되는 부재 중 가장 높은 곳에 위치한다. 이 때문에 흔히 여기에 상량문도 봉안하고 상량일을 적은 상량 묵서墨書도 쓴다.

참석한 귀빈들이 소개된다. 문화체육관광부장관, 문화재청장, 국회 문화관광방송통신위원회 위원장, 서울시장, S목수, 소나무 기증자 대표, 숭례문 관람안내 자원봉사자 대표, 기와제작을 기부한 신한은행 대표, 철물제작을 지원한 포스코 대표가 차례로 일어나 인사하자 참석자들이 박수 친다. 이들이 흰 장갑을 끼고 가위로 테이프 커팅을 한 다음 앞에 놓인 오색줄을 잡아당기자 뜬창방이 올라간다. 뜬창방이 어느 정도 높이에 다다르자 미리 대기하고 있던 목수들이 이를 제자리에 놓은 다음 큰 나무망치로 정확한 위치에 때려박는다.

뜻밖의 논란, 단기냐 서기냐

상량식이 끝나자, 적지 않은 사람들이 "왜 상량문에 쓴 날짜를 '단기'로 쓰지 않고 '서기'로 썼느냐"며 항의한다. 상량식 당일 상량문을 봉안할 뜬창방 아래에 '西紀二千十二年三月八日復舊上樑'이라고 서예가 J씨가 현장에서 글씨를 써보였기 때문에 서기를 쓴 것이 알려진 탓이다. 단기를 선호하는 사람들은 서기 2012년이 아니라 단기 4345년이라야 한다고 주장한다. 우리 것을 소중히 여기는 사람들에겐 다른 것은 몰라도 문화재에는 '서력 기원'이 아니라 '단군 기원'을 기준으로 해야 한다는 항변이 깔려 있다. 사실 상량문을 작성할 때는 별생각 없이 전례에 따라 서기를 썼다. 뒤늦게 서기를 쓰게 된 연유를 따져본다.

정부 수립 이후 1948년 9월 25일 제정된 법률 제4호는 "대한민국의 공용 연호는 단군 기원으로 한다"고 규정했다. 그러나 다른 나라와

숭례문 상량식

상량식은 목조건축에서 골조의 최상부에 부재를 올림으로써 건축이 거의 마무리 단계에 이르렀음을 자축하는 행사다. 상량식의 하이라이트는 상량문을 봉안한 뜬창방을 들어올려 제자리에 놓는 것이다. 상량식 당일 상량문을 봉안할 뜬창방 아래에 '西紀二千十二年三月八日復舊上樑'이라고 서예가 J씨가 현장에서 글씨를 써보였다.

의 외교 관계가 넓어지자 유독 한국만 단기를 사용하는 것은 여러 측면에서 불편했다. 이에 1962년 12월 2일 법률 제775호로 기존의 단군 기원을 폐지하고 서력 기원으로 대한민국의 공용 연호를 바꾸었다. 정부에서 주관하는 숭례문 복구에 법이 정한 서력 기원을 쓰는 것은 지극히 당연하다. 그러나 법과 국민감정은 다를 수 있다는 주장이 한 신문의 칼럼을 통해 제기된다.

(전략) 문화재청이 상량문에 서기를 표기한 것이 법률적으로는 옳은 일일 터이다. 하지만 나 개인적으로는 여전히 서기 사용이 마뜩치 않고, 그냥 '2012년'으로 썼어야 옳다는 생각이다. 만약 숫자 앞에 무엇인가 붙이고 싶다면 '기원 2012년'이라 쓰면 된다.

그 이유는 간단하다. 법률 제775호를 제정할 당시에는 그런 의식이 약했고, 단기를 기본으로 쓰고 괄호 속에 서기를 넣던 시기였다.

하나 서력 기원은 그때 이미 서양의 기원이기보다 세계 공통의 기원이었다. 그러니 우리 법률 제775호는 '대한민국의 공용 연호는 (서력 기원에서 비롯한) 세계 공통의 기원으로 한다'고 했더라면 좋았을 것이다. 실제로 당시 우리가 연호를 바꾼 것은 세계 공통의 연호를 채택한 것이지, 서양 것을 따르기 위한 조치가 아니었기 때문이다.

고도의 세계화 시대에 우리만 단기를 새삼 쓰기는 어렵다. 하지만 쓸데없이 서기란 말을 사용해 민심을 자극하는 일도 좋은 일은 아니지 않은가? 그냥 '2012년'이라 썼다 해서 그것을 '단기 2012년'으로 오해할 후세 한국인은 없을 것이다.[1] (후략)

일리 있는 말이다. 옛 건물을 고친 후 상량문을 건물의 뜬창방에 봉안하는 것은 옛 전통을 따른 것이다. 그런데 여기에 서양의 서력 기원을 쓰는 것이 왠지 편해 보이지 않는다는 것이 많은 사람들의 느낌이

다. 적지 않은 사람이 그렇게 느낀다면 그런 것이다. 이건 논리의 문제
가 아니라 감정의 문제인 듯하다.

단청은 전통재료로

단절된 지 오래된 전통재료로 단청을 한다는 것

전통단청에 관해 공부하다

건물 다 짓고 마지막에 치장하는 것이 단청이다. 그러나 숭례문 복구에서 단청은 처음부터 고민거리였다. 전통재료에 의한 단청이 단절된 지 오래다. 단청재료는 크게 색깔을 내는 안료와 이를 목재에 붙이는 풀로 구성된다. 옛날에 안료는 주로 광물질에서 구했고, 접착제는 소가죽을 고아 만든 아교를 사용했다. 주로 그러했을 뿐 사용 가능한 모든 물질이 안료와 접착제로 이용되었다. 이러한 측면에서 전통안료는 무기질無機質 안료와 유기질有機質 안료로 나눌 수 있다. 무기질 안료에는 천연의 암석과 흙에서 추출한 것과 몇 가지 무기질 성분을 합성해서 만든 것이, 유기질 안료에는 동식물에서 추출한 것이 있었다. 접착제 역시 아교 말고도 민어의 부레로 만든 어교, 사슴뿔로 만든 녹각교, 쌀로 만든 미말, 찹쌀로 만든 점미말 등 다양한 풀이 사용되었다.

요즘은 화학적으로 합성한 안료와 접착제, 즉 페인트를 사용한다. 문화재청에서는 1977년부터 전통단청재료를 포기하고 현대의 화학제품을 단청재료로 사용해왔다. 전통단청재료는 대부분 수입품이어서 비쌀 뿐 아니라 1970년대 당시에는 공해가 심해 서울을 비롯한 대도시에서는 사용하기 어려웠다. 단청재료는 광물질이라 거기에 포함된 성분들이 공해물질과 화학반응을 일으킨다. 여기에 비해 현대의 단청재료는 값이 싸고 공해에 별다른 영향을 받지 않아 사용하기 쉽다. 재료가 변하면 기법도 거기에 맞추어 변한다. 이것이 요즘 단청을 전통단청기법이라 할 수 없는 이유다.

숭례문복구단은 전통재료로 단청을 하기로 하고 숭례문복구자문단에 의견을 구한다. 1960년대의 숭례문 수리에 감독관으로 참여했던 K위원은 전통단청에 대해 매우 조심스러운 입장이다. 숭례문이 서울 도심 한가운데에 있는 점을 상기시키면서 광물질인 전통단청 안료가 공해에 견딜 수 있을지 염려한다. 1960년대 수리 때 전통단청 안료를 사용했는데, 공해 때문에 얼마 되지 않아 색깔이 검게 변해 1970년에 다시 단청을 해야 했다.

K위원의 증언은 전통단청과 공해의 상관관계에 대한 면밀한 검토를 요구한다. 서울 도심의 대기오염 농도를 조사한 결과, 다행스럽게도 그리 염려할 바는 아니다. 대기오염을 측정하기 시작한 1972년에 비해, 현재의 대기오염 농도는 최고도에 달하는 출퇴근 시간대에는 30분의 1, 보통 때는 100분의 1에 지나지 않는다. 국립문화재연구소의 실험 결과, 이 정도면 대기오염으로 인한 단청의 변색은 염려하지 않아도 된다.

다음으로는 단청재료를 어떻게 구하느냐 하는 문제다. 예로부터 단청안료는 대부분 중국이나 일본 등 외국으로부터 수입했다. 국내에서 생산된 재료는 접착제인 아교와 극히 일부의 안료에 한정된다.

전통단청을 숭례문에 적용하기 위해서는 우선 숭례문복구단 직원들 스스로가 전통단청에 대한 이해가 있어야 한다. 나는 직원들과 함께 전통단청에 대해 공부한다.

단청용 전통안료는 청靑, 적赤, 황黃, 녹綠, 백白, 흑黑 여섯 가지의 기본색으로 이루어지며, 이를 변화시키면 더욱 다양한 색상을 얻을 수 있다. 청색은 다시 진한 청색인 군청群靑과 연한 청색인 삼청三靑 등으로 구분된다. 적색은 진한 붉은색인 번주홍燔朱紅, 일본풍의 선명한 빨

단청용 전통안료의 색

간색인 왜주홍倭朱紅, 중국풍의 붉은색인 당주홍唐朱紅 등으로 나뉘어진
다. 황색은 크게 웅황雄黃과 동황同黃으로 구분된다. 웅황은 석황石黃,
석자황石紫黃으로도 불리며 비소 화합물이다. 우리나라에서 생산되지
않아 수입에 의존했다. 동황은 해등나무 수액으로 만드는 유기질 안료
다. 녹색은 진하기에 따라 차례대로 진한 녹색인 뇌록磊綠, 나뭇잎 색깔
인 하엽荷葉, 밝은 녹색인 양록洋綠 등으로 분류된다.

이와 더불어 옛 문헌에 보이는 안료의 명칭을 통해 전통안료를 이해
할 수 있다. 당채唐彩, 진채眞彩, 박채薄彩, 분채粉彩, 토채土彩, 향채鄕彩
등이 그것이다. 본래 '당'唐은 중국을 뜻하고 "창경궁 건축에 필요한 당
채색唐彩色의 조달을 위해 화원을 요동遼東으로 보낸다"는 기록이 실록
에 있는 것으로 미루어 당채는 중국에서 수입한 안료임을 알 수 있다.[2]

당채唐彩	중국에서 수입한 안료.
진채眞彩	중국 등 외국에서 수입한 안료.
박채薄彩	채도나 명도가 떨어지는 값싼 안료.
분채粉彩	분(조가비 가루)를 기본재료로 산화물을 넣고 가열하여 만든 안료.
토채土彩	색깔 있는 흙으로 만든 국산 안료.
향채鄕彩	수입 안료인 진채에 대비되는 국산 안료.

안료의 명칭

진채 또한 중국 등 외국에서 수입한 질 좋은 안료로 추정된다. 실록을 비롯한 다수의 문헌에 진채는 우리나라에서 생산되지 않는 매우 값비싼 안료라 사찰과 민가 등에는 사용을 금한다는 내용이 보인다.[3] 박채는 채도나 명도가 떨어지는 값싼 안료를 가리키기도 하고 안료를 묽게 타서 그리는 것을 이르는 것이기도 하다. "박채만 써서 묽게 그리는 경우도 있고 완전히 진채를 써서 칠하는 경우도 있는데, 어떻게 하느냐에 따라 비용이 엄청나게 차이가 납니다" 라는 기록에서 이를 알 수 있다.[4] 분채는 '분'粉을 기본재료로 하여 아연, 구리, 납 등의 산화물을 넣고 가열하여 만든 안료다. 분채의 제조법은 17세기 중국에서 편찬된 종합기술서인 『천공개물』天工開物에 소개된 것으로 봐서, 그 이전부터 사용된 것이 분명하다. 조선 후기 실학자 이덕무李德懋, 1741~1793가 지은 『청장관전서』青莊館全書 60권 「앙엽기칠」盎葉記七에도 분채에 대한 제조법이 언급되어 있다. 이에 의하면 분채의 분은 합분蛤粉, 즉 조가비 가루다. 이외에도 이규경李圭景, 1788~?이 편찬한 『오주연문장전산고』五洲衍文長箋散稿의 「제연분변증설」製鉛粉辨證說에 분 만드는 법이 소개되어 있다. 분채를 사용했다는 기록은 『명종실록』, 『홍재전서』, 『승정원일기』 등에 보인다.[5] 토채는 황토, 주토, 백토 등 색깔 있는 흙으로 만든 국산 안료로 '수비水飛질'을 통해 제조된 것으로 기록되어 있다.[6] 향채는 수입 안료인 진채에 대비되는 국산 안료다.

전통안료 중 천연암석에서 얻는 것을 '석채'石彩 혹은 '암채'岩彩라 한다. 석채의 원료가 되는 암석으로는 청색을 내는 남동광藍銅鑛, 녹색을 내는 공작석孔雀石, 적색을 내는 진사辰砂 세 종류가 있다. 영어로는, 남동광은 아주라이트azurite, 공작석은 말라카이트malachite, 진사는 시너바cinnabar라고 부른다. 백색은 '호분'胡粉이라 하여 조가비를 빻아 만들며 흑색은 붓글씨 쓰는 먹을 사용한다.

전통안료 중 국내에서 생산된 것으로는 뇌록, 주홍, 석간주, 호분을

숭례문 단청

석채 또는 암채

청靑	적赤	녹綠	황黃	백白	흑白
남동광	진사	공작석	비소	호분(조가비)	먹

단청안료의 원료

들 수 있다. 1749년 창덕궁 대보단大報壇을 수리하고 편찬한 『대보단증
수소의궤』大報壇增修所儀軌에 뇌록, 주홍, 석간주, 호분을 수비했다는 기
록이 있다. 수비는 안료의 재료가 되는 암석을 빻아 가루로 만든 다음,
이를 물에 넣고 가라앉히면서 입자의 비중 차이를 이용해 불순물을 걸러
내는 정제작업을 일컫는다. 그러므로 이는 이 안료들을 국내에서 생산했
다는 것을 의미한다. 조선 중기인 1530년에 편찬된 『신증동국여지승람』
新增東國輿地勝覽에 의하면, 뇌록은 "경상도 장기현長鬐縣 뇌성산磊城山에
서 난다"라고 했다. 『국조보감』國朝寶鑑 숙종 28년의 기록을 보면 "삼척
영장三陟營將 이준명李浚明이 울릉도에 갔다가 돌아와 석간주石間朱를 바
쳤다"고 했다. 호분은 조가비를 빻아 만드는 것이므로 국내생산이 가능
했고, 주홍은 붉은 흙인 주토朱土에 백반을 넣고 가열해서 만들었다.

단청은 여러 가지 정해진 문양을 건축물의 각 부재에 그려넣는 것이
다. 작업과정이 복잡한 듯하지만, 크게 준비작업과 실시작업으로 나눌
수 있다.

준비작업은 문양도 작성, 마름질, 출초出草, 천초穿草 순으로 진행
한다. 문양도 작성은 단청할 문양을 종이에 그려보는 것이다. 이를 통
해 단청할 문양을 확정하면 다음으로는 실제 단청할 개별 부재의 치수
를 재게 되는데 이를 마름질이라 한다. 마름질을 통해 각 부재의 치수
를 알게 되면 부재의 크기대로 종이로 본을 만들어 여기에 단청할 문양

준비작업 ···· 문양도 작성 → 마름질 → 출초 → 천초

실시작업 ···· 면닦기 → 아교포수 → 가칠 → 타분 → 채색

단청의 작업과정

을 직접 그린다. 이를 출초 혹은 '초상' 草像이라 한다. '초내기'라고도 부른다. 출초가 끝나면 그려진 문양의 윤곽선을 따라 종이에 바늘로 구멍을 뚫는데, 이를 천초라 한다. 이렇게 해서 부재 별로 그려진 문양의 윤곽선을 따라 구멍을 뚫는 작업이 끝나면 문양에 관한 한 준비작업이 끝난 셈이다.

문양에 대한 준비작업이 끝나면, 다음으로는 실제로 단청할 면을 손질하고 문양을 그려넣는 실시작업이 기다리고 있다. 실시작업은 면닦기, 아교포수, 가칠, 타분, 채색 순으로 진행한다. 면닦기는 말 그대로 단청할 부재의 표면을 깨끗이 닦아 그 자리에 문양을 그려넣을 수 있도록 준비하는 작업이다. 면닦기가 끝나면 2회 정도 아교를 물에 타서 바른다. 처음 바르는 것을 '초칠' 두 번째를 '재칠'이라 하는데, 초칠보다 재칠을 진하게 한다. 아교포수가 끝나면 단청의 바탕칠을 하는데, 이를 가칠이라 한다. 가칠은 기둥은 붉은색을 띠는 석간주로 하고 창방 등 그 윗부재는 녹색을 띠는 뇌록으로 한다. 가칠이 끝나면 문양을 그릴 준비가 된 것으로 볼 수 있다. 이제 각 부재 별로 마름질한 종이에 문양을 그려 천초한 본을 개별 부재 위에 갖다놓고 호분이 든 주머니(이를 '타분 주머니'라 한다)를 두드리면 가칠한 바탕 위에 하얀 점선으로 문양이 그려진다. 이를 타분 혹은 '타초'라 한다. 타분은 가칠이 완전히 마른 후에 한다. 타분한 문양의 윤곽선을 따라 정해진 색을 칠한다.[7]

단청 공부에 그치지 않고 숭례문복구단 몇몇 직원은 단청 전문가와 함께 일본 현지조사에도 참가한다. 일본은 아직까지 중요한 문화재는 전통안료와 아교로 단청하고 있으니 참고할 만하다는 전문가들의 조언에 따른 것이다.

현장실험, 그리고 단청자문회의

일본 단청조사 후, 숭례문복구단에서는 일본에서 구입해온 안료와 아교를 이용해 여러 가지 현장실험을 실시한다. 중국산 안료도 구해 똑같은 실험을 한다. 단청안료에 대한 분석과 공해에 대한 실험은 국립문화재연구소가 맡는다. 단청용 교착제에 대해서는 한국전통문화대학교의 G교수가 실험에 참여한다.

숭례문복구단은 단청실험 결과를 바탕으로 단청자문회의를 개최한다. 회의 참석자는 숭례문복구단 직원 전원을 포함해 실험에 참가했던 국립문화재연구소 K연구관, H단청장과 한국전통문화대학교 G교수, 일본안료 수입업체 대표와 국산안료 생산업체 대표, 그리고 단청전문가인 O씨다. 일본으로부터 전통안료를 수입하려면 수입업자의 의견을 들어볼 필요가 있다. 천연안료로 그림을 그리는 화가들의 수요 때문에 일본으로부터 안료를 수입하는 업체가 있다. 미미하긴 하지만, 국내에서도 전통안료를 생산하는 업체가 있다. 이 업체는 본래 화장품에 들어가는 황토를 생산하다 최근 황토생산기술을 이용해 안료 생산을 시도하고 있다. 또한 국립문화재연구소에서 개발한 호분 생산기술을 전수받아 소량 생산하고 있다. 국립문화재연구소 출신인 O씨는 전통안료에 대해 해박한 지식을 가지고 있는 전문가다. 먼저 숭례문복구단에서 그동안의 진행사항에 대해 설명한다.

'전통기법과 전통재료로 숭례문을 복구한다는 기본원칙에 따라 단청 역시 전통안료와 아교를 사용하기로 방침을 세웠다. 1970년 이후 전통재료에 의한 단청은 사실상 단절된 상태다. 단청용 안료는 대부분이 국내에서 생산되지 않는 것이어서, 예로부터 중국이나 일본 등 외국으로부터 수입했다. 이번에도 외국에서 수입하기로 하고 일본과 중국 안료에 대해 조사한 결과, 일본산이 중국산보다 품질이 우수하다는 것을 확인했다. 일본산이라고는 하지만, 일본 역시 자국에서 생산되는 단청용 암석이 거의 없어 여러 나라에서 수입하여 가공한 것이다. 일본은 아직까지 전통단청을 하고 있고 전통안료로 그림을 그리는 수요가 많아 단청안료와 아교 가공기술이 살아 있다. 국립문화재연구소의 실험에 의하면, 중국산 안료는 전반적으로 공해에 취약하고 일부는 진품이 아닌 것으로 판명되었다.

국내 단청의 현주소를 살펴보면, 1970년대 초까지 전통안료가 부분적으로 사용되었으나, 1970년대 후반부터는 모두 화학안료로 대체되었다. 당시 전통안료는 값이 비쌀 뿐 아니라 공해 때문에 변색되는 경우가 많아 사용에 문제가 있었다. 이러한 문제점을 극복하고자, 1972년부터 1977년까지 국립문화재연구소와 국립과학기술연구소가 공동으로 인공단청안료에 대한 연구를 수행하여 표준적인 색상과 제조업체 그리고 배합비율 등을 정했다. 접착제는 아교 대신 화학제품인 아크릴에멀전으로 대체되었다. 이로써 전통안료 대신 현대의 화학안료를 쓸 수 있는 기반이 마련되었다. 화학안료와 접착제는 값이 쌀 뿐 아니라 칠하기 쉽고 밝은 색을 낼 수 있다. 또한 공해에도 잘 견디는 장점이 있다. 그러나 화학안료는 전통안료의 은은한 색상을 재현할 수 없고 목재에 통풍이 안 되는 단점이 있다. 특히 전통안료의 색상을 그대로 재현할 수 없어, 화학안료로 단청을 하면 옛날 분위기를 잃어버린다는 지적이 있어왔다.

국산 전통안료로는 석간주, 먹, 호분이 있다. 기둥에 칠할 석간주는 국내에 흔한 주토를 사용하면 되고, 호분은 2008년 국립문화재연구소에서 제조기술을 연구 개발해서 국내업체에 기술을 이전한 상태다. 이 외에도 국내에서 생산되었던 안료로는 뇌록이 있지만, 현재는 광산이 폐광된 상태라 생산이 불가능하다. 교착제인 아교는 원래 국산 아교를 사용할 예정이었으나 접착강도에 문제가 있어 포기했다. 국산 아교는 1970년대 이후 생산되지 않아, 그 맥이 끊겼다. 최근 K대학교 A교수가 국립과학관과 함께 '겨레과학연구'의 일환으로 재현에 성공했다고 발표한 바 있다. 그러나 그 방법으로 아교를 생산해 실험했는데, 안타깝게도 접착력이 떨어져 단청용 교착제로 사용하기는 부적합한 것으로 판명되었다. 일본산 아교는 실험 결과 접착력이 우수하다. 이에 따라 전통단청을 한다면 일본산 아교의 사용이 불가피해 보인다.

그런데 아교를 쓸 때의 문제점은 비가 들이칠 때 단청한 부분이 흘러내릴 가능성이 많다는 것이다. 아교는 수용성이라 습기에 약하다. 의궤의 기록에 의하면, 건물의 내부는 진채를 사용해 단청을 했고 외부는 향채를 사용했다.[8] 바깥은 오래 못 가기 때문에 상대적으로 싼 향채를 쓴 것이다. 이러한 사실로 미루어볼 때, 옛날에도 외부 단청이 빗물에 씻기는 문제를 고민했다는 것을 알 수 있다.'

숭례문복구단의 긴 설명이 끝나자, 단청전문가인 O가 말한다.

'일부 안료를 국산으로 사용하겠다고 했는데, 국산도 좋지만 현실성이 있는지 검토해야 한다. 국산을 사용한다고 하면 듣기는 좋겠지만 문제가 생길 수 있다. 단청안료야 옛날부터 전통적으로 외국에서 수입했던 물품이다. 단청안료 만드는 게 쉬운 일이 아니다. 게다가 우리에게 전통안료를 수비하는 기술이 전승되지 않았다. 일제강점기 이후 단청안료를 생산한 적이 거의 없다. 안료는 수비과정에서 불순물을 다 빼야 한다.

그렇지 못하면 구리나 철분 같은 불순물이 남아 있다가 공기 중의 산소와 결합해 녹이 생긴다. 구리가 산소와 결합해 산화제1구리Cu_2O가 되면 붉은색 녹이, 산화제2구리CuO가 되면 검은색 녹이 생긴다. 단청은 한 번 하면 최소한 20~30년은 가야 한다. 수비가 제대로 안 된 국산 안료를 썼다가 몇 년 후에 변색되어 다시 해야 되면 큰일이다. 1960년대에 전통단청이 검게 변색된 것도 공해 때문이라고 하지만, 사실은 당시 안료 수비기술이 형편없어 구리나 철 같은 불순물이 제대로 정제되지 않아 생긴 현상처럼 보인다.'

숭례문복구단에서 대답한다.

'숭례문복구단도 처음에는 일본산이 유일한 대안이라 생각했는데, 국내 업체에서도 수비를 할 수 있다고 해서 내린 결론이다. 일단은 그쪽에서 수비한 안료의 색감이 만족할 만했다. 앞으로 국산 안료의 시장성을 보았을 때, 안료 자체에 별 문제가 없다면 가급적 국산을 사용할 계획이다.'

이번에는 국산안료 생산업체 대표가 준비해온 사진을 펼쳐가며 설명한다.

'일본산이나 국산이나 녹색을 만드는 광물은 말라카이트인데, 주로 중국에서 생산되고 품질이 좋은 것은 아프리카 콩고산產을 치고 있다. 염려하는 정제 부분은 자신이 있다. 광석을 분쇄한 다음 물에 넣어 입자의 비중에 따라 가라앉는 속도가 다르다는 것을 이용해 분류하고 있다. 광석에 포함된 철은 강력한 자석을 대서 제거한다.'

단청전문가 O의 질문이 이어진다.

'이번에 숭례문에 사용하게 되는 안료의 입자 크기는 얼마로 결정되었는가? 입도粒度에 따라 색이 다르게 나온다. 같은 원석原石이라 하더라도 입자가 크면 진한 색으로 보이고 입자가 작아지면 연한 색이 된다. 일본은 자기들 나름대로 1번에서 15번까지 입자의 크기를 정해놓고 사용한다. 아주 가는 입자인 1에서 4번까지는 그림 그리는 화가들이 사용하고, 단청에는 입도 8번을 사용한다고 들었다. 일본 전문가에게 물어봤더니, 일본 단청은 옻칠 위에 하는데 한국은 목재 바탕에 바로 하니까 일본보다 굵은 9번 입도가 적당할 것이라는 의견을 줬다. 우리도 일본처럼 입도에 대한 노하우를 축적하여 적절한 입도를 제시할 수 있어야 한다. 국산안료 생산업체에서 그러한 것은 어떻게 할 작정인가?'

국산안료 생산업체 대표의 대답이다.

'국내에서도 입자의 크기 별로 입도를 정하는 것은 얼마든지 가능하다. 일본만큼 단청안료 생산 연륜이 길지 못하다보니, 아직 그 정도는 못 된다. 그것은 앞으로 정해나가야 하는 숙제다. 현장에서 전통안료로 단청작업이 많이 이루어지면, 경험이 축적되어 저절로 가능할 것이다.'

일본안료 수입업체 대표가 나서서 보충설명을 한다.

'천연 석채의 색도는 입자의 크기에 따라 변한다. 가늘수록 연하고 굵을수록 진한 색을 띠게 된다. 그것은 가시광선의 투사율에 따른 착시효과 때문이다. 그런데 원석의 품위品位에 따라 색상이 조금씩 다르기 때문에, 입도를 기준으로 색상을 정하는 것은 불가능하다. 직접 단청을 하는 장인이 원하는 색상을 지정하면, 그 색을 유지하기에 적당한 입도를 정하는 순서로 가야 한다. 가령 숭례문 단청에 맞는 군청, 삼청, 양록을 정했으면, 그 색상에 맞는 색은 수비를 통해서만 얻을 수 있다. 아무리 원석의 품위가 좋아도 천연재료이기 때문에 동일한 색상을 가진 원석은 있을 수 없다.'

이번에는 H단청장이 의견을 낸다.

'단청하는 장인 입장에서는 누가 안료를 수급하든지, 업체가 정해지면 장인이 사용할 색상을 제시하고 업체와 상의하면 될 것 같다. 어떤 입도를 사용하느냐 하는 것을 수치화하는 것은 나중에 차차 하면 된다.

단청을 직접 할 단청장이 자신의 입장을 밝히자, 입도 문제는 그것으로 일단락된다. 대신 단청전문가 O는 단청장이 보기에 국산 양록이 쓸 만한 건지 판단해주어야 한다고 주문한다. 이에 대해 H단청장은 일본산 안료는 옛 단청과 느낌이 비슷한데, 국산 안료는 조금 미흡하다는 의견을 내놓는다. 그 증거로 그는 자신이 국산과 일본산 안료로 칠한 시편을 들어 보인다. 단청장의 말을 듣고 시편을 훑어보니 차이가 좀 나는 것 같다. 품질 문제를 확실히 하기 위해 내가 나선다.

"품질에 문제가 있거나 검증되지 않았는데, 국산이란 이유로 무리하게 사용할 생각은 없습니다. 국산 양록이 품질에 문제가 있다면 사용하지 않는 것이 좋을 듯합니다."

O가 계속 안료에 관심을 보인다. 그는 석간주도 국산을 쓴다고 했는데 천연산화물인 산화철을 사용하는지 묻는다. 석간주는 주로 기둥에 칠하는 붉은 계통의 안료다. 숭례문복구단에서 대답한다.

291

'옛 문헌에 의하면, 석간주 자체는 암석의 종류이고 그와 더불어 붉은 흙인 주토를 사용한다고 했다. 이번에 숭례문에 쓸 석간주는 암석이 아닌 흙이다. 주토에 대해서는 국립문화재연구소에서 내구성실험을 했는데, 흙이라 별다른 문제가 없다는 결과가 나왔다.'

O가 국산 호분에 대해 의문을 표시한다.

'호분도 국산을 사용한다고 했는데, 국산안료 생산업체에서 얼마만큼의 조가비를 보유하고 있는지 궁금하다. 일본에서는 조가비를 50년에서 100년 정도 야적해 염분과 단백질을 빼내고 순수하게 칼슘만 정제해 호분을 만든다. 지금 한국에 그렇게 오래된 조가비가 있는지 의문이다. 염분이 남아 있으면 나중에 자기들끼리 똘똘 뭉쳐 붓질이 어렵고, 단백질이 남아 있으면 아교와의 접착력이 떨어진다. 일본에서는 조가비를 갈아 물에 담가 두었다가 위의 물은 버리고 아래에 남은 앙금을 다시 물에 담가 재분리한다.'

국립문화재연구소 K연구관이 답변한다.

'우리나라에도 50년 정도 방치된 조개껍질이 있어 그것을 사용하고 있다. 호분은 국립문화재연구소에서 독자적으로 기술을 개발했고, 그것을 민간업체에 기술을 이전했다. 실험 결과, 국산 호분도 일본산에 못지않게 우수한 것으로 판명났다. 숭례문 단청에 사용해도 문제가 없을 것이다.'

O가 전통안료의 수급에 대해 걱정한다.

'숭례문에서는 전통안료를 사용한다고 하지만 앞으로가 문제다. 사실

천연암채는 앞으로는 사용하기 어려울 것이다. 일본 전문가들은 이제 안료용 천연광석은 더 이상 나오지 않을 것으로 예상하고 있다. 그래서 그들은 천연암채 이후를 대비하고 있다. 신암채新岩彩를 사용하는 것이다. 도쿄 우에노에 있는 한 사찰을 예로 들면, 돈도 많고 전통을 존중하는 곳이어서 당연히 천연암채로 단청할 법한 데도 인공암채를 사용하고 있다. 일본 문화청의 허가도 받았다고 한다. 이제 군청색을 내는 에졸라이트는 매장량이 동이 나 생산되지 않는다. 세계적으로 큰 딜러 외에는 구입할 수도 없는 실정이다. 말라카이트도 앞으로 30년 뒤는 끝이다. 우리도 앞으로는 신암채를 써야 된다.'

'신암채'라는 새로운 용어가 등장하자, 일본안료 수입업체 대표가 보충 설명한다.

'천연암석인 에졸라이트나 말라카이트 등을 대신해 인공적으로 만든 인공광물을 이용해 만든 암채가 신암채다. '인공암채'라고도 한다. 지금 숭례문 단청을 전통안료로 하겠다고 발표했지만, 예상을 뛰어넘는 비용과 수입산 안료에 대한 부담이 있는 것이 사실이다. O의 말대로 에졸라이트와 말라카이트는 현재 아주 제한된 양만 유통되고 있다. 에졸라이트는 현재 채광이 금지되어 있다. 현재 유통되고 있는 에졸라이트는 딜러들에 의해 한두 알씩 소량으로 거래되고 있는 실정이다. 말라카이트는 에졸라이트보다는 매장량이 많지만, 이 역시 한시적이다.
규산질에 특정 색상을 발현시켜주는 금속산화물을 혼합한 다음, 섭씨 1,100~1,200도의 고열을 가해 원료를 완전히 녹여서 식히면 새로운 암석이 생성된다. 이 새로운 암괴를 이용해 만드는 암채가 신암채다. 인공암괴를 이용해 신암채를 만드는 과정은 천연암석을 이용해 분쇄와 수비를 거쳐 천연암채를 만드는 방법과 동일하다. 신암채의 장점은 색상이

다양하고 변하지 않는다는 것이다. 천연암채와 비교했을 때 가격이 10분의 1로 떨어진다. 계획생산이 가능한 점도 장점이다. 신암채 역시 교착제로는 아교를 사용한다.'

전혀 예상하지 못했던 신암채로까지 논의가 전개되는 것은 바람직하지 않다는 생각이 들어 내가 끼어든다.

"앞으로 천연광물을 구할 수 없을 것이라니 대비는 해야겠지만, 아직은 숭례문 단청에서 신암채는 아닌 것 같습니다. 하여간 신암채라는 것이 앞으로의 대안이 될 수 있다는 것은 오늘 회의의 또 다른 수확입니다. 안료는 이 정도면 정리된 것 같다는 생각이 듭니다. 특별한 의견이 없으면 아교와 외부 단청에 대해 이야기하시죠."

이에 H단청장은 아교는 습기에 약하기 때문에 외부 단청은 비가 들이치면 흘러내릴 수 있다며, 여기에 대한 대비책이 있어야 한다고 말한다. 내가 H단청장에게 묻는다.

"옛날에는 어떻게 했죠? 단청장께서는 만봉스님으로부터 들은 거 없습니까?"

이미 고인이 된 만봉스님(본명 이치호)은 단청의 대가로 H단청장의 스승이다. 스님은 분명 전통안료로 단청을 한 경험이 있으니까 습기에 대비한 어떤 비법을 가지고 있었을 것이다. 그렇지 않으면 습기에 약한 전통단청이 성립될 수 없다. 그러나 H단청장은 들은 바가 없노라고 한다. H단청장은 지금까지 인공안료와 접착제로만 단청을 해왔기 때문에 습기에 대한 걱정을 할 필요가 없었다. H단청장의 답변이 시원치 않자 숭례문복구단에서 그동안 조사하고 실험한 내용을 밝힌다.

'의궤에 따르면, 정확한 용도는 언급이 없지만 단청재료로 백반수와 명유明油가 쓰였다. 단청 면 위에 이 둘을 칠해봤더니 모두 습기에는 강했다. 명유는 현재 제조방법을 몰라 주재료인 들기름을 대신 사용했다. 백반수는 투명해 별 문제가 없는데, 들기름은 단청색이 검게 변하는 부작용이 있었다.

현종 8년(1667)에 발간된 『숙종세자수책시 책례도감의궤』肅宗世子受冊時 冊禮都監儀軌와 숙종 16년(1690)에 발간된 『경종왕세자 책례도감의궤』景宗王世子 冊禮都監儀軌를 보면, "명유 7승升을 얻기 위해 법유法油 9승 1합, 황단黃丹 2냥 2전, 백반 2냥 2전, 소목燒木 2단丹, 무명석無名石 2냥 2전을 사용한다"고 했다. 인조 10년(1632)의 『선조비인목왕후 국장도감의궤』宣祖妃仁穆王后 國葬都監儀軌에는, "법유 4승, 황단 1냥, 무명석 9냥, 백반 1냥을 사용해 명유를 만든다"고 했다. 여기서 법유法油는 들기름을 가리킨다. 무명석은 돌 위에 붙어 있는 검은색의 광물질로 피를 멎게 하거나 식중독에 쓰였다고 하는데, 현재는 정확하게 무엇인지 잘 모른다. 더구나 황단은 주성분이 납이라 지금은 사용이 금지되어 있다.'

G교수가 백반수 사용에 의문을 제기한다.

'외부 단청의 경우 빗물로부터 단청을 보호하기 위해 백반수를 도포했다고 하는데, 본래 백반은 물감이 잘 들게 하는 매염제媒染劑다. 봉선화로 손톱에 물들일 때 백반을 사용하는 것은 그러한 이유 때문이다. 단청에 백반을 첨가하는 것은 아교에 미량 섞어 안료와 목재의 접착력을 증진시키기 위함이다. 백반은 강한 산성이라 도포하게 되면 산酸을 코팅하는 것과 같다. 단청 위에 백반수를 도포하게 되면 당장은 괜찮을지 모

르지만, 장기적으로는 산소와 만나 검게 변할 수 있다.'

H단청장이 말한다.

'숭례문은 상하층 문루기 때문에 비가 오면 기둥은 말할 것도 없고 창방에도 빗물이 들이친다. 어떤 사람들은 들기름 칠이라고 하면 들어보지 못했다고 하지만, 1970년대에 자하문 등에 칠했다. 들기름을 칠하면 코팅 역할을 해 채색이 빨리 날아가지 않는다. 돈 많은 사찰에서는 요즘도 3년에 한 번씩 들기름 칠을 한다. 그런데 이번에 보니까, 천연안료 위에 들기름 칠을 하니까 색깔이 어두워지는 문제가 있다. 그렇다고 그냥 뒀다가는 비가 오면 단청이 흘러내리고 말 것이다.'

내가 말한다.

"아무리 상하층 문루라고는 하지만 처마가 상당히 긴데 기둥은 몰라도 창방까지 비가 들이칠까요? 물론 비바람이 불면 빗물이 묻기야 하겠지만, 그것은 일시적인 것이고 직접적으로 빗물이 처마 밑 단청까지 때리지는 않을 겁니다. 들기름을 도포한다고 했는데, 들기름이 유기물이라 나중에 습기 차면 곰팡이 습니다. 특히 햇볕이 들지 않는 북쪽은 틀림없습니다. 최근에 곰팡이가 슬어 말썽이 난 경복궁 건청궁에 가봤습니다. 들기름을 칠하지 않았는데도 북쪽이 엉망이었습니다."

숭례문복구단 직원 한 사람이 내 말에 반박하며 나름대로의 해결책을 내놓는다.

'숭례문에 불이 나기 전에 무슨 조사를 한다고 비올 때 숭례문 상층 문루에 올라간 적이 있는데, 비가 들이쳐 옷이 흠뻑 젖은 경험이 있다. 비가 많이 오고 바람이 부니까, 빗물이 하늘에서 내리는 게 아니고 밑에서 위로 솟구치는 듯했다. 외부 단청에는 들기름이든 백반수든 빗물로부터 보호할 수 있는 조치가 필요하다. 들기름은 단청의 색을 어둡게 하고 곰팡이가 슬 우려가 있다고 하니, 백반수가 좋을 것 같다. 그러나 백반수는 산소와 결합할 경우 검게 변할 수 있다니, 실험을 거쳐 이상이 없으면 백반수를 도포하는 것이 좋을 듯하다.'

모두들 고개를 끄덕이는 가운데 백반수에 대한 실험은 국립문화재연구소에 맡기기로 하고 회의를 마무리한다.

마감재는 무엇으로?

"문화재연구소에서 백반수 도포효과에 대한 실험 결과를 오늘 통보해왔습니다. 유감스럽게도 만족스럽지 못합니다."
"나도 조금 전에 공문 봤어. 이제 어떡하지?"

한 직원의 보고에 나는 낙담한다. 백반수 마감이 빗물이 들이칠 외부 단청을 보호할 수 있길 학수고대하고 있었기 때문이다. 만약 외부 단청을 빗물로부터 보호할 수 있는 방도가 없다면, 전통재료로 어렵게 칠한 단청은 무용지물이 될 것이 뻔하다. 단청 접착제인 아교가 물에 잘 녹기 때문에 빗물에 단청이 흘러내리고 말 것이다.

"다른 방법을 찾아봐야 할 것 같습니다. 정 안되면 명유 대신 들기름이라도 칠해야 하지 않을까요?"
"들기름? 글쎄, 들기름은 아닌 것 같은데. 들기름을 칠하면 곰팡이 나는 게 100프로 확실해. 참 난감하네. 어렵게 여기까지 왔는데…… 다른 방법이라… 혹시, 동유 사용했다는 기록은 없나?"

나는 몇 년 전에 배웠던 소목小木의 경험을 떠올린다. 지금은 시간적인 여유가 없어 접어버렸지만, 몇 해 전까지 동호회 활동까지 열심히 하며 전통가구를 만든 적이 있다. 가구를 만들고 나면 마지막으로 하는 작업이 칠인데, 무슨 칠을 어떻게 하느냐 하는 것이 가구의 품격을 결정한다. 소목 스승으로부터 칠에 대해 들은 것을 기억한다.

'칠은 가구에 생명을 불어넣는다. 아무리 가구를 잘 만들어도 칠을 잘못하면 망치게 된다. 절대로 하지 말아야 할 칠이 있다. 유기물이 함유된 천연도료를 사용한 칠이다. 대표적인 것으로는 들기름을 들 수 있다. 들기름은 처음에는 아주 좋아 보인다. 가구에 광택도 어느 정도 주고 향기까지 좋다. 그러나 들기름의 치명적인 문제점은 습기가 있고 통풍이 안되면 쉽게 곰팡이가 슨다는 것이다. 이러한 이유 때문에 들기름을 칠한 가구는 시간이 지나면 검게 변하고 만다. 그러면 어떤 칠이 좋을까? 동서양을 막론하고 최고의 칠은 옻칠이다. 그러나 옻칠은 재료가 비싸고 칠하는 것이 매우 까다로워 일반적인 칠이라고는 볼 수 없다. 옻을 제외한 최고의 칠재료는 동유桐油다. 동유 역시 오동나무의 일종인 유동나무 열매로 만들기 때문에 유기물이지만, 독성이 있어 곰팡이가 슬지 않는다. 『동의보감』에는 동유를 나쁜 음식이나 독을 잘못 먹었을 때 사용하는 토사제로 규정하고 있다. 동유의 독성 때문에 동유를 마시면 토하게 된다. 또한 동유는 천연 칠로는 유일하게 칠하고 나면 피막이 형성된다. 이 때문에 방수 성능도 우수하다. 그러나 동유의 약점은 잘 마르지 않는다는 것이다. 옛날에는 동유를 빨리 건조시키기 위해 그냥 쓰지 않고 가공해서 쓰는 비법이 있었다고 하는데, 지금 우리는 그 방법을 모른다.

앞으로 우리 세대에서 해결하여야 할 숙제다.'

동유에 대한 옛 기록은 어떤 것이 있을까? 옛 기록이 대부분 그렇듯 동유를 외부 단청 면에 도포했다는 직접적인 기록은 없다. 몇몇 문헌에서 동유의 용도를 유추해볼 수 있는 기록을 발견한다.『문종실록』에 의하면, 배를 만들 때 배의 틈새로 물이 새지 않도록 동유에 석회를 섞어 바른다고 했다.⁹ 인조 대에 쓰인『승정원일기』에 따르면, 실록을 보관하는 사고史庫의 외부에 5~6년에 한 번씩 동유를 칠해주면 습기를 막을 수 있어 오래도록 썩지 않을 것이라고 했다.¹⁰ 숙종 대에 쓰인『어용도사도감의궤』御容圖寫都監儀軌에는 기름종이에 동유를 칠하면 비가 새는 것을 방지할 수 있다는 기록이 있다. 이러한 기록들은 동유가 방수와 방습에 효과가 있다는 것을 알려준다. 동유를 칠하면 외부 단청 면을 보호할 수 있을 것이다!

그러던 중 나는 인터넷에서 동유에 대한 정보를 검색하다 한 잡지에 실린 만봉스님의 인터뷰 기사에서 동유의 쓰임새를 발견한다.

목조건물의 단청 작업은 단청을 올릴 바탕을 닦는 일에서부터 시작된다. 깨끗이 닦아낸 후 끓인 물에 아교나 부레풀을 엷게 타서 골고루 바르고 가칠을 한다. 풀이 마르면 또다시 아교풀칠을 하고 그 위에 가칠을 하는데, 이렇게 하기를 번갈아 다섯 번씩 한 다음, 면 전체에 청토를 바른다. 이는 단청의 색이 목조에 곱게 스미도록 하는데, 풍화 방지의 역할도 또한 있다. 도본을 대어 무늬를 찍어 내는 작업을 타초라 한다. 넘실대는 파도를 그리는가 하면, 대자대비한 관음의 미소를 그리기도 한다. 타초가 끝나면 채색을 하고 오동나무 열매 기름인 동실유桐實油를 발라 마무리한다.¹¹

또 하나 참고할만한 것은 예용해芮庸海 선생의 증언이다. 예용해 선생이 쓴 「단청」이란 글에 이런 내용이 있다.

시채施彩나 채화彩畵가 끝났을 때 목부에는 오동나무 열매에서 짜낸 기름(桐油=油桐)을 인두로 지지면서 도포한다. 동유는 방수성이 강하여 동유를 먹인 동유지桐油紙는 갓모나 비옷에 쓰이기도 한다. 간혹 명유明油나 법유法油를 붓으로 칠하여 바르기도 하나 그것은 차상次上의 방식이다.[12]

예용해 선생은 민속학자로 알려져 있지만, 사실은 옛날 기술에 많은 관심을 갖고 조사와 연구를 했다. 이로 미루어볼 때, 예전에도 틀림없이 단청 후에 동유로 마무리했다. 마감하지 않은 단청 면은 손으로 묻어날 정도여서 내구성을 기대할 수 없다. 단청의 접착제로 쓰이는 아교는 수용성이라 빗물에 쉽게 흘러내린다.

단청 면 위에 동유를 칠한 시편을 국립문화재연구소에서 인공열화실험을 하기로 한다. 인공열화실험은 습도와 온도 그리고 자외선을 이용해 인공적으로 가혹한 환경을 만들어 그 속에 있는 물건이 어떻게 변하는지 알아보는 실험이다. 인공열화실험을 통해 짧은 기간의 실험으로 긴 기간의 변화를 추정할 수 있다. 한 달의 실험으로 3년 후의 변화 상태를 예측한다.

숭례문복구단은 외부 단청 면을 어떻게 보호할 것인지를 결정하기 위해 다시 단청자문회의를 연다. 동유에 대한 자문을 구하기 위해 P소목장을 초대한다. 인공열화실험을 담당한 국립문화재연구소 M연구사가 실험 결과를 컴퓨터 화면을 이용한 프레젠테이션을 곁들여 설명한다.

'1차 실험대상은 백반수와 아크릴에멀전이었다. 현대단청의 접착제로 쓰이는 아크릴에멀전을 새삼스럽게 실험에 포함시킨 것은 백반수와 비교하기 위해서다. 백반수에 대한 실험 결과가 만족스럽지 못함에 따라, 동유를 2차 실험대상에 포함했다. 동유 또한 만족스럽지는 못하다. 실험 결과에 의하면, 셋 중 상대적으로 가장 습기에 강한 것은 아크릴에멀전이다.'

단청전문가인 O가 국립문화재연구소에서 실시한 실험방법을 묻자, M연구사가 대답한다.

'국립문화재연구소에서 사용하는 인공열화실험장비는 '내화촉진실험기'란 것인데, 하루 24시간 쉬지 않고 가동된다. 이 장비는 백반수와 아크릴에멀전 그리고 동유를 각각 도포한 여러 개의 시편에 일정한 시간 간격으로 물을 분사한다.'

국립문화재연구소의 실험방법에 대해 O가 문제점을 지적한다.

'비록 외부 단청이라 하더라도 처마가 길게 나와 있기 때문에 단청 면을 빗물이 직접 때리는 경우는 극히 예외적인 경우라고 봐야 한다. 그런데 실험에서는 계속적으로 단청 면에 직접 물을 분사했다고 하니 너무 가혹한 환경인 것 같다. 단청 면에 직접적으로 물을 분사하기보다는 분무를 뿜는다든지 좀 더 간접적으로 습도를 높이는 방법이 고려되어야 실제 상황과 흡사할 것이다.'

그러나 연구소에서 보유한 내화촉진 실험기는 한 대뿐이라 다른 방법이 없다고 M연구사가 대답한다. 나는 동유로 관심을 돌리면서 분위기를 바꾼다.

"만족스럽진 못하지만 문화재연구소에서 한 실험도 나름대로 의미가 있는 것 같습니다. 이 정도의 결과를 가지고 전번 자문회의에서 다루지 않았던 동유에 대해 검토해보았으면 좋겠습니다. 저희들이 조사한 바로는 나누어 드린 회의자료에서 알 수 있듯이, 옛날에 방습과 방수를 위해 동유가 쓰였다는 것을 확인했습니다. 가구를 만들며 마감 칠로 동유를 많이 쓰고 계시는 소목장 P선생님을 모셨습니다. 선생님으로부터 동유에 대한 설명을 듣고 의견을 교환하는 순으로 자문회의를 진행했으면 합니다."

P소목장이 동유에 대해 설명한다.

'서양에서는 동유를 '텅오일'tung oil이라 하여 중국 기름으로 이해하고 있다. 자세한 것은 알 수 없지만, 고대로부터 우리나라에서도 동유를 널리 사용한 기록이 있다. 나는 목가구를 만들면서 가구의 마지막 공정인 칠에 관심을 가지게 되었다. 아무리 가구를 잘 만들어도 칠이 좋지 못하면 그때까지의 노력이 빛을 발할 수 없기 때문이다. 칠은 바탕에 깔려 있는 주재료를 감싸고 목재가 가지는 아름다운 목리木履를 보여주면서도 방수력이 뛰어나야 한다. 목재는 수축과 팽창이 심한 재료다. 집안에 두는 가구와는 달리, 숭례문은 외부에 그대로 노출되어 햇빛과 비바람을 맞기 때문에 수축팽창의 정도가 가구보다 심할 것이다. 수축과 팽창에 잘 적응할 수 있는 칠이 되어야 하는데, 다른 어떤 칠보다 신축성이 뛰어난 동유가 그러한 조건에 합당하다. 동유는 천연오일이지만 도포하면 신축성이 좋은 도막이 형성되기 때문에 방습과 방수에 적합한 칠이다. 그러나 동유의 단점은 그냥은 잘 마르지 않는다는 것이다. 순수한 동유를 숭례문에 칠해놓으면 열흘이 지나도 마르지 않는다. 그러면 공기 중에 떠다니는 먼지가 달라붙어 단청을 엉망으로 만들어놓을 것이다. 그래서 현재 미국과 중국에서는 동유를 자연 상태 그대로는 쓰지 않는다. 자신들만의 비법으로 동유를 가공하여 24시간 안에 마르도록 한다. 우리나라는 아직까지 그러한 방법을 모르고 있다.

우리나라도 옛날에는 동유를 빨리 마르도록 가공하여 사용했다. 『경국대전』에 동유 제조법이 나온다. 황단을 비롯한 몇 가지 재료를 넣고 끓인다고 했다. 그러나 황단은 기본적으로 납 성분이기 때문에 현재는 그 방법에 따를 수 없는 실정이다. 동유는 오동나무 기름인데, 우리가 보통 아는 오동나무가 아니라 오동나무과에 속하는 유동나무의 열매로 짠 기름이다. 유동나무는 열매 안에 두세 개의 씨가 들어 있는데, 완전히 기름덩어리이다. 그 덩어리를 압착해서 짜면 기름이 상당히 많이 나온다. 유동나무는 우리나라 남쪽지방에 많이 분포되어 있다. 나도 제자들과 함께 유동나무 열매로 동유를 만든 다음 건조가 빨리 되는 방법을 찾아보려고 여러 차례 실험을 했지만, 아직까지 완전한 방법은 찾지 못했다. 다만, 동유를 섭씨 200도 이상 가열하였다가 급랭시키면 3~4일이면 마른다는 사실 정도는 확인했다. 그러나 아직은 완전하지 못하기 때문에 숭례문에 적용하기는 무리가 있다. 숭례문에 사용하려면 부득이 수입산을 써야 할 것이다.'

P소목장의 설명이 끝나자, O가 말한다.

'숭례문에 전통단청을 하겠다고 한 것은 국민에게 한 약속이다. 아무리 방수성이 좋아도 아크릴에멀전은 피해야 한다. 전통안료로 단청해놓고 그 위를 현대재료인 아크릴에멀전으로 도포한다는 게 도무지 어울리지 않는다. 아크릴에멀전은 일종의 본드다. G교수가 지적했듯이 백반수는 사실 단청 전에 발라주는 포수제다. 그러한 측면에서 동유가 단청 마감재로 적합하다. 중국의 예를 참고해볼 수 있다. 베이징 올림픽 전에 자금성 단청을 새로 했는데, 그때 중국은 단청한 위에 동유를 발랐다.'

P소목장과 O의 설명으로 동유를 사용하는 것으로 의견이 모아지고, 동유는 부득이 외국산을 사용하되 자세한 것은 H단청장에게 일임하기로 한다.

며칠 후, 숭례문 현장을 찾은 나는 H단청장에게 동유를 어떻게 사용할 것인지 묻는다. H단청장은 P소목장으로부터 얻은 동유와 자신이 직접 짠 들기름을 시험적으로 칠해놓고 있다. 동유와 들기름을 각각 칠한 시편을 들고 나와 설명한다.

'두 개의 시편을 준비해 뇌록을 칠한 다음, 하나는 동유를, 다른 하나는 들기름을 칠했다. 둘 다 원래의 뇌록색보다는 진해졌는데, P소목장의 말로는 완전히 마르면 둘 다 원래의 색 가까이 돌아올 것이라고 했단다. 그런데 이 둘을 햇볕이 드는 마당에 두었더니 들기름을 칠한 시편에는 금방 개미가 모여들었다. 들기름 냄새가 개미를 유인한 것이다. 같은 이치로 곰팡이도 잘 슬 것 같다. 이에 비해 동유를 칠한 것에는 개미도 접근하지 않고, 침을 발라 닦아보니 바탕에 칠한 뇌록이 전혀 묻어나지도 않는다. 이 정도면 괜찮을 것 같다.'

나는 H단청장과 시편을 번갈아 보며 말한다.

"만봉 스님이 동유로 단청을 마감한 이유를 이제야 알겠습니다."

색조와 문양의 기준을 정하다

단청은 시간이 지나면 퇴락하기 때문에 주기적으로 새롭게 칠한다. 해방 이후 숭례문에는 화재 이전까지 다섯 차례 단청을 새롭게 칠했다.

첫 번째 단청은 한국전쟁 직후인 1954년에 있었다. 서울 정릉의 경국사慶國寺 주지가 단청을 했다. 스님이 단청을 했기 때문에 자연스레 사찰단청의 색조와 문양을 띠게 되었다. 사찰단청은 부처에 대한 예경을 표현하고 수행과 선행의 공덕으로 갈 수 있다는 서방극락정토와 아미타불의 세계를 시각적으로 보여주기 위해 화려하고 섬세하다. 이런 단청을 비단같이 화려하다고 해서 '금단청'錦丹靑이라 한다. 붉은색과 누른색이 주조를 이루고 문양이 섬세하다.

두 번째는 숭례문 수리 후 1963년에 한 단청이다. 수리 중 지붕 속 적심에서 발견된 조선시대 단청의 색조와 문양을 모범으로 했다. 녹색과 청색이 주조를 이루고 단청의 문양이 단순해 전체적으로 차분한 분위기를 풍긴다. 유교국가인 조선은 사치스러움을 경계하고 검소함을 숭상했다. 태조 이성계를 옹립하고 유교국가로서의 조선의 이념을 설계한 정도전은 조선의 법제를 정비한 『조선경국전』朝鮮經國典에서 사치스러움을 경계하고 검소함을 치켜세웠다. 이러한 정신에 따라 조선시대 관아건축의 단청은 위엄은 살리되 화려함은 경계했다. 이를 '모로단청'이라 한다. 모로단청은 부재의 끝머리나 양단부에 단순한 문양으로 장식하는 방식이다. '모로'라는 말이 '옆쪽으로' 또는 '가장자리로'라는 뜻이기 때문인 듯하다. 그리고 부재의 끝, 즉 머리를 장식한다고 해서 '머리단청'이라고도 한다.

세 번째 단청은 1970년에 했다. 1963년 단청에 전통안료를 사용했는데, 공해로 인해 검게 변해 7년 만에 다시 단청을 해야 했다. 이때의 문양과 색조는 1963년과 비슷했다.

네 번째 단청은 1973년에 했다. 붉고 화려한 금단청이 다시 등장했다. 세 번째 단청 후 불과 3년 만에 다시 실시한 네 번째 단청은 '서울 도심의 환경미화' 차원에서 이루어졌다. 1974년 서울 신라호텔에서 열린 남북적십자회담에 대비하기 위해 1973년 서울 도심에서는 대규모 환경미화사업이 펼쳐졌다. 그중 하나가 숭례문 단청을 화려한 금단청으로 바꾸는 것이었다. 숭례문 단청까지 환경미화의 대상이었다니 요즘 상식으로는 이해하기 힘들다.

마지막으로 다섯 번째 단청은 1988년에 했다. 이것이 화재 전 숭례문 단청이었다. 모로단청으로 복귀했지만, 붉은색과 누른색이 주조를 이루어 화려한 분위기를 자아냈다. 그러나 문양과 색조가 특별히 근거가 있는 것은 아니었다. 요즘 말로 하면, 모로단청과 금단청의 하이브리드라고나 할까.

다섯 차례의 단청 중 그래도 근거가 있는 것은 조선시대 단청의 색조와 문양을 모범으로 한 1963년의 단청이다. 현 상태에서 조선시대 단청으로 근거가 될 만한 것은 이것밖에 없으니 선택의 여지가 없다.

지붕의 원형을 되살리기 위하여

옛 숭례문의 분위기를 회복하다

처마곡 문제

2012년 4월 조용하다 싶던 목공사에 또 한 차례 풍랑이 인다. 숭례문 처마곡을 두고 감리단과 S목수 사이에 의견이 갈린다. 감리단은 숭례문복구단을 대신해 기술적으로 세세한 부분이 제대로 되고 있는지 공사 중 점검하는 임무를 맡고 있다. S목수는 이미 처마선을 결정할 평고대를 정면과 측면에 걸어 자신이 의도하는 처마선을 보여주고 있다. 이에 대해 감리단에서 제동을 걸고 나온다. 특히 S목수가 제시한 측면 처마의 앙곡이 지나치게 크다고 지적한다. L감리단장은 화재 전 실측자료와 옛 사진자료를 바탕으로 처마곡이 결정되어야 한다는 입장이나, S목수는 처마곡은 전적으로 목수의 기법이자 권한이라고 주장한다.

전통건축에서 처마선이 얼마나 휘었나 하는 처마곡은 3차원적으로 '앙곡'과 '안허리곡'이라는 두 용어로 가늠한다. 처마의 앙곡은 건물을 앞에서 바라볼 때 높이가 가장 낮은 처마선의 한 가운데와 높이가 가장 높은 처마선의 양 끝 사이의 높이차를 가리킨다. 이에 비해 처마의 안허리곡은 건물을 위에서 내려다볼 때 처마선의 한 가운데와 처마선의 맨 끝이 내민 정도의 차이를 일컫는다.

서까래 위에는 평고대라 하여 추녀에서 추녀 사이를 가늘고 긴 부재로 연결한다. 서까래보다 먼저 걸고 먼저 건 평고대의 곡에 맞춰 서까래를 설치하기 때문에 평고대의 곡선이 지붕의 곡선을 결정한다. 자문위원들이 참석한 가운데 처마곡에 대한 논쟁이 전개된다. 먼저 선자연扇子椽에 대한 S목수의 주장이다.

'선자연은 추녀가 있는 건축물에서 추녀를 중심으로 정면과 측면 양쪽으로 부채살처럼 펼쳐지는 서까래로 '부채살 서까래'라고도 불린다. 처마의 선자연은 정면과 측면 양측이 추녀를 중심으로 대칭을 이루어야 한다. 한쪽이 낮고 한쪽이 높으면 삐뚤어져 보인다. 현 시점에서 40년 전에 시공된 처마곡을 2005년에 실측한 도면이 있다고 해서 그 선을 따라 처마곡을 잡는 것은 문제가 있다. 처마선은 공사 후에 처지게 되는데, 아무래도 길이가 긴 정면이 짧은 측면보다 많이 처지게 되어 있다. 요즘은 평고대를 켤 때 애당초 굽은 목재를 가지고 기계톱으로 켜기 때문에 처음부터 평고대에 곡을 줄 수 있다. 예전에는 직재로 켠 평고대를 가지고 탕개를 틀어 곡을 잡았기 때문에 길이가 짧은 측면의 처마곡을 강하게 할 수 없었다. 그래서 정면과 측면이 부득이하게 비대칭이 되었다.'

L감리단장의 반박이 이어진다.

'대목장의 기법은 존중하지만, 문화재를 복구하면서 실측한 기록을 무시할 수는 없다. 옛 건물을 실측한 기록을 통해 옛 사람의 기법을 읽을 수 있다. 감리단은 2005년 실측한 자료와 1904년의 사진을 분석했다. 이와 더불어 흥인지문이라든가 대한문 등 다른 문루도 함께 조사하고 분석했다. 그 결과를 보면, 어느 건물이나 측면 앙곡은 정면 앙곡의 절반 정도에 불과하다. 이렇게 하면 물론 추녀를 중심으로 펼쳐지는 선자연에서 비대칭이 생기지만, 멀리서 보면 비례가 맞게 보인다. 이게 바로

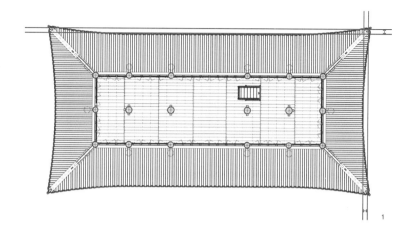

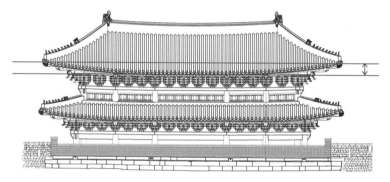

안허리곡과 양곡

양곡은 건물을 앞에서 바라볼 때 높
이가 가장 낮은 처마선의 한 가운
데와 높이가 가장 높은 처마선의
양 끝 사이의 높이 차를. 안허리곡
은 건물을 위에서 내려다볼 때 처마
선의 한 가운데와 처마선의 맨 끝이
내민 정도의 차이를 일컫는다.

1. 안허리곡   2. 정면의 양곡
3. 측면의 양곡

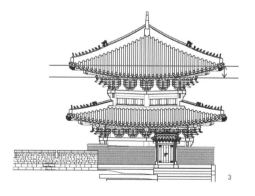

우리 조상들의 기법이다. 감리단의 판단은 모두 옛 건물을 실제로 측정한 자료에 근거한 것이다. S목수의 기법대로 선자연의 정면과 측면을 대칭으로 만들면 측면 처마의 앙곡이 지나치게 커진다. 정면 처마선 길이가 측면 처마선 길이의 두 배가 넘는 숭례문의 경우, 측면 처마의 앙곡을 S목수가 제시하는 대로 세게 하려면 길이가 짧은 측면 처마에 걸리는 평고대를 심하게 휘어야 한다. 이는 어색할 뿐 아니라 옛 건물에서는 찾아볼 수 없다.

감리단과 S목수 사이의 의견이 갈리자, 숭례문복구자문단에서는 처마곡은 원칙적으로 기존의 실측자료를 참고로 하되 목수의 기법대로 하는 것이 좋겠다는 다소 어정쩡한 태도를 취한다. 이는 사실상 S목수의 손을 들어주는 것이다.

자문회의에서 처마곡을 두고 S목수와 감리단장이 기법과 옛 기록을 내세우며 대립각을 세웠지만 실제 처마곡 시공에는 약간의 조정이 이루어진다. 비록 감리단이 제시한 치수를 그대로 받아들이지는 않았지만, S목수 측은 측면 처마의 앙곡을 조금 조정해 자신들의 계획보다 한 치 반 정도, 약 5센티미터가량 약하게 한다. 본래 측면 처마의 앙곡을 정면 앙곡보다 20센티미터가량 작게 하자는 제안에는 훨씬 못 미치지만, 옛 기법대로 하자는 감리단의 주장이 조금은 먹힌 것이다. 이것은 선자연 치목은 목수의 기법을 인정하되 선자연과 연이어지는 서까래에서 최대한 옛 실측치를 반영한 절충점이다. 현장에서 실제로 일하는 S목수 휘하의 목수들이 기존의 실측값이 중요하다는 감리단의 설득을 어느 정도 인정했기 때문이다.

S목수가 처마곡에 민감한 데는 나름 이유가 있다. 경복궁 복원 시 S목수는 일제강점기에 없어진 경복궁의 두 번째 문인 흥례문 복원에 참여했는데, 복원된 흥례문의 처마곡이 원래와 다르다는 비판을 받았다. 옛

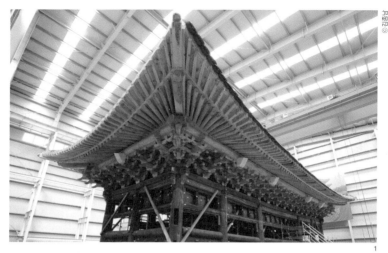

선자연

선자연은 추녀가 있는 건축물에서 추녀를 중심으로 정면과 측면 양쪽으로 부채살처럼 펼쳐지는 서까래로 '부채살 서까래'라고도 불린다.

1. 공사 중 아래에서 올려다 본 선자연
2. 공사 중 위에서 내려다 본 선자연
3. 해체 중에 보이는 선자연

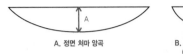

A. 정면 처마 양곡   B. 측면 처마 양곡   C. 측면 처마 양곡   D. 측면 처마 양곡
                               (S목수 계획)   (실제 시공)   (감리단 제시)

A−D≒20cm   B−C≒5cm   B〉C〉D

처마곡 조정

S목수 측은 측면 처마의 앙곡을 조금 조정해 자신들의 계획보다 한 치 반 정도, 약 5센티미터가량 약하게 한다. 본래 측면 처마의 앙곡을 정면 앙곡보다 20센티미터가량 작게 하자는 제안에는 훨씬 못 미치지만, 옛 기법대로 하자는 감리단의 주장이 조금은 먹힌 것이다.

문헌에 의하면, 흥례문은 경복궁의 세 번째 문인 근정문과 그 규모와 양식이 같다. 복원된 흥례문은 자연스럽게 기존의 근정문과 비교되었다. 근정문은 흥례문 바로 뒤에 잘 남아 있어 더욱 비교가 쉽다. 흥례문의 처마곡이 세다는 말이 전문가들 사이에 떠돌더니, 급기야 감사원은 1999년 흥례문의 처마곡이 부적절하게 시공되었다고 지적했다.

  S목수는 현재의 근정문은 대원군 때인 1868년 중건된 이후 추녀와 처마가 처져 처마곡이 약해진 것이라 참고할 만한 것이 못 된다고 주장했다. 그러나 감사원은 근정문 원래의 처마곡을 고려하더라도 S목수가 시공한 흥례문의 처마곡은 너무 세다고 거듭 지적했다. 근정문 처마의 처짐이 이미 파악된 상태였기 때문에 원래의 처마곡을 구할 수 있었다.[13] 전문가 중 누군가가 흥례문의 처마곡이 잘못되었다는 의견을 감사원에 제보했다는 소문도 떠돌았다. 문화재청에서는 전문가의 의견을 달아 전통건축의 처마곡은 목수의 기법에 따라 변할 수 있다는 의견을 내놓았다.[14] 여러 논란 끝에 감사원에서 문화재청의 의견을 수용함으로써 흥례문 처마곡 문제는 공식적으로는 일단락 되었다. 그러나 S목수의 처마곡에 대한 논란은 전문가들 사이에는 여전히 현재진행형이다.

  옛날 건물을 복원하거나 수리하는 것은 새 건물을 짓는 것과는 엄연히 구별되어야 한다. 새 건물이야 목수가 나름대로의 기법으로 짓는 것이지만, 옛 건물을 복원하거나 수리할 때는 옛 사람의 기법을 연구해서 그대로 하려고 노력해야 한다. 그런 가운데서 배우는 것도 있고 옛 사람들의 생각을 읽을 수도 있다. 과연 복원이나 수리를 맡은 목수가 옛 사람의 기법을 바꿀 권한이 있을까.

S목수의 처마곡은 도대체 왜 그렇게 센지 나는 숭례문 복구현장 건축기사 B에게 물어본다. 그는 최근 한옥에 대한 책을 낸 학구파이기도 하고 현장경험이 많아 짚이는 것이 있을 것 같다. 그의 대답이 그럴싸하다.

'아마 요즘은 평고대를 처음부터 아예 곡선으로 켜는 것이 가능하기 때문에 그런 것 같다. 평고대의 곡이 처마곡을 결정하니까. 처음에 직선으로 켠 평고대를 원하는 모양의 곡선으로 처마곡을 잡으려면 탕개를 틀어야 한다. 밧줄로 죄기도 하고 무거운 돌로 누르기도 하여 탕개를 틀다 보면 자칫 부러지기 쉽다. 그래서 나무에 탄력을 주어 부러지지 말라고 보통 물을 뿌려가며 탕개를 튼다. 그래도 소나무는 옹이가 많아 그 부분에서 부러지는 경우가 많다. 요즘처럼 곡을 많이 주고 싶어도 많이 줄 수가 없었다. 평고대는 가늘고 긴 부재라 옛날에는 톱으로 평고대를 켜는 것조차 무척 어려웠다. 요즘은 기계를 이용해 손쉽게 곡선으로 나무를 켤 수 있어 평고대의 곡을 만드는 것이 한결 쉬워졌다. 집을 짓다보면 목수들은 처마곡을 세게 해서 멋을 부리고 싶어 하는 것 같다. 이건 근대기 이후 목수들의 경향이기도 하다.'

그의 이런 지적은 처마곡을 두고 감리단장과 논쟁을 벌이면서 S목수가 고백한 내용과 맞아 떨어진다. 결국 기계를 사용하는 것이 기법의 변화를 가져온 것이다. 나는 B기사에게 묻는다.

ⓒ김경수

평고대

서까래 위에는 평고대라 하여 추녀에서 추녀 사이를 가늘고 긴 부재로 연결한다. 서까래보다 먼저 걸고 먼저 건 평고대의 곡에 맞춰 서까래를 설치하기 때문에 평고대의 곡선이 지붕의 곡선을 결정한다.

"기계를 이용해 평고대를 켠다고요?"

그의 대답이다.

'숭례문도 그렇게 했다. 판재와 각재도 제재소에서 켜왔다. 요즘 목수들 그렇게 힘든 일 못한다. 어쩌면 못하는 것이 아니라 안 하는 것일 수도 있다. 기계로 쉽게 할 수 있는 것을 손으로 하는 건 시간낭비라고 생각하는 경향이 있다.'

B의 말을 듣고 난 후 나는 직원들에게 묻는다.

"전에 말했던 판재와 각재 손으로 켜서 썼나?"

늘 염려해왔던 대답이 돌아온다.

'S목수가 제재된 것으로 들여왔다. 전번에 언론 인터뷰에서 밝혔듯이 손으로 켜는 것은 도저히 못한다고 했다. 손으로 켜라고 하면 이번에는 파업 정도가 아니라 도망갈 것 같았다. 현실이란 게 있지 않은가. 옛날에는 전문적으로 판재만 켜는 장인이 있었다고 하니까, 어떻게 보면 나무를 켜는 것은 지금 목수의 일이 아닐 수도 있다.'

평고대 역시 기계로 켜왔다는 대답이다.

숭례문 지붕 변천사

우리 건축에서 지붕이 주는 인상은 가히 절대적이다. 그

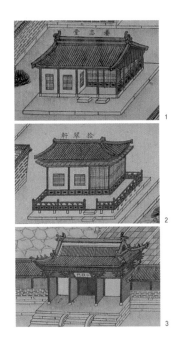

〈동궐도〉에 등장하는 다양한 지붕 모습
맞배지붕은 두 개의 지붕면이 용마루를 중심으로 마주 보
고 있는 형식이다. 우진각지붕은 용마루의 양쪽 끝이 처마
의 네 모서리와 경사지게 추녀마루로 연결되어 있다. 팔작
지붕은 우진각지붕에 맞배지붕을 올려 합성한 모양으로 가
장 복잡한 지붕 형식이다.

1. 맞배지붕을 가진 양지당
2. 우진각지붕을 가진 습취헌
3. 팔작지붕을 가진 인정문
〈동궐도〉 부분, 비단에 채색, 584×273cm,
고려대학교박물관 소장.

러다보니 지붕에 따라 집 이름도 다양하다. 재료에 따라, 기와집·초가
집·너와집이라 하고, 생김새에 따라, 맞배·우진각·팔작이라 부른다.
두 개의 지붕면이 용마루를 중심으로 마주 보고 있는 맞배지붕은 건물
앞뒤에서만 지붕면이 보이는 가장 단순한 형식이다. 서까래가 지붕 골
조의 주종을 이루며 추녀가 없다. 우진각지붕은 맨 꼭대기에 일자로 뻗
은 용마루를 중심으로 사방의 지붕면이 비탈져 있는 형식이다. 우진각
지붕에 맞배지붕을 올려 합성한 모양인 팔작지붕은 가장 복잡한 지붕
형식이다. 조선시대 주요 건축물의 대부분이 이에 해당한다.

숭례문 상층 지붕은 우진각이다. 용마루의 양쪽 끝이 처마의 네 모
서리와 경사지게 추녀마루로 연결되어 있다. 처마 모서리 밑에는 추녀
가 아래로 내리 누르는 지붕의 하중을 감당한다. 그래서 용마루 끝에
서 처마 모서리를 연결하는 굵은 선을 추녀 위에 걸터앉아 있다고 해서
'추녀마루'라고 한다. 숭례문과 같은 우진각집에서는 용마루와 추녀마

루의 굵은 선이 지붕의 외관을 결정짓는다. 지붕에 기와를 인 다음에는 암키와와 수키와를 여러 단 겹쳐 쌓아 용마루와 추녀마루를 우뚝하게 만든다.

용마루와 추녀마루는 흰색을 띄는 '양성'으로 장식되어 암회색의 기와와 대조를 이룬다. 우리 전통 시멘트라 할 수 있는 생석회에 마사토를 섞은 다음, 이를 기와로 겹겹이 쌓아 만든 용마루와 추녀마루에 감싸면서 모양을 내면 양성이 완성된다. 이때 생석회와 마사토를 섞은 재료에 점성을 높이기 위해 해초풀과 여물을 넣기도 한다. 양성을 만드는 작업은 비록 지붕공사이지만 기와 이는 번와장이 하지 않고 미장하는 장인이 담당한다. 흙벽을 치거나 구들을 놓는 것과 같이 흙을 다루는 작업이기 때문이다. 예로부터 격조가 있는 궁궐이나 관아건축물의 지붕에는 양성을 만들었다. 지붕에서 하얗게 도드라져 보이는 양성이 꼭 요즘의 콘크리트같이 보여, '왜 지붕에 시멘트를 바르느냐'며 의아하게 여기는 사람들이 적지 않다. 그러나 양성은 지붕에 멋을 더하는 우리 고유의 방법이다. 짙은 잿빛 기와지붕의 최상부를 굵은 흰 윤곽선으로 마감하는 양성은 단순하면서도 강렬한 대비 효과를 가지는 우리 식의 장식이다.

지붕 곳곳에는 '토수', '취두', '용두', '잡상'이라 불리는 갖가지 장식기와로 멋을 낸다. 용마루의 양쪽 끝에는 취두를 우뚝하게 세운다. 사방으로 뻗은 추녀마루에는 중간에 용두를 세우고 그 아래쪽으로 아홉 개씩 잡상을 얹는다. 하층 문루 지붕의 추녀마루에는 일곱 개씩으로 줄어든다. 추녀마루를 받치고 있는 추녀 위에 덧붙인 부재인 사래의 끝에는 모자를 씌우듯 토수를 씌워 장식한다. 입을 벌리고 혀를 내민 거북의 머리모양이다. 대담한 생략과 굵은 터치로 소박하고 묵직한 멋을 풍긴다. 기이하게 생긴 새의 머리모양으로 높이가 1.5미터에 이르는 취두는 정면을 응시하는 눈이 코 위에 걸려 있고 눈썹이 하늘로 치솟

숭례문 지붕의 구성
지붕 맨 꼭대기에 일자로 뻗은 것이 용마루, 용마루 끝에서 처마 모서리를 연결하는 굵은 선은 추녀마루, 용마루 양쪽
끝에 우뚝하게 세운 것은 취두이다. 사방으로 뻗은 추녀마루에는 중간에 용두를 세우고 그 아래쪽으로 아홉 개씩 잡상
을 얹는다.

아 무시무시한 모습이다. 여기에다 날카로운 이빨이 돋은 입을 크게 벌
려 용마루를 양 끝에서 물고 있다. 용의 머리모양을 한 용두는 눈을 부
릅뜨고 입을 벌린 채 추녀마루의 중간에서 사방을 노려본다. 선이 힘차
고 곡이 유려하며 조각이 경쾌하다. 잡상은 서유기에 나오는 인물과 토
신土神을 형상화한 것이다. 위에서 아래로 '저팔계', '사화상', '이구룡',
'이귀박', '손행자', '대당사부' 순으로 놓여 있다. 이구룡, 이귀박, 손행
자는 각각 연속해서 두 개씩 배치된다. 사화상은 사오정, 손행자는 손
오공, 대당사부는 삼장법사 현장이다. 이구룡은 입이 둘 달린 용, 이귀
박은 뿔이 둘 달린 짐승을 가리킨다. 이들 장식기와는 모두 나쁜 기운
을 막는다고 알려져 있는데, 이러한 구실과 함께 지붕을 시각적으로 장
식하는 또 다른 역할이 있다.

『세종실록』과 1960년대의 수리보고서 등에 의하면, 숭례문 지붕은
네 차례 정도 뚜렷한 변화를 거쳤다. 현재는 우진각에 겹처마이지만,

태조 대에 창건한 원래의 숭례문 지붕은 팔작에 홑처마였던 것으로 보인다. 1960년대 수리 시 지붕 속 적심에서 태조 당시 사용되었던 것으로 보이는 추녀가 발견되었다. 사래가 없는 추녀 홑몸에 앙곡이 대단히 크고 추녀머리에는 토수를 끼울 수 있는 촉이 있었다. 추녀의 앙곡은 추녀가 위로 휘어진 정도를 가리킨다. 지붕의 네 모서리에 버티고 있는 추녀는 지붕에서 내리누르는 힘을 가장 많이 받고 있어, 이에 대항하기 위해 큰 부재를 사용한다. 그러나 부재의 크기에는 한계가 있기 때문에 위에서 내리누르는 힘에 더욱 효과적으로 대응할 수 있도록 위로 굽은 부재를 선택한다. 이때 추녀가 위로 고개를 쳐든 정도를 앙곡이라 하는데, 추녀의 앙곡은 처마의 앙곡과 마찬가지로 부재의 양 끝을 이은 가상의 직선으로부터 가장 많이 처진 지점까지의 거리로 표시한다.

첫 번째 변화는 세종 29년(1447)에 일어난다. 이때 겹처마로 지붕이 변했다. 태조 대에는 서까래만 걸친 홑처마였지만, 세종 대에는 팔작은 그대로 가면서 서까래 위에 부연을 추가한 겹처마로 고쳐 건물의 위엄을 높였다. 이에 따라 추녀 위에 사래가 필요하게 되었다. 이때 추녀와 사래는 짝을 이룰 수 있게 신재를 썼고, 앙곡은 태조 대와 마찬가지로 강했다.

전통건축에서 목구조를 완성한 후 팔작이나 우진각지붕을 덮기 위해서는 추녀와 서까래를 걸어 지붕의 골조를 짜는 것이 기본이다. 그런데 둥근 서까래 위에 '부연'이라는 네모진 부재를 덧달아 멋을 부리는 방식이 있다. 이러한 지붕의 처마를 겹처마라 한다. 여기에 비해 서까래만 있는 지붕의 처마를 홑처마라 부른다. 부연을 달아 겹처마로 지붕을 꾸밀 때, 추녀 위에는 사래를 덧댄다. 이렇게 함으로써 추녀와 서까래가 이루는 선이 하나의 지붕선이 되고, 추녀 위에 있는 사래와 서까래 위에 있는 부연이 이루는 선이 또 하나의 지붕선이 되어 겹처마가 된다. 서까래 위에 부연을 걸고 추녀 위에 사래를 얹는 겹처마 지붕인

겹처마와 홑처마
둥근 서까래 위에 부연이라는 네모진 부재를 덧달아 멋을 부린 지붕 처마를 겹처마라 한다. 서까래만 있는 지붕의 처마는 홑처마라 부른다. 1. 겹처마(창덕궁 상의원) 2. 홑처마(창덕궁 내병조)

경우에는 추녀와 서까래 위에 거는 평고대를 '초매기', 사래와 부연 위에 거는 평고대를 '이매기'라고 구분한다. 겹처마인 숭례문에도 초매기와 이매기가 있다. 초매기는 '처음으로 맨 평고대', 이매기는 '두 번째로 맨 평고대'란 말이니 그 이름이 재미있다.

두 번째 변화는 성종 때 일어났다. 1960년대의 수리 때 발견된 상량문에 의하면, 성종 10년(1479)에 대대적인 수리가 있었다. 이때 지붕 모

320

양이 현재의 우진각으로 바뀌게 되어 그 전까지의 변화와는 차원을 달리한다. 그런데 이때는 지붕의 형태를 변경하면서도 기존부재를 그대로 사용하여 옹색하게 처리한 부분이 많았다. 팔작지붕을 우진각지붕으로 근본적으로 바꾸었기 때문에, 상층 지붕 가구架構의 짜임새를 거기에 맞추어 변경해야 했음에도 불구하고, 대부분의 부재를 그대로 사용했다. 본래는 천장이 없어 모든 가구의 짜임새가 노출되었으나, 이때 천장을 새로 만들어 지붕 내부 가구를 가렸다. 이에 따라, 숨겨지는 부재는 모두 기존부재를 적당히 변경하여 재사용했다. 사래는 앙곡 때문에 기존부재를 사용할 수 없어 신재를 썼지만, 추녀는 재사용하면서 앙곡을 맞추기 위해 다듬고 뒷부분을 적당히 얼버무려놓았다. 결국 기존부재를 적당히 사용한 허점을 감추기 위해 천장을 달았다고 볼 수 있다. 전통목조건축에서 방을 제외한 대부분의 공간에서는 천장을 달지 않고 지붕 가구의 짜임새를 그대로 노출해 구조적인 미학을 살리는 것이 보통이다.[15]

세 번째 변경은 대원군이 경복궁을 중건했던 1860년대에 있었다. 어떤 변화가 있었는지 정확하게 알 수는 없지만, 이번 복구를 통해 밝혀진 바에 의하면 추녀를 비롯한 상당수의 지붕부재를 이때 교체했다.

마지막으로 네 번째 변경은 1960년대의 수리 때 이루어졌다. 이때에는 수리 전과 같이 우진각에 겹처마가 그대로 유지되면서도 세부적으로 많은 변화가 있었다. 외부적으로 눈에 띄는 것은 용마루와 추녀마루가 달라진 점이다. 수리 전에 비해 용마루는 짧아지고 추녀마루는 길어졌다. 또한 용마루와 추녀마루의 곡이 세졌다. 그런데 옛 숭례문의 지붕을 1960년대 수리 당시 실측한 도면이 국립문화재연구소에 있지만, 도면에 치수가 기입되어 있지 않아 정확하게 얼마나 길고 짧으며 곡이 세고 약한 지 알 수 없는 실정이다.

그러면 조선 초기의 팔작지붕에서 우진각지붕으로 바뀐 것이 1960년대 수리보고서의 설명대로 성종 10년(1479)의 개축 때였을까. 그럴 수도 있지만, 몇 가지 측면에서 그렇지 않을 가능성이 크다. 인조 7년인 1629년에 그려진 〈이기룡필남지기로회도〉에 보이는 숭례문 지붕 모양은 우진각처럼 보인다. 그러나 그림이 100퍼센트 정확할 수는 없다. 더욱이 그림에서 보이는 숭례문 부분은 정면에서 그린 것이라 이를 근거로 판단하기는 곤란하다. 팔작지붕과 우진각지붕의 차이점은 측면을 보아야 명확하기 때문이다. 다음과 같은 몇 가지 사실로 보아 팔작에서 우진각으로 바뀐 시점은 성종 10년에 이루어진 개축 때라기보다 1860년대일 가능성이 많다.

첫째, 19세기 전반까지 조선에서는 우진각지붕을 거의 사용하지 않았다. 1830년대의 창덕궁과 창경궁의 모습을 그린 〈동궐도〉東闕圖를 보면, 500채가 넘는 수많은 건축물 중 우진각지붕을 가진 건축물은 오직 한 채밖에 없었다. 그것도 중요한 건축물이 아니고 창덕궁에 있었던 습취헌拾翠軒이라는 아주 작은 건축물이다.

둘째, 〈동궐도〉에 창덕궁의 정문인 돈화문敦化門과 창경궁의 정문인 홍화문弘化門의 지붕이 모두 팔작인데 현재는 모두 우진각이란 사실이다. 궁궐의 정문을 당시의 화원들이 착각해서 잘못 그렸다고 생각하기는 어렵다. 흥선대원군이 경복궁을 중건하면서 궁궐의 외곽담장인 한양도성도 함께 수리했다는 기록이 있다. 이로 미루어볼 때, 그때 숭례문 지붕을 수리하면서 돈화문과 홍화문 지붕까지 함께 우진각으로 고쳤을 가능성이 많다. 1830년 이후는 헌종, 철종, 고종으로 이어지는데, 헌종과 철종 대에는 그럴 만한 여력이 없었다. 이때는 외척인 안동 김씨의 세도정치로 임금이 나서서 대규모 건축공사를 일으킬 여건이 아니었다. 대원군이 권력을 잡으면서 왕실의 권위를 드높이고자 경복궁을 중건하였고, 그 일환으로 창덕궁과 창경궁의 정문과 한양도성의 4대문도 한 세트로 정비했다고 볼 수 있다.

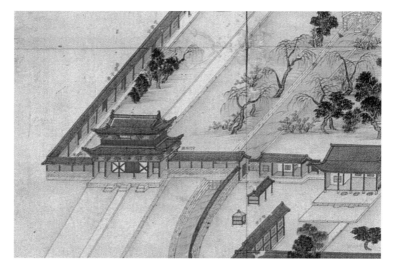

〈동궐도〉의 돈화문과 오늘날의 돈화문
〈동궐도〉에 그려진 창덕궁의 정문 돈화문의 지붕은 팔작인데 현재는 우진각이다.
〈동궐도〉 부분, 비단에 채색, 584×273cm, 고려대학교박물관 소장.

셋째, 이번 복구공사 도중 기존 추녀에 사용된 목재를 조사한 결과, 1960년대의 수리 때 교체된 것을 제외하고는 모두 1860년대에 벌채된 것으로 밝혀졌다. 이로써 경복궁을 중건하면서 숭례문도 함께 수리했다는 옛 기록이 사실임이 확인되었다. 이러한 사실과 함께 1960년대의 수리 때 감독관의 한 사람으로 참여했던 신영훈 선생의 다음과 같은 추정이 한몫을 한다.

'팔작에서 우진각으로 변한 것은 외부의 영향에 의한 조선 후기의 시대적인 사조 때문인데, 그 사조가 한양에 국한되었다. 한양의 지배층이나 접할 수 있는 중국의 유행 때문으로 추측된다.'

그도 그럴듯한 것이 조선 전기의 성곽문루인 개성의 남대문과 평양의 보통문은 모두 팔작지붕이다. 전주 풍남문과 같은 조선 후기 읍성문루도 대부분 팔작이다. 이뿐만이 아니다. 사찰, 사당, 별궁의 정문도 대부분 팔작이다. 이는 정문은 팔작지붕으로 하는 것이 당시의 일반적인 경향이었다는 것을 의미한다. 그런데 유독 창덕궁의 돈화문, 창경궁의 홍화문과 같은 궁궐의 정문, 숭례문·홍인지문 같은 한양도성의 문루만 우진각이다. 이상하지 않을 수 없다.[16] 우리와는 달리 중국 자금성의 으뜸 전각인 태화전太和殿이 우진각지붕이다. 그래서 그런지 1860년대 말에 대원군이 중건한 경복궁의 광화문도 우진각이다.

그렇다면 18세기 말 정조의 지시로 지어진 수원 화성의 장안문長安門과 팔달문八達門은 왜 우진각지붕을 가지고 있을까. 화성을 설계한 정약용은 정조가 내려준 중국 최대의 백과사전『고금도서집성』古今圖書集成을 비롯하여 서양기술을 소개한 책『기기도설』奇器圖說까지 참고하였기 때문에 장안문과 팔달문은 이미 조선의 양식을 넘어서 있었다고 볼 수 있다.

적심도리 연장하기
기와를 얹기 전 목부재로 지붕의 모양을 만들 때, 최상부의 가장 끝에 위치하는 마루대공 밖으로 적심도리를 연장하여
용마루의 길이를 늘인다.

 또한 1960년대에 숭례문을 수리하면서는 왜 지붕의 형태를 변경했
을까. 예전에 팔작에서 우진각으로 바꾸면서 제대로 정리하지 못한 내
부 짜임새를 1960년대에 제대로 정리하는 과정에서 용마루와 추녀마
루의 길이가 변경된 것 같다. 옛 숭례문에서는 용마루를 길게 하기 위
해 지붕 내부 가구의 마루대공 밖으로 적심도리를 내밀고, 여기에 맞추
어 추녀 위에 덧추녀를 얹어 추녀마루를 받았다. 그러다보니 추녀마루
의 위치와 추녀의 위치가 상하로 일치하지 않았다. 그러나 1960년대 수
리 시에는 마루대공 밖으로 적심도리를 내밀지 않아 용마루가 짧아졌
다. 또 적심도리를 연장한 가상의 선을 기준으로 45도로 추녀를 걸고
추녀마루의 위치와 추녀의 위치를 수직으로 일치시킴으로써, 추녀마루
의 길이가 길어졌다.
 내부 가구의 결구를 합리적으로 정리한 것까지는 좋았는데, 적심도
리를 짧게 해 용마루의 길이를 줄인 것이라든지 추녀마루를 추녀의 위

치와 위 아래로 맞춘 것은 옛 사람들의 안목을 몰라본 것이다. 이것은 원형을 변형한 것이라고밖에 할 수 없다. 이뿐만이 아니다. 용마루와 추녀마루의 형태도 수리를 거치면서 좀 더 곡선으로 바뀌었다.

옛날 사람들이 용마루를 길게 하기 위해 마루대공 밖으로 적심도리를 내민 것이라든지, 추녀마루의 위치를 추녀와 일치시키지 않은 데는 나름대로 이유가 있었다. 추녀는 지붕 네 모서리에서 45도로 걸어야 구조적으로 튼튼한데, 추녀마루를 추녀와 상하로 일치시키면 용마루의 길이가 한정되고 만다. 그래서 건물이 웅장하게 보이도록 용마루의 길이를 늘리기 위해 마루대공 밖으로 적심도리를 연장했다. 용마루가 길어지다보니 용마루와 연결되는 추녀마루는 짧아지면서 추녀의 위치와 어긋나게 되었다.

사진을 통해 확인할 수 있는 조선시대의 숭례문과 화재 전 숭례문은 지붕의 모양이 확연히 다르다. 1960년대에 수리를 거치면서 변형되었기 때문이다.

옛 숭례문에서는 지붕의 형태를 결정짓는 용마루와 추녀마루가 거의 직선이어서 절제된 외관을 연출했다. 일직선으로 뻗은 용마루는 중간에 약간의 처짐만을 줘 중력의 원리를 시각화함으로써 완전한 일직선이 갖는 어색함을 피했다. 용마루처럼 수평으로 뻗은 직선은 완전한 직선이면 중력이 존재하는 자연의 법칙에 어긋난다. 무겁고 굵은 선을 괴물의 형상을 한 취두가 입을 크게 벌려 양쪽에서 물어 팽팽하게 잡아당긴 형태가 용마루 모양이다. 아무리 세게 양쪽에서 잡아당기더라도 지구의 중력으로 중간에 약간의 처짐이 생길 수밖에 없다. 이 자연스러운 팽팽한 긴장감이 바로 완전한 직선이 아니라 직선에 가까운 옛 숭례문의 용마루 모양이다. 추녀마루의 모양도 그렇다. 옛 추녀마루는 용마루와 연결되는 부분은 높고 용두 쪽으로 내려가면서 급격히 체감遞減되어 높이의 변화가 심했다. 높이의 변화가 큰 추녀마루는 더욱 직선에

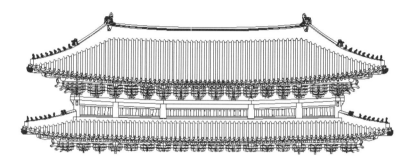

1

2

달라진 숭례문 지붕 모양
1960년대의 수리를 거치면서 지붕의 모양이 변했다. 예전에 비해 용마루는 짧아지고 추녀마루는 길어졌다. 또한 용마루
와 추녀마루 모두 좀 더 곡선으로 바뀌었다. 1. 1960년대 수리 전 상층 지붕 모양 2. 2005년에 실측한 상층 지붕 모양.

가까워 직선으로 뻗어 우뚝한 용마루와 잘 어울렸다. 용마루와 추녀마루를 어설픈 곡선으로 멋을 부린 1960년대의 변형은 옛 사람들의 미학을 제대로 이해하지 못했기 때문에 생긴 결과물이다.

뜻밖의 실마리

　　지붕공사를 남겨두고 있던 2012년 6월 중순 어느 날, 1960년대 숭례문 실측도면을 가지고 있는 사람이 나타난다. N이란 단청기술자인데, 1960년대 숭례문 수리 때 공사감독관이었던 임천의 아들에게서 이 도면을 얻었다고 한다. 본래 임천은 단청전문가였고 아들 역시 아버지의 영향으로 단청을 공부했다. N은 임천의 아들이 운영하는 단청사무실에 근무한 적이 있다. N의 도면에는 국립문화재연구소 도면에 빠진 치수가 정확하게 기입되어 있다.

　　지금까지 옛 사진으로 짐작만 했던 옛 숭례문의 지붕 형태를 N의 도면을 통해 정확하게 파악할 수 있게 된다. 화재 전 숭례문의 지붕 형태는 2005년 실측한 도면을 통해 알 수 있다. 두 도면을 비교하면, 용마루와 추녀마루가 1960년대의 수리를 거치면서 변형된 것을 확인할 수 있다. 1960년대 수리 이후의 숭례문과 비교하면, 옛 숭례문은 용마루가 길고 높았다. 옛 숭례문의 용마루는 길이가 16.6미터에 높이가 1.1미터였다. 1960년대 수리를 거치면서 용마루는 길이가 15.7미터로 짧아지고, 높이는 취두가 있는 양 끝은 변함이 없으나 중앙부가 0.93미터로 낮아졌다. 또한 용마루의 중앙부 처짐은 옛 숭례문은 19센티미터에 불과했으나, 1960년대 수리 후에는 37.8센티미터로 커졌다.

　　다시 말하면, 1960년대의 수리로 인해 용마루의 길이는 90센티미터 짧아지고, 용마루의 형태는 거의 직선에서 중앙부가 18.8센티미터 더 처진 곡선으로 바뀌었다. 용마루는 짧아졌는데, 중앙부의 처짐은 예전보다 커졌으니 실질적으로 엄청나게 곡선으로 바뀐 셈이다. 용마루의 길이가 짧아진 만큼 추녀마루의 길이는 길어질 수밖에 없었다. 옛 숭례문의 추녀마루는 길이가 9미터이고, 높이는 용마루와 연결된 취두 쪽이 1.2미터, 추녀마루의 중간쯤인 용두 쪽이 0.46미터였다. 그러나 1960년대 수리를 거치면서 추녀마루의 길이는 9.56미터로 길어졌고, 높이는 취두 쪽이 1.12미터로 낮아지고 용두 쪽은 0.52미터로 높아져 높이의 변화가 밋밋해졌다. 또한 직선의 느낌이 강하던 추녀마루가 곡선으로 바뀌었다. 전체적으로 1960년대 수리 이후의 숭례문과 비교할 때, 옛 숭례문의 지붕은 직선에 가깝고 긴 용마루와, 직선에 가깝고 짧은 추녀마루로 인해 더욱 장중한 분위기를 가지고 있었다.

		1960년대 수리 전	1960년대 수리 후
용마루	길이	16.6	15.7
	양단 높이	1.1	1.1
	중앙부 높이	1.1	0.93
	중앙부 처짐	19센티미터	37.8센티미터
추녀마루	길이	9	9.56
	취두 쪽 높이	1.2	1.12
	용두 쪽 높이	0.46	0.52

(단위: 미터, 중앙부 처짐 별도)

수리 전후 용마루와 추녀마루의 변화

이제 옛 지붕의 상세한 치수를 알았으니, 비로소 옛 숭례문의 분위기를 회복할 수 있는 실마리를 찾은 셈이다.

축성식

●
성곽공사 완료를 자축하는 석장들의 잔치

축성식의 유래

2012년 6월 중순 성곽공사가 거의 마무리되자, 석장 두 사람이 '축성식'築城式이란 이름으로 성곽공사가 완료되었음을 자축하는 기념식을 갖고 싶어 한다. 앞서 3월에 치러진 상량식은 목공사의 완성을 자축하는 행사이기 때문에 목수들이 주인공일 수밖에 없었다. 숭례문 복구의 경우, 사라진 성곽을 복원하는 것 또한 목공사 못지않게 중요한 것이어서 석장들이 자신의 권리를 요구하고 나선 것이다. 『조선왕조실록』에 축성식을 떠올릴 수 있는 몇 차례의 기록이 보인다.

태조 5년 3월 4일, 도평의사사都評議使司에게 명하여 축성을 감독한 경외관京外官에게 잔치를 베풀게 했다.

세종 4년 1월 14일, 도성을 축성하는 일로 목멱산木覓山과 백악白岳의 산신에게 제사 지내어 알렸다.

숙종 38년 6월 9일, 북한산성의 행궁行宮 축성에 관계한 관리들에게 상을 내렸다.

한양도성 흥인지문과 낙산 사이에 새겨진 각자
한양도성과 수원 화성을 조사한 결과, 성곽공사를 감독한 관리와 참여한 장인들의 이름이 성곽 한 모퉁이에 새겨져 있다. 장인의 명단은 석수의 우두머리 이름만 새기고 나머지는 '등 00명'으로 되어 있다.

정조 19년 윤2월 12일, 임금이 하교 하기를, "(전략) 남쪽과 북쪽의 성루城樓 및 수각水閣, 장대將臺 등을 보건대 날아갈 듯 아름답고 깎아지른 듯 가파르게 잘 쌓았으니, …(중략)…화성 축성공사가 완공될 때까지 조금 기다렸다가 비석을 세워 사실을 기록하고, 공사를 감독한 여러 사람들의 성명을 써서 만년萬年토록 역사 속에 기억되도록 하라" 하였다.

또한 한양도성과 수원화성을 조사한 결과, 성곽공사를 감독한 관리와 참여한 장인들의 이름이 성곽 한 모퉁이에 새겨져 있다는 것을 발견한다. 장인의 명단은 석수의 우두머리 이름만 새기고 나머지는 '등 00명'으로 되어 있다.

이번에도 이러한 전례에 따르되 숭례문 축성식에서는 감독관 등 관계자의 명단은 생략하고 순수하게 성곽공사에 참여한 장인의 명단만 넣기로 한다. 동쪽 성곽 적당한 곳에 눈높이쯤 되는 성돌을 하나 골라

331

판판하게 다듬고 '석장 ○○○, ○○○ 등 25명'이라고 새기면 될 것이다.

돌에 새기는 이름, 한글? 한자?

축성식 날짜는 6월 26일로 정하고, 성곽공사에 참여한 장인들을 위로하는 비공식행사로 치르기로 한다. 각자刻字할 글씨는 상량문을 쓴 J가 쓰기로 한다. 모든 것이 순조롭게 진행되는 듯했으나, 축성식 계획을 청장과 차장에게 보고하자 차장이 신중한 태도를 보인다.

'옛날에도 그러한 행사를 했다고 하니, 축성식 자체를 반대하지는 않는다. 공사에 참여한 장인들을 위로해준다는 명분도 좋다. 다만, 돌에 새기는 것은 석수들에게 양해를 구하고 나중으로 미루는 것이 좋을 것 같다. 지금 광화문 현판 글씨를 한글로 하느냐 한자로 하느냐 하는 문제로 예민한데, 자칫 돌에 새기는 글자가 시빗거리가 될 수 있다.'

차장의 걱정을 내가 바꿔보려고 나선다.

"제가 보기엔 별 관련이 없어보입니다. 차장님께서 너무 예민하신 것 같습니다. 대로에서 보이는 현판과는 달리 성벽 한 모퉁이에 각자한 돌은 눈에 띄지도 않습니다. 일부러 찾아보면 모를까……."

하지만 편하게 생각하면 아무것도 아니지만, 갖다 붙이면 연관성이 생길 수 있다는 게 차장의 걱정이다. 긁어 부스럼 만들 필요는 없다는 것이다. 괜히 말썽의 소지를 만들지 말자는 신중함이다. 차장은 석장들의 이름을 한글로 새길지 한자로 새길지 묻는다.

"글쎄, 한글로 할지 한자로 할지 아직 정하진 않았습니다. 무엇이든 당사자들이 선호하는 것으로 하려고 합니다. 다만 상량문도 한글로 썼기 때문에 한글을 일단은 생각하고 있습니다."

차장은 숭례문 축성식 글씨를 한글로 한다고 하면, 한글을 선호하는 측에서는 광화문 현판도 한글로 하자고 덤빌 것이란 걱정이다.

2010년 새로 제작한 광화문 현판이 갈라져 부실공사 논란에 휩싸였다. 그 틈을 타고 현판 글씨를 한글로 해야 된다는 주장이 한글단체들을 중심으로 대두되었다. 그러나 문화재 전문가들은 펄쩍 뛴다. 광화문 복원은 경복궁 복원의 일부인 만큼 경복궁 복원의 기본원칙에 따라야 한다는 입장이다. 1395년 태조 때 창건된 경복궁은 1592년 임진왜란으로 불타 폐허로 남겨졌다가 1865년 고종 때 중건이 시작되었다. 1868년 고종이 창덕궁에서 경복궁으로 이어移御했으나, 그 후 큰 불이 두 차례 발생해 이를 복구하고 중건을 사실상 완료한 때는 1888년이었다. 이에 따라, 경복궁 복원의 기준연도는 조선시대 경복궁 진화의 완결시점인 1888년으로 정했다. 건축물은 물론이고 건축물의 부속물인 현판도 당연히 이 원칙에 맞추어져야 한다. 더욱이 광화문 복원을 앞두고 문화재위원회에서는 광화문 현판 글씨는 한자로 하며, 글씨체는 고종 당시 광화문 현판을 쓴 훈련대장 임태영任泰瑛의 글씨를 디지털로 복원해서 사용한다고 정한 바 있다. 임태영의 광화문 현판 글씨는 1916년 광화문 사진에서 확인할 수 있다. 그러나 새로 제작한 광화문 현판이 갈라지자 한글단체들은 그 틈을 비집고 한글 사용을 주장하고 나섰다. 지난 4월에는 광화문 현판 글씨를 두고 공청회가 있었으나, 토론이라기보다는 고성이 난무하는 난장판으로 변하고 말았다. 이 때문에 문화재청은 더더욱 이러지도 저러지도 못하는 처지가 되었다.

석장들의 양해 아래 축성식은 각자를 생략한 채 진행하기로 한다.

다만, 나중에 각자를 할 수 있도록 I석장이 성돌 중 하나를 골라 바탕면만 평평하게 다듬는다. 석장 두 사람과 이들의 휘하에 딸린 20여 명의 석수, 숭례문복구자문위원, 숭례문복구단, 기타 공사 관계자들이 참석해 목공사의 상량식에 비해 '조촐한' 축성식을 거행한다.

축성식이 시작되기 전, 숭례문복구자문단의 한 위원이 새로 쌓은 성곽의 윗부분이 잘못된 것 같다고 지적한다. 성곽의 윗부분을 차지하고 있는 여장에 미석眉石이 잘못 설치되었다는 것이다. 미석은 본래 일렬로 연결되어 있어야 하는데, 근총안 밑에서 끊어져 있다는 지적이다. 미석은 경사진 지형에서도 항상 수평으로 놓이고 끊어지는 법이 없다는 것이 그의 설명이다. 한양도성에서 미석이 설치된 곳은 숭례문 좌우 측뿐이어서 더욱 이곳이 중요하다고 강조한다.

성벽과 여장으로 이루어진 숭례문 좌우 성곽에는 성벽과 여장 사이에 얇고 판판한 돌인 미석이 설치되어 있다. 미석은 성벽이나 여장보다 밖으로 조금 돌출되어 있어, 그 모습이 눈썹 같다고 해서 붙여진 이름이다. 그래서 '눈썹돌'이라고도 한다. 숭례문 성곽에는 미석이 성벽과 여장 면보다 5센티미터 정도 밖으로 돌출되어 있다. 여장에는 활이나 총으로 적을 공격할 수 있는 총안이 있다.

그의 말대로 미석이 잘못 설치되었다면 성곽공사가 잘못된 것이니 성곽공사의 완성을 자축하는 축성식을 거행할 수 없다. 당장 취소하고 여장을 고쳐야 할 판이다. 숭례문복구단 직원들이 모여 19세기 말 옛 사진을 다시 꼼꼼히 살펴본다. 다행히 근총안 밑에는 미석이 없다. 그가 착각한 모양이다.

기와, 늦어지다

현장을 모르는 제작자, 현실성 부족한 제작단가

현장을 모르는 제작자

부여에 있는 한국전통문화대학교에 기와가마가 완성되어 그동안 미리 성형해놓은 기와를 구울 수 있게 된다. 그런데 기와납품이 계획보다 조금씩 늦어지고 있다. H제와장은 고령으로 인해 더 이상 작업을 할 수 없어, 모든 기와제작은 제자인 D가 책임지고 있다. 기와를 담당하고 있는 숭례문복구단 직원이 기와납품 상황에 대해 보고한다.

'기와반입이 계획보다 조금씩 늦어지고 있다. D가 약속하기론 9월 15일까지 기와납품을 완료하기로 했는데, 8월 말 현재 벌써 자신 없다고 한 달 더 연장해달라고 한다.'

나는 기가 막혀 묻는다.

"전에도 뭔가 잘못해서 납품일자를 연기했잖아? 내가 기억하기론 몇 번 되는 것 같은데."
"예, 벌써 세 번째입니다."
"이유가 뭐였더라? 수막새를 잘못 만들었던가?"

335

숭례문 암막새와 수막새
숭례문과 같은 관아건축물의 처마 끝에는 건축물을 장식하기 위해 기와의 한쪽 끝에 마구리를 덧대고 여기에 문양을 새긴 장식기와를 사용하는 것이 보통이다. 수키와의 장식기와를 수막새, 암키와의 장식기와를 암막새라 한다.

"예, 처음에는 수막새 길이를 착각했고, 와정구멍의 위치를 잘못 뚫었습니다."

"맞아, 그래서 암키와만 인 채 수키와는 못 이고 기다려야 했지."

기와 이는 순서는 암키와를 먼저 인 후 암키와와 암키와 사이를 수키와로 덮어준다. 암키와와 수키와는 모두 아래에서 위로 인다. 그래야 위 기와가 아래 기와를 덮어 줄 수 있어 기와 사이로 빗물이 스며들지 않는다. 숭례문과 같은 관아건축물의 처마 끝에는 건축물을 장식하기 위해 기와의 한쪽 끝에 마구리를 덧대고 여기에 문양을 새긴 장식기와를 사용하는 것이 보통이다. 수키와의 장식기와를 '수막새', 암키와의 장식기와를 '암막새'라 한다. 따라서 수막새와 암막새를 먼저 이지 않으면, 그 위로 계속되는 수키와와 암키와를 일 수 없다. 수막새에는 와정이라 부르는 못을 박아, 기와가 아래로 흘러내리지 못하게 고정한다. 수키와는 암키와와는 달리 서로 겹쳐 이지 않고 기와의 윗부분에 언강이라 하는 돌출부를 만들어 그 위에 놓이는 수키와의 아랫부분이 아래 기와의 언강과 암수로 꼭 맞게 함으로써 물이 새는 것을 방지한다. 본래 수막새 길이는 통상 언강을 제외한 길이를 말하는데, D가 언강을 포

336

함한 길이로 착각해 짧게 제작하는 바람에 수막새를 전량 폐기하고 다시 만들어야 했다.

　수막새 문제가 있은 후, 나는 번와장과 현장소장을 수시로 부여에 내려 보내 D와 만나게 했다. 현장경험이 없는 D의 약점을 보완하기 위해서다. 현장소장은 D를 만나고 돌아와 말하기를, "D씨가 기와는 잘 만드는 것 같은데 현장에서 기와를 어떻게 이는지 잘 모르는 것 같다"고 걱정한다. 한번은 토수를 늦게 만들어 현장작업이 한동안 중단된 적이 있다. 토수는 사래의 끝에 끼우는 장식기와라 토수를 먼저 끼우지 않으면 그 위로 계속되는 추녀마루 기와를 일 수 없다. 기와 이는 일의 말미를 모르는 D가 장식기와를 나중에 한꺼번에 만들 작정으로 미루는 바람에 그런 일이 생겼다. 담당직원이 계속 보고한다.

　'두 번째는 7월 초 폭우 때, 기와가마가 젖어 가마가 마를 때까지 4주가량 기와를 못 구웠다는 것이다.'

나는 다시 어이없다는 반응을 보인다.

"기와가마는 비가 내려도 젖지 않게 지붕이 되어 있잖아?"

그의 대답이다.

　'지붕이 없어 젖은 게 아니라, 배수가 안 돼 젖었다. 현장을 확인해보니까, 비올 때 주변에 있는 배수로에 쌓아놓은 물건만 치웠어도 그런 일이 없었을 텐데 하는 생각이 들었다. 천재라기보다는 인재처럼 보였다.'

그가 계속 세 번째 이유를 설명한다.

기와 이는 모습

토수 설치
토수는 사래의 끝에 끼우는 장식기와로, 토수를 먼저 끼우지 않으면 그 위로 계속되는 추녀마루 기와를 일 수 없다.

'지난 주에 내렸던 비에 땔감이 젖어 기와를 구울 수 없다고 하는데, 가만히 조사해보니 그건 표면적인 이유이고 진짜 이유는 다른 데 있었다. D가 다른 곳에 쓸 기와를 숭례문복구단과 상의도 없이 만들었기 때문이다. 창덕궁 부용정 기와를 만들어 납품했다. 조그만 정자라 기와 숫자는 얼마 되지 않지만, 그 기와를 굽는 동안 가마를 사용할 수 없어 적어도 한 달은 숭례문 기와제작이 지연되었다는 것이다.'

나는 거짓말까지 해야 했던 D의 절박한 이유를 묻자, 담당직원이 말한다.

'순전히 짐작인데, 숭례문 복구공사 중간에 아르바이트를 좀 한 것 같다. 일 욕심일 수도 있고. 어쩌면 우리가 쳐주는 전통기와 단가가 너무 박할 수도 있다. 숭례문 전통기와 단가는 대략 기계기와 단가의 다섯 배로 계산되었다. 나중에 안 일이지만, 원가계산 전문기관에 의뢰해 전통기와 제작원가를 계산해보면 적어도 기계기와 단가의 열 배 이상은 되어야 한다는 보고다. 전통기와 제작과정의 복잡함을 떠올리면 열 배 이상의 단가가 나올 법도 하다.'

새 기와로 단장한 창덕궁 부용정

오전에 비가 내리고 오후가 화창한 2012년 9월 하순 어느날, 나는 창덕궁을 찾는다. 전통기와로 새로 입힌 부용정 모습이 궁금했던 참에 마음먹고 시간을 냈다. 창덕궁 후원의 꽃이라 불리는 부용정이 뒤틀려져 이를 바로잡기 위한 수리가 얼마 전에 있었다. 수리 도중 자문회의에서 부용정이 뒤틀어진 이유가 논의되었고, 전통기와에 비해 과도하게 무거운 공장기와의 무게 때문이라는 의견이 지배적이었다. 자연스럽게 숭례문에 쓸 전통기와가 대안으로 등장했고 곧바로 채택되었다. 부용정 기와를 주문받은 D는 창덕궁에서 요구하는 시간에 맞추기 위해 기와공급 순서를 뒤바꿔 부용정 기와부터 제작했던 것이다. 좋게 보면 결과적으로 전통기와의 사용을 확산한 셈이다.

비온 후의 청명한 날씨 속에 새 기와로 단장한 부용정의 자태가 활짝 핀 한송이 연꽃 같다. '부용'芙蓉이란 말이 연꽃을 뜻해 정자도 연꽃처럼 화려하게 지은 것 같다. 부용정이 내려다보이는 영화당 마루에 걸터앉아 나는 창덕궁관리소장에게 묻는다.

"전통기와로 새로 단장한 부용정 모습이 전과 비교해 어떻습니까?"
"주변의 다른 건물보다 지붕이 훨씬 고상해 보입니다. 자연스럽기도 하고요."
"그렇죠?"

내가 맞장구를 치자, 창덕궁관리소장이 계속 말한다.

"그런데 주변에 있는 다른 건물의 기와는 아직 젖어 있는데 부용정 기와는 벌써 말랐습니다. 역시 전통기와가 뭔가 다른 것 같습니다."

가만히 살펴보니, 부용정 바로 옆에 있는 비각, 부용정 맞은편에 있는 서향각과 주합루 지붕의 기와는 아직 빗물을 머금고 있어 진해 보이는데 유독 부용정 지붕의 기와만 '뽀송뽀송'하게 말라 있는 것이 대조적이다. 고어텍스Goretex처럼 숨을 쉬는 전통기와의 위력 때문인가? 나는 고개를 갸우뚱한다.

숭례문 관리에 관하여

○

국가지정문화재 관리는 어디에서 해야 하는가

숭례문 화재로 문화재 관리에 대한 책임 문제가 불거지
자, 서울시와 종로구청 그리고 중구청은 자신들의 관할지역에 있는 국
가지정문화재에 대한 관리를 못하겠다고 손사래 쳤다. 2008년 12월 종
로구청은 문화재청에 공문을 보내 자신에게 관리책임이 있는 보물 제
1호 흥인지문, 보물 제142호 동관왕묘東關王廟, 사적 제143호 문묘文廟
를 서울시로, 사적 제213호 우정총국郵政總局을 우정사업본부로, 사적
제248호인 대한의원大韓醫院을 서울대학병원으로 각각 관리책임을 변
경해달라고 요청했다. 골치 아픈 문화재를 우리는 관리 못하겠으니 다
른 기관으로 그 책임을 넘겨달라는 것이다. 종로구청은 여기에 그치지
않고 2011년 문화재청에 공문을 보내 흥인지문을 문화재청이 직접 관
리해줄 것을 요구했다. 2012년 봄에는 서울시도 이러한 분위기에 동참
했다. 서울시장은 문화재청에서 열린 문화재 담당 시도국장회의에 문
화재 담당국장을 보내 중구청이 관리하는 숭례문과 종로구청이 관리하
는 흥인지문과 문묘 그리고 성균관을 문화재청에서 직접 관리해줄 것
을 요청했다. 그러나 서울시의 요구는 과거의 주장과는 상반된 것이다.
1995년, 서울시는 그때까지 자신의 책임으로 되어 있던 숭례문을 포함
한 서울시 소재 국가지정문화재 36건에 대해 소재지 구청으로 관리책

임을 변경시켜줄 것을 요청한 적이 있다. 당시 서울시는 "지방자치행정을 적극적으로 활성화하고 기초자치단체인 구청을 관리단체로 지정하는 것이 문화재의 효율적인 관리가 될 것"이라는 명분을 내세웠다. 이를 받아들여 당시 문화재관리국은 36건의 문화재에 대한 관리단체를 서울시에서 해당 구청으로 변경했다. 숭례문 화재 이후 문화재 관리에 대한 서울시의 태도는 화재 이전과 정반대로 바뀐 셈이다. 지방자치단체에 의한 문화재 관리는 「문화재보호법」에 근거를 둔다.

> 문화재청장은 국가지정문화재의 소유자가 분명하지 아니하거나 그 소유자 또는 관리자에 의한 관리가 곤란 또는 적당하지 아니하다고 인정하면 해당 국가지정문화재 관리를 위하여 지방자치단체나 그 문화재를 관리하기에 적당한 법인 또는 단체를 관리단체로 지정할 수 있다. 이 경우 국유에 속하는 국가지정문화재 중 국가가 직접 관리하지 아니하는 문화재의 관리단체는 관할 특별자치도 또는 시·군·구(자치구를 말한다)가 된다.[17]

국가 소유에 속하는 국가지정문화재 중 국가기관인 문화재청이 직접 관리하는 것은 서울경기 지역에 있는 조선시대 궁궐과 왕릉, 종묘와 사직, 그리고 충남 아산의 현충사와 충남 금산의 칠백의총七百義塚뿐이다. 강원도 영월에 있는 단종의 무덤인 장릉莊陵은 분명 조선의 왕릉이지만 영월군에 관리가 위임되어 있다. 문화재청이 이러한 문화재만을 직접 관리하는 데에는 역사적인 배경이 있다.

1945년 일본제국주의가 멸망함에 따라 구황실사무청이 발족되어 일제강점기 이왕직李王職의 업무를 인수하게 되었다. 이왕직은 일제강점기 조선왕족을 관리하던 일본의 관청이었다. 1910년 한일강제병합에 따라 대한제국의 황제는 '이왕'李王으로 격하되고 황실업무를 담당하던 궁내부宮內府도 해체되었다. 1910년 12월, 일본은 이왕직이란 기구를 만들어 조선왕실과 관련된 사무를 담당하게 했다. 이왕직은 일본 황실업무를 담당하는 궁내성宮內省의 하부기구로 궁내대신宮內大臣의 감독을 받았다.[18] 1953년에는 「구황실재산법」이 공포되어 구황실의 재산을 국유로 하는 동시에 구황실재산위원회와 사무총국이 설치되었다. 1955년에는 구황실재산위원회와 사무총국이 구황실재산사무총국으로 개편되었다. 1961년에는 문화재관리국이 창설되어 구황실재산사무총국의 업무가 문화재관리국으로 이관되었다. 이로써 문화재관리국이 조선의 궁궐과 왕릉 그리고 종묘사직을 관리하게 되었다. 1998년에는 문화재관리국이 문화재청으로 승격되면서 당시 문화체육부가 관리하던 현충사와 칠백의총 그리고 세종대왕유적관리소를 넘겨받았다. 이외에 문화재청이 직접 관리하지 않는 문화재에 대한 관리는 1962년 제정된 「문화재보호법」에 근거하여 소재지 지방자치단체에 위임되어 있다. 전국 방방곡곡에 흩어져 있는 문화재를 지방조직이 없는 문화재청에서 직접 관리하는 것이 현실적으로 불가능하기 때문이다. 또한 문화재는 비록 그것이 국가 소유 또는 국가지정이라 하더라도, 지역 주민과 밀접한 관계를 맺고 있어 적절한 보존관리를 위해서는 지방자치단체의 참여와 협조가 필수적이다.

숭례문을 문화재청에서 직접 관리해달라는 요구에 숭례문이 위치한 지역구 국회의원도 가세한다. 2012년 중반기가 되어 숭례문 복구가 눈앞으로 다가서자, 이 지역 국회의원은 아예 「문화재보호법」을 고쳐 숭례문 관리의 책임으로부터 중구청을 해방시키겠다고 벼른다. '국보 제1호'를 국가가 직접 관리해야지 어떻게 지방에 맡겨놓느냐는 것이 표면적인 이유다.

그런데 숭례문이 국보 제1호가 된 것은 아이로니컬하게도 일제의 한반도 문화재정책에서 비롯된 측면이 크다. 일제강점기에 일제는 한반도에 있는 문화재는 일본에 있는 문화재보다 격이 떨어진다고 보고 '국보'가 아닌 '보물'로 지정했다. 당시 국보는 일본에 있는 중요 문화재로 한정했다.[19] 이러한 원칙에 따라, 일제는 숭례문을 보물로 지정하면서 임진왜란 당시 일본군이 입성한 문이라는 점을 높이 평가하여 보물 제1호로 지정했다. 해방 이후 우리 정부는 별생각 없이 이것을 한 단계 격상시켜 국보 제1호로 정해 오늘날 숭례문이 국보 제1호의 지위를 갖게 된 것이다. 그런데 사실은 국보 제1호, 제2호 하고 일련번호를 부여한 것은 중요도를 표시하기 위한 것이 아니라 단순히 관리의 편의를 위한 것에 불과하다. 그러나 사람들은 다른 것은 몰라도 국보 제1호만은 뭔가 특별하다고 생각하는 경향이 있다.

서울시장과 구청장들 그리고 지역구 국회의원의 연합작전에도 불구하고, 숭례문을 비롯한 서울시 소재 국가지정문화재를 문화재청에서 직접 관리하는 데는 몇 가지 문제점이 있다. 만약 국가 소유인 서울시 소재 국가지정문화재를 문화재청에서 직접 관리하기로 하면, 형평의 원칙에 따라 지방에 있는 것도 그렇게 해야 한다는 논리가 성립된다. 2012년 6월 현재, 건축문화재 중 국보와 보물을 비롯한 국가지정문화재는 3,420건이고, 이 중 국유 문화재는 1,118건이다. 800명 남짓 되는 문화재청의 인력으로 전국에 산재한 이들 문화재를 관리하는 것은 어림도 없다. 문화재청은 지방조직도 없다. 여기에 비해 서울시 중구청은 1,200명이 넘는 직원을, 서울시는 4만 6,000명이 넘는 직원을 거느리고 있는 거대 조직이다.

관리할 수 있는 조직도 예산도 없는데 무조건 책임지고 관리하라고 내모는 것은 참으로 난처한 일이다. 그러나 현실과 국민정서는 일치하지 않을 수 있다. "국보 제1호를 국가가 직접 관리해야지 어떻게 지방에 맡겨놓느냐"라는 중구청의 항변이 문화재청의 논리보다 훨씬 설득력이 있어보인다.

문화재청과 서울시 중구청이 숭례문 관리를 서로 미루는 것은 언론으로서는 좋은 보도거리다. 중앙일보는 '숭례문 관리책임 아무도 안 지겠다고?'란 제목으로 사설을 싣는다.

(전략) 숭례문 관리책임을 서로 맡지 않으려는 떠넘기기 경쟁이다. 현재는 문화재보호법에 따라 서울 중구청이 관리단체로 지정돼 있다. 관리 비용도 원칙적으로 중구청 부담이다. 그러나 중구청은 6급 팀장 1명, 7급 팀원 2명 등 단 3명이 관내 144개 문화재를 담당하고 있어 숭례문까지 맡는 것은 무리라는 입장이다. 문화재청은 전국의 그 많은 문화재를 직접 보살피기 불가능한 데다, 숭례문만 예외로 할 경우 관리체계의 원칙과 기준이 무너진다고 주장한다. 서울시는 중간에서 나 몰라라 하고 있다. (후략)[20]

문화재청, 숭례문 관리를 맡다

숭례문복구단의 제의로 숭례문 관리를 논의하기 위해 서울시 문화관광디자인본부장실에서 문화재청과 서울시 그리고 중구청 관계자들이 자리를 같이 한다. 연일 언론에서 숭례문 관리 문제를 제기하고 있어, 문화재청으로서는 가만히 있을 수 없는 노릇이다. 문화재청에서는 숭례문복구단장이, 서울시에서는 문화관광디자인본부장이, 중구청에서는 부구청장이 회의에 참석한다. 문화재청에서는 서울시와 중구청의 입장을 확인할 필요가 있다. 서울시는 숭례문 관리와 직접적인 관계는 없지만 한양도성의 관리단체로 지정되어 있어 간접적인 관계가 있다. 한양도성의 관리단체가 서울시로 되어 있는 것은 한양도성이 숭례문과는 달리 여러 구에 걸치기 때문이다. 한양도성은 그 둘레가 18.6킬로미터에 이르고 있어 종로구, 중구, 용산구, 동대문구, 서대문

구, 성북구, 도봉구에 걸쳐 있다. 또한 서울시는 기초자치단체인 중구청의 광역자치단체이기 때문에 숭례문 관리에 간접적인 관계가 있다.

　나는 회의에 앞서 청장에게 만약 중구청에서 계속 숭례문 관리를 못하겠다고 버티면, 문화재청에서 직접 관리하자고 제안한다. 또한 숭례문이 한양도성의 정문인 만큼, 문화재청이 숭례문을 직접 관리하게 되면 한양도성도 한묶음으로 관리하자는 의견을 낸다. 청장이 잠시 망설인다. 숭례문을 문화재청이 직접 관리하겠다는 것은 문화재 관리의 근간을 흔드는 것이기 때문에, 청와대의 허락은 물론 다른 부처와도 협의해야 한다는 신중모드다. 그렇다면, 정부의 조직을 담당하는 행정안전부와 예산을 담당하는 기획재정부와는 미리 조직과 예산을 협의해야 한다. 다른 한편으로는 일도 하기 전에 조직과 예산을 줄 리가 없으니 청와대에만 보고하자는 생각도 한다. 여기에는 현실적인 계산이 깔려 있다. 첫째는 일단 숭례문 관리를 문화재청이 맡게 되면 관계부처에서 조직과 예산을 몰라라 할 수 없을 것이란 점이다. 국민여론은 문화재청이 숭례문 관리를 직접 맡으라는 것이고 여기에 부응해 숭례문을 직접 관리하는 이상 거기에 상응하는 조직과 예산은 자동적으로 따라올 것이 뻔하다. 둘째는 만약 관계부처에서 극력 반대해 조직과 예산을 확보할 수 없는 최악의 상태가 발생하더라도 이 정도의 인력과 예산은 문화재청 내에서 돌려막을 수 있을 것이란 계산이다. 결국은 신중모드를 벗어 던지고 일단 일을 저지르기로 한다.

　부구청장의 입을 통한 중구청의 입장은 단호하다. 국유문화재를 국가가 관리해야지 왜 지방자치단체에 떠넘기느냐는 것이다. 중구청은 문화재를 관리할 능력도 없고 예산도 부족하다고 하소연한다. 만약 문화재청에서 계속해서 숭례문 관리를 중구청에 맡기려면 소요되는 예산과 인력을 지원하라고 요구한다. 서울시 또한 중구청의 입장을 옹호하고 나온다.

이에 대해 나는 숭례문 화재 전후 중구청의 태도 변화를 지적한다. 서울시 중구청장은 화재 발생 20일 전인 2008년 1월 21일 문화재청장에게 공문을 보내 문화재청에서 관리하고 있는 덕수궁을 "문화재를 아끼고 사랑하는 마음으로" 자신들이 관리하기를 희망했다.[21] 문화재청이 관리하는 덕수궁마저 떠안겠다고 나섰던 중구청이 숭례문 화재 이후 태도가 정반대로 바뀐 것이다. 이와 함께 서울시에 대해서는 만약 문화재청이 숭례문을 직접 관리하게 되면, 한양도성도 한묶음으로 문화재청에서 직접 관리할 것이라는 문화재청의 방침을 전한다. 또한 국유문화재 중 국가가 직접 관리하지 않는 문화재에 대한 관리는 지방자치법상 엄연히 지방자치단체의 사무라는 것을 상기시킨다. 국가가 '국가사무'를 지방자치단체에 위탁할 때만 그에 대한 대가를 지불한다. 자신의 일을 하면서 국가에 그에 대한 대가를 바라는 것은 말이 안 된다.

회의 며칠 후, 서울시 문화재과는 숭례문복구단에 전화를 걸어 서울시 부시장이 한양도성의 관리권을 문화재청에 돌려주는 것에 찬성한다고 알려온다. 그러나 서울시의 입장은 곧 뒤바뀐다. 서울시장은 한양도성을 세계유산으로 등재시키길 바라고 있고, 그 역할을 서울시가 주도하길 원한다. 시장의 의중을 확인한 부시장은 황급히 문화재청장을 찾아와 한양도성만큼은 서울시가 계속 관리할 수 있도록 해달라고 부탁한다. 문화재청장은 그렇다면 숭례문 관리만 문화재청이 맡겠다고 인심을 쓴다. 그 대신 여건이 성숙되면 한양도성도 숭례문처럼 관리권을 문화재청에서 회수할 것이라고 알려준다.

문화재청과 청와대 교육문화수석비서관실 사이의 협의를 거쳐, 문화재청에 의한 숭례문 직접 관리 문제가 대통령이 주재하는 수석비서관회의에 상정된다. 청와대에서는 이 회의를 '대수비'라 한다. 대통령이 주재하는 수석비서관회의를 줄여서 하는 말이다. 대수비는 문화재청의 건의대로 "국보 제1호인 숭례문의 상징성과 이에 대한 국민정서를 감안하여 숭례문 관리는 문화재청에서 직접 담당하는 것이 바람직하다"는 결론을 내린다. 숭례문복구단은 곧바로 '숭례문 관리 문화재청이 맡는다'는 제목의 보도자료를 낸다.

문화재청은 서울시 중구청이 담당했던 숭례문의 관리를 직접 맡기로 하였다.

전국에 산재한 문화재의 특성과 지방조직이 없는 문화재청의 행정력을 감안하여, 지금까지 우리나라 문화재 관리시스템은 비록 국유 문화재라 할지라도 소재지 지방자치단체가 관리를 맡도록 되어 있다.

숭례문의 경우, 1968년부터 1995년까지 서울시가 관리를 맡았으며, 1995년 이후는 서울시 중구청이 관리를 담당했다.

이번 결정은 국보 제1호인 숭례문의 상징성과 그에 따른 국민정서를 감안하여 국가기관인 문화재청에서 직접 관리해달라는 서울시와 서울시 중구청의 요청과 안타깝게 화재로 불탄 숭례문 관리에 대한 문화재청의 책임의식이 반영된 결과이다.

문화재청에서는 앞으로 숭례문에 대한 완벽한 복구는 물론, 향후 관리 방안도 함께 마련하여 화재와 같은 관리부실로 인한 사고가 재발되지 않도록 최선을 다할 계획이다.

또한 금번 사례와 같이 국가가 직접 관리하지 않는 국유 문화재의 관리단체 조정요구가 있을 경우를 대비하여, 우선 예산지원 확대 등 관리자의 부담을 경감할 수 있는 방안을 마련하고 국가관리를 위한 선별기준 제정과 더불어 조직과 인력 그리고 예산의 확충을 위해 관련기관과의 협의도 지속적으로 해나갈 계획이다.

추녀에 관해 몰랐던 사실

•

상하층 추녀 내밀기, 실수와 발견

1960년대 수리 전후로 달라진 추녀의 길이

단청이 끝나니 이제 제법 숭례문은 때깔이 난다. 화재 전보다 나으면 낫지 못한 것이 없다는 생각이 들 정도다. 일제강점기 이후 변형된 것을 바로잡았으니 낫다고 할 수밖에. 낮에 숭례문 복구현장을 확인한 나는 자못 만족감을 느끼며 퇴근 후 집에서 한가롭게 1960년대의 수리보고서를 뒤적인다. 내일 있을 방송사와의 인터뷰에서 달라진 숭례문의 모습을 설명해달라는 요청이 있어, 1960년대 수리 후 변형된 지붕의 모습을 확인하기 위해서다.

책장을 넘기다 나는 지금껏 몰랐던 사실을 발견하고 적이 놀란다. 독서대 위에 책을 올려놓고 형광펜으로 방금 발견한 부분을 표시한다. 숭례문 상하층 추녀의 체감에 대한 설명이다. 설명이 번잡해 내 방식으로 알기 쉽게 다시 정리해본다.

숭례문 문루의 상하층 바닥면적은 각각 42평과 53평으로 하층이 11평 정도 넓다. 각 층의 외목도리로부터 내민 추녀의 길이도 원래는 바닥면적의 체감에 맞추어 체감이 있었다. 하층 추녀는 하층 외목도리의 중심으로부터 평균 9자 5치 8푼, 상층 추녀는 상층 외목도리의 중심으로부터 평균 8자 3치 4푼 바깥으로 뻗어 있었다. 그러나 1960년대의 수리 후, 각 층의 외목도리로부터 내민 추녀의 길이는 대동소이해져 원래의 체감을 잃어버렸다. 추녀의 길이는 원래의 길이에서 하층 추녀는 1자 3치, 상층 추녀는 3치 짧아졌다.[22]

　원래 상하층 추녀 길이의 체감은 상하층 바닥면적 체감과 관계가 있었다. 바닥면적은 가로와 세로의 길이를 곱한 것이니, 그 제곱근의 비율로 추녀의 체감이 정해진 것으로 보인다. 즉, 하층 추녀의 내민 길이에 대한 상층 추녀의 내민 길이의 체감율은 $8.34 \div 9.58 = 0.87$이고, 하층 바닥면적에 대한 상층 바닥면적 체감율의 제곱근은 $\sqrt{(42 \div 53)} = 0.89$로 거의 일치한다.

　그런데 하층의 공포가 2출목, 상층의 공포가 3출목이고, 상층 바깥기둥이 하층 바깥기둥보다 2출목 만큼 후퇴해 있다. 따라서 상층 외목도리는 하층 외목도리보다 1출목 만큼 안쪽에 위치한다. 여기서 1출목의 내민 길이는 1자 2치 2푼이다. 수직으로 보면, 하층 추녀가 상층 추녀보다 더 내민 길이는 1출목의 내민 길이에 $\sqrt{2}$를 곱한 값에 상하층 추녀의 내민 길이 차이를 더한 만큼이다. 출목이 내민 방향은 처마선과 직각이고 추녀가 뻗은 방향은 출목 방향과 45도를 이루고 있기 때문이다. 1960년대 당시 1자를 30.3센티미터로 봤으므로, 이것을 계산하면 약 90센티미터가 된다. $(1.22\sqrt{2} + 9.58 - 8.34) \times 30.3 = 89.85$센티미터. 대단한 체감이었다.

　여기서 '출목'이란 것은 바깥기둥의 중심으로부터 내민 공포 부재를 말한다. 숭례문과 같은 큰 건물은 지붕의 처마선을 높고 멀리 보내야 건물 전체적으로 안정된 비례를 가지게 된다. 처마선이 낮아지면 집은 답답한 모습이 될 것이다. 처마선을 높고 멀리 보내기 위해 맨 바깥기둥 위를 연결하는 가로부재 위에 공포를 얹는다. 공포는 기본적으로 바깥기둥으로부터 처마를 높고 멀리 보내기 위해 사용되는 장치다. 작은 부재를 가로와 세로로 번갈아 가면서 겹겹이 쌓아 만드는 공포는 한 덩어리로 작용한다. 처음 밑에서 시작하는 부재는 짧고 위로 갈수록 부재

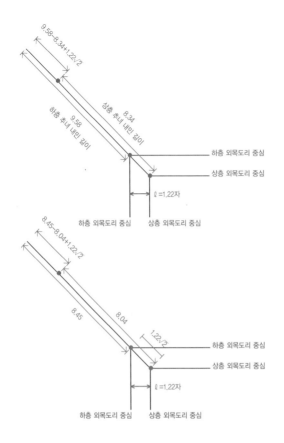

9.58−8.34+1.22/2

8.34 상층 추녀 내민 길이

9.58 하층 추녀 내민 길이

하층 외목도리 중심

상층 외목도리 중심

ℓ =1.22자

하층 외목도리 중심　　상층 외목도리 중심

1960년대 수리 전 상하층 추녀 길이의 변화(단위: 자)
원래 상하층 추녀의 내민 길이 의 체감이 컸다.

8.45−8.04+1.22/2

8.04

8.45

1.22/2

하층 외목도리 중심

상층 외목도리 중심

ℓ =1.22자

하층 외목도리 중심　　상층 외목도리 중심

1960년대 수리 후 상하층 추녀 길이의 체감(단위: 자)
수리 후 상하층 추녀의 내민 길이의 체감이 줄어들었다.

© 최종덕

하층 2출목
하층 평방 밖으로 내민 2출목의 공포가 보인다.

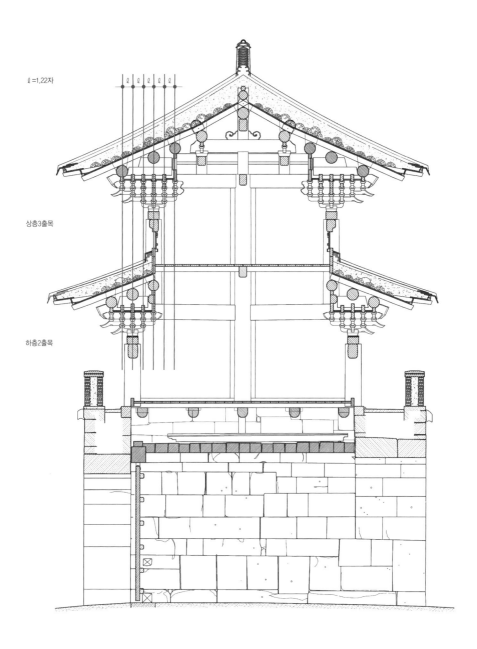

ℓ =1.22자

상층3출목

하층2출목

숭례문 문루 종단면도를 통해서 본 상하층 기둥과 출목 및 외목도리 사이의 관계의 길이가 점차 길어져 공포의 모양은 대체적으로 꼭짓점이 밑으로 향한 뒤집힌 사각추와 흡사하다. 이렇게 함으로써 바깥기둥으로부터 처마선을 높고 멀리 보낼 수 있게 된다. 건물을 정면에서 보았을 때, 공포의 모양은 공포의 세로부재가 한 번 내밀면 1출목, 두 번 내밀면 2출목, 세 번 내밀면 3출목이 된다. 출목 수가 많아질수록 공포의 높이가 높아지고 내민 길이가 길어져 그만큼 처마선을 높고 멀리 보낼 수 있다.

그러면 숭례문에서 왜 하층은 2출목인데, 상층은 3출목으로 추녀의 경우와 반대로 체증遞增했을까. 추녀의 체감에 맞추어 상층 처마선의 상승감을 더 높이기 위해 출목 수는 체증한 것이다. 추녀의 내민 길이가 하층보다 상층이 짧아 지상에서 올려다보는 관찰자는 위로 갈수록 숭례문이 상승되어 보인다. 여기에 더하여 상층이 하층보다 1출목 많아 상층 지붕이 더 높아 보이는 효과를 갖게 된다. 출목은 기둥의 외부뿐만 아니라 내부로도 동시에 내밀게 된다. 이들을 구분하여 내부로 내민 것을 내출목內出目, 외부로 내민 것을 외출목外出目이라 한다. 내출목 위에는 가로부재인 내목도리가, 외출목 위에는 외목도리가 놓여 개별 공포를 일체화시킨 다음 위에서 내리누르는 지붕을 받치게 된다.

미리 알았더라면 결과는 달라졌을까?

그러면 1960년대에는 왜 하층 추녀를 짧게 해 기존의 체감을 무시해버렸을까. 당시 보고서는 상하층 추녀에 체감이 있었다는 걸 명시하고 있다. 이는 잘 알고 있었다는 이야기다. 추녀를 짧게 바꾼 이유를 밝히지 않아 확인할 수는 없지만, 알면서 그렇게 했다는 것으로 미루어 나름 불가피한 사정이 있었을 것이다. 현 시점에서 당시의 여러 상황을 따져보면, 목수의 기법과 목재의 수급이 그 불가피한 사정이었던 것으로 보인다. 이번에 목재 연륜연대법으로 상하층 추녀 여덟 본의

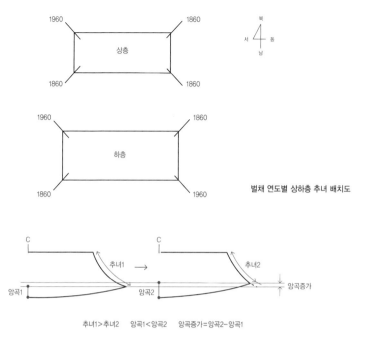

추녀1>추녀2   앙곡1<앙곡2   앙곡증가=앙곡2-앙곡1

벌채 연도별 상하층 추녀 배치도

추녀 길이 변경 전후의 처마 앙곡의 변화 개념도

벌채연도를 측정한 결과를 보면, 상층은 북서측 추녀 한 본, 하층은 북
서 및 남동측 추녀 두 본이 1960년대에 벌채된 것이다. 나머지 다섯 본
의 추녀는 모두 1860년대에 벌채된 것으로 밝혀졌다.

따라서 1960년대의 수리 때 하층 지붕은 북서 및 남동측 추녀만 교
체하고 나머지 두 본은 기존 추녀를 재사용했다. 이때 추녀를 짧게 한
것은 처마의 앙곡을 세게 하기 위한 조치로 보인다. 추녀는 경사지게
밑으로 향하기 때문에, 추녀가 짧아지면 추녀의 끝이 그만큼 높아지는
효과가 있어 처마의 앙곡을 세게 할 수 있다.

S목수도 그렇지만, 앙곡을 세게 하는 것이 근대기 이후 목수들의 일
반적인 경향이다. 또 이때 추녀 위에 덧대는 사래 여덟 본을 모두 교체

355

하고, 서까래와 부연을 절반 가까이 갈았다. 추녀가 짧아지면 서까래도 짧아지기 때문에 그만큼 부재를 구하는 것이 용이했을 것이다. 이러한 것들을 종합할 때, 목수의 기법 변화와 목재의 수급 때문에 지붕의 체감을 포기했던 것이라고 추정할 수 있다.

생각이 여기에 미치자, 나는 난로 앞에서 꾸벅꾸벅 졸다가 난롯불에 덴 사람처럼 깜짝 놀란다. 이건 실수다! 아무도 추녀의 체감을 문제 삼지 않았다. 물론 나 자신도 모른 채 넘어갔다. 목공사가 끝난 마당에 이 문제를 새삼스럽게 거론해도 소용이 없다. 추녀의 체감을 되살리기 위해 하층 추녀를 모두 새것으로 교체하면 어떻게 될까? 추녀의 길이는 기존 추녀보다 1자 3치, 즉 39센티미터 정도 길어져야 한다. 이걸로 끝이 아니다. 연쇄반응이 일어난다. 서까래는 말할 것도 없고, 부연과 사래도 모두 갈아야 된다. 위에서 불탄 부재가 무너져 밑에 있던 멀쩡한 부재를 내리친 화재 때의 충격으로 하층 추녀 네 본 중 남동과 남서측 추녀는 뒤 뿌리가 찢어졌다. 따라서 남아 있는 추녀는 1960년대에 교체한 북서측 추녀와 기존의 북동측 추녀다. 1960년대에 교체한 추녀는 조선시대의 것이 아니므로 부재 자체의 가치를 인정하기는 어렵다고 볼 때, 가치 있는 것은 오직 하나 1860년대에 교체한 북동측 추녀뿐이다. 그렇다면 추녀의 체감을 회복하기 위해 하층 추녀를 모두 긴 것으로 신재로 교체하면, 아까운 것은 북동측 추녀 하나와 서까래와 부연 일부다. 추녀의 체감을 되살리는 것과 하나라도 더 옛 부재를 살리는 것 중 어느 쪽이 더 가치 있는 선택일까. 만약 미리 알았더라도, 쉽지 않은 선택이 되었을 것이다. 그래도 알고 그런 결정을 한 것과 모르고 지나친 것은 엄청난 차이가 있다. 비록 결과는 같더라도!

방염제를 둘러싼 논란

•

정답 없는 논란이 반복되다

방염제에 관한 언론의 보도

출근길 지하철에서 깜박 졸고 있던 나는 휴대전화기의 메시지 도착 신호를 어렴풋이 듣는다. 간밤에 잠을 설쳐 피곤했던 터라 전화기를 꺼내 메시지를 확인할지 그냥 잠을 청할지 순간 갈등을 느낀다. 그래도 뭔가 불길한 느낌이 들어 나도 모르게 손길은 전화기를 찾느라 가방을 더듬는다. 이 시간에 오는 메시지치고 좋은 소식은 없다. 대변인으로부터의 메시지다.

"9월 9일 MBC 뉴스데스크 숭례문 관련 보도내용입니다. 「신 숭례문, 방염처리 건너 뛰어 화재 취약. 준공일정 맞추려 방염처리 건너뛰었다는 비판 일어」 사실 여부를 확인한 후 대응자료 배포를 검토해볼 사안입니다."

사무실에 들어서자 벌써 직원들이 보도 내용을 인쇄해 손에 들고 기다리고 있다.

"4년 전 방화로 불타고 있는 숭례문의 모습입니다. 목조 구조물에 불이 붙어 불과 몇 시간 만에 지붕이 무너져버렸습니다. 이제 연말이면 복원

357

이 되는데 여전히 화재에 취약한 상황이라고 합니다. 방염처리만 제대로 돼 있었어도 이처럼 완전히 불타버리진 않았을 것이란 지적이 쏟아졌습니다.

오는 12월 준공을 앞두고 막바지 작업이 한창입니다. 그런데 불에 타버린 숭례문을 복원하면서 이번에도 아무런 방염처리를 하지 않았습니다. 복원작업을 사실상 총괄하는 장인마저 "방염처리를 하지 않았을 리가 없다"며 이해할 수 없다는 반응을 보였습니다. 하지만 문화재청은 방염처리를 하지 않은 데에는 나름 이유가 있다고 설명합니다. 방염제로 인해 목조의 외관이 허옇게 되는 백화현상이 발생하는 등 외관이 훼손되는 사례들이 있어 방염처리를 하지 않았다는 겁니다. 대표적인 사례로 경북 영주 부석사 무량수전이 거론됩니다. 이에 대해 전문가들은 이미 지어져 있는 목조건물에 방염제를 뿌릴 경우에는 방염제가 표면에만 남게 돼 백화현상이나 방염제 효과가 떨어지는 문제가 생길 수도 있다고 말합니다. 하지만 목조건물을 새로 짓기 전에는 목재 속까지 방염제를 스며들게 할 수 있어 방염처리를 해도 이런 부작용이 나타나지 않는다고 지적합니다. 방염처리를 해도 전혀 문제가 없나요?"

"문제는 없어요. 왜냐하면······(방염제를 뿌려도) 물기가 마르면 (방염) 했는지 안 했는지 몰라요." _ H단청장 답변

"문화재청은 또 방염처리를 하지 않은 또다른 이유는 그 효과가 미비하기 때문이라고 주장합니다. 과연 그럴까. 방염처리를 한 목재와 그렇지 않은 목재를 국제기준에 맞춰 실험해봤습니다. 방염처리를 한 쪽은 연기만 피어오를 뿐 불이 붙지 않지만, 그렇지 않은 쪽은 활활 타오릅니다. 화재 초기 진화의 핵심인 '시간'을 벌기 위해서는 방염처리가 중요하다는 걸 한 눈에 알 수 있습니다. 방염처리를 할 경우 복원공사기간이 더 길어진다는 점 때문에 오는 12월 중순으로 예정된 준공식 일정에 맞추려고 방염처리를 하지 않았다는 비판도 문화재청 안팎에서 나오고 있

습니다. 600년 넘게 서울을 지키던 숭례문은 다섯 시간 만에 불타버렸
습니다. 어렵사리 복원된 숭례문을 온전하게 후대에 물려주기 위해선
좀 더 치밀한 복원과정이 시급하다는 지적입니다."[23]

문화재청의 입장

방염제는 전문가가 아니면 말하기 어려운 그야말로 전
문분야다. 일반인들은 함부로 말하기 어렵다. 취재가 들어왔다는 것은
방염제와 이해관계가 있는 누군가가 방송사에 알려줬다는 것을 뜻한다.
방염제 업자이거나 아니면 이 공사에 불만이 있는 내부인이거나. 물론
잘못된 일을 바로잡고자 하는 정의감에서 이 일을 아는 누군가가 말했
을 수도 있다. 나는 직원들에게 어떻게 된 것이냐고 자초지종을 묻는다.
한 직원이 H단청장과 통화해 그 내용을 확인했다며 알려준다. H단청
장은 며칠 전에 방송사와 인터뷰했는데, 단청하기 전에 방염제를 도포
하면 괜찮을 것 같아 그렇게 이야기했다는 것이다. 나는 기가 차서 발
끈한다.

"아니 그 사람은 단청하는 장인이지 방염제 전문가는 아니잖아. 전문가
도 아닌 사람이 순전히 짐작으로 개인 의견을 함부로 말하면 어떻게 해.
그것도 언론과 인터뷰하면서. 그리고 '복원작업을 사실상 총괄하는 장
인'이라는 사람은 S목수지? 그 사람은 왜 자기 분야도 아닌 걸 무책임하
게 이야기하나?"

그러나 화만 내고 있을 수는 없다. 우선 사태가 확산되는 것을 막아
야 한다.

"우선 언론에 난 것부터 빨리 대책을 세워. 방염제 문제가 확산되기 전에. '방염제 보도에 대한 문화재청 입장'이란 제목으로 해명자료를 작성해서 오해를 풀어야 돼. 조간신문 기사마감 전까지 해명자료를 뿌려야 더 이상 확산되지 않아. 신문사 기사마감이 오후 네 시니까, 조금 여유 있게 두 시까지는 뿌려야 해. 그렇지 않으면 다른 언론사에서도 숭례문에 진짜 문제가 있는 줄 알고 추가 취재가 들어올 거야. 참, 얼마 전에 새로 개발된 방염제가 검정기준을 통과했다고 문서가 온 것 같은데?"

"예, 그 공문 온 지 며칠 안 됐습니다."

방염제는 화재에 취약한 목조건축물에 뿌리면 불이 붙는 시간을 지연시켜주는 역할을 하는 화학약품이다. 그러나 전통건축물에 적용할 경우 단청이 떨어지고 건축물이 하얗게 변하는 등 여러 가지 부작용이 있어 2008년까지 사용되다가 2009년부터 사용이 중단되었다.

숭례문복구단은 '새 숭례문, 방염처리 건너 뛰어 화재 취약 보도에 대한 문화재청의 입장'이란 제목에 '숭례문 화재 감지기 및 경보시설, 소화시설 등 첨단 방재설비 완벽 구축'이라는 부제를 단 해명자료를 만들어 기자들에게 배포한다.

2012년 9월 9일 MBC 뉴스데스크의 '새 숭례문, 방염처리 건너 뛰어 화재 취약'이라는 제하의 보도에 대한 문화재청의 입장은 다음과 같습니다. 현재 단청되어 있는 목조문화재에 대한 방염처리는 단청이 떨어지고 단청 면이 하얗게 변하며 철물의 부식을 가속시키는 등 여러 가지 부작용이 있었습니다. 이러한 문제점을 개선하기 위해 문화재청에서는 2008년 11월 「목조문화재용 방염제 검정기준」을 마련하여 이 기준에 적합한 방염제에 한해 사용할 수 있도록 하고 있습니다. 현재는 한 가지 방염제만 2012년 8월 이 기준을 통과했습니다.

그러나 숭례문의 경우, 이전에 사용하던 화학안료 대신 천연안료로 단청을 했기 때문에 종전에 화학안료를 기준으로 검정한 방염제를 별도의 검증절차 없이 숭례문에 사용할 수는 없는 실정입니다.

문화재청은 이러한 문제점을 인식하고 방염처리에 대해 논의한 결과, 새로운 숭례문은 ① 화재를 감지할 수 있는 감지시설(불꽃감지기 16개, 광센서 열 선형감지기 222미터) ② 침입한 사람을 추적하고 경보를 작동할 수 있는 경보시설(첨단지능형 CCTV 3세트) ③ 화재 발생 시 소화시설(스프링클러 헤드 148개, 방수총 및 소화전 4개) ④ 지붕 속 화재를 예방할 수 있는 방염천 설치 ⑤ 개방에 대비한 24시간 상시 감시 인력체계 구축 등 첨단 방제시설이 완벽하게 구축된 만큼, 방염제의 부작용을 감수하고 방염처리를 하는 것은 문제가 있다는 신중한 입장입니다.

만약 방염처리를 할 경우에는, 단청이 없는 마루 등 바닥 부분에만 처리하는 것으로 숭례문복구자문단을 통하여 논의 중에 있습니다.

숭례문 복구는 당초 계획했던 5년의 복구기간대로 오는 12월 준공을 목표로 현재 87퍼센트의 공정이 진행 중이나, 신중한 복구를 위해 불가피한 경우 예정 공기에 구애 받지 않고 공사를 진행할 예정입니다.

국정감사장에서 다시 논란이 되다

1년에 한 번 하는 국정감사는 정부에서 집행한 여러 사안이 적절하게 되었는지 국민의 대표기관인 국회의원이 낱낱이 살펴보고 잘못된 것을 지적하고 시정을 요구하는 장이다. 2012년 10월 5일, 문화재청에 대한 국회 문화체육관광방송통신위원회 국정감사가 국립고궁박물관에서 열린다. 의원들의 질의가 쏟아진다. 먼저 전통기법과 전통재료에 관한 것이다. 기중기 사용과 일본으로부터의 단청안료와 아교 수입을 질타한다. 다음으로는 목수의 임금을 왜 제대로 주지 않느냐는 것과 목공사 하도급에 대한 질문이다. 마지막으로 방염제를 사용하지 않은 것에 대한 지적이다. 이에 대해 청장은 미리 준비된 답변을 한다. 이미 예상하고 있던 질문들이고 오해에서 비롯된 것이라 답변에 어려움이 없다. 의원들도 더 이상 질의가 없다. 마무리 되는 분위기다. 그러던 차에 휴대전화기로 메시지 하나가 날아든다. 국정감사를 뒷받침하기 위해 사무실에 대기 중인 숭례문복구단 직원이 보낸 것이다.

"지난 밤 화엄사 각황전에 방화가 있었으나, 방염제가 도포되어 있어 저절로 불이 꺼졌다고 합니다."

오후가 되자 각황전 방화사건이 국정감사장에 있는 국회의원들에게까지 알려진다. 의원들은 앞을 다투어 숭례문에도 각황전처럼 방염제를 도포하라고 한다. 천연안료에는 방염제의 부작용이 염려된다는 답변도 무용지물이다. 불에 타버리는 것보다는 부작용을 감수하는 것이 더 낫다는 주장이 지배적이다. 마치 곧 숭례문에 방화가 다시 일어날 것을 확신이라도 하는 분위기다. 그렇다고 의원들의 요구대로 무턱대고 '방염제를 뿌리겠습니다'라고 대답할 수는 없다.

국정감사 후 나는 방염제에 대해 국립문화재연구소 D연구관에게 자문을 구한다. 그는 이 분야를 오랫동안 연구해온 국내 최고의 권위자 중 한 사람이다. D연구관의 설명에 의하면, 천연안료 단청은 단청 자체에 방염과 방부효과가 있다. 천연안료는 광물질이기 때문에 이것을 바른 목재는 불이 잘 붙지 않을 뿐더러, 중금속을 많이 함유하고 있어 벌레나 곰팡이가 접근하기 어렵다. 그는 여기에 덧붙여 일본의 사례를 귀띔해준다. 일본은 목조주택이 많기 때문에 일찍이 방염제가 개발되었고 활발히 사용되고 있다. 그러나 문화재에는 절대로 방염제를 사용하지 않는다. 그 이유는 간단하다. 문화재에 방염제를 뿌리는 것은 얻는 것보다 잃는 것이 많기 때문이다. 방염제는 단청을 퇴락시키고 목재를 손상시키는 것은 물론, 오래된 건축물의 목재에서 느낄 수 있는 고유한 분위기를 없애버린다.

일본에서는 어떻게?

그리고 한참 후, 일본 문화청으로부터 손님이 온다. 한국 문화재청과 일본 문화청은 목조건축물 분야에 관한 상호 관심사 때문에 매년 번갈아 가면서 상대방 국가를 방문한다. 일본은 문화청 내에 문화재부가 있어서, 여기서 우리나라 문화재청에서 하는 일을 한다. 이번에 방문한 일본 쪽 방문단장은 문화청 건조물과장 무라타 겐이치村田健一 씨다. 그는 한국의 건축문화재에 대해 관심을 갖고 20년 이상 매년 한국을 방문해 국보와 보물로 지정된 건축물은 모두 보았다는 지한파知韓派다. 나는 방염제에 대해 D연구관에게 들은 바를 확인하고 싶어진다. 사실 일본은 문화재에 대한 방화가 우리보다 훨씬 심각한 편이다.

"일본은 방염제를 문화재에 사용하지 않는다고 들었는데 사실입니까?"
"예, 사용하지 않습니다."
"왜 사용하지 않습니까? 일본은 목조주택이 많아 방염제는 아주 발달되었을 것 같은데요."
"목재에 어떤 영향이 있는지 증명되지 않았기 때문입니다."
"일본도 꽤 화재 때문에 신경을 쓰는 것 같은데, 방염제를 사용하라는 여론이 국회나 시민단체 등으로부터 없습니까?"
"그건 전적으로 문화청에서 알아서 할 사항이라 그런 요구는 없습니다."

무라타 과장의 답변은 간결하다. 그 자신감이 부럽다.

고색가칠, 눈속임의 유혹

•

문화재 수리현장에서 재료의 진정성을 생각하다

새것은 새것대로, 옛것은 옛것대로

석공사가 끝나 축성식까지 마치자, 육축 중 일부 교체한 부재와 새로 쌓은 성곽이 너무 새것이어서 눈에 거슬린다는 의견이 문화재청 내에서 대두된다. 새로 쌓은 성곽 돌이 새것이어서 기존 육축의 옛날 돌과 어울리지 않는다는 것이다.

문화재는 모두 오래된 것이다. 목부재가 썩었거나 석부재가 풍화되어 더 이상 본래의 역할을 감당할 수 없게 되면, 불가피하게 기존부재를 새 부재로 교체하게 된다. 기존부재는 세월의 흔적을 머금고 있지만, 새 부재는 여지없는 새것이다. 고풍스런 옛 건축물에 갈아끼운 새 부재가 눈에 거슬릴 수 있다. 그래서 갈아끼운 새 부재도 헌것처럼 보이도록 처리하기도 한다. 이를 두고 문화재 하는 사람들은 '고색가칠'이라 한다. 고색가칠은 오래된 것처럼 보이도록 가짜로 색을 칠한다는 뜻이니 분명 눈속임이다.

건축에서 '재료의 진정성'이란 말을 쓴다. 어떤 재료가 가지는 본래의 모습을 있는 그대로 표현하면 '재료의 진정성에 충실하다'고 한다. 목재는 목재로, 철은 철로, 콘크리트는 콘크리트로, 플라스틱은 플라스틱으로 보이도록 하는 것이다. 콘크리트에 무늬를 넣고 색칠을 해 나무처럼 보이도록 한 공원의 '가짜' 나무 벤치는 재료의 진정성과는 거리가

숭례문 성벽과 육축

불탄 흔적을 남긴 기둥 이음부(위)와 창방과 평방(아래)

있다. 같은 이치로 오래된 것을 새것으로 둔갑시킨다든지, 새것을 옛것으로 보이게 하는 것 역시 재료의 진정성에 위배된다. 우리는 한두 번은 가짜에 넘어가지만 결국은 속았다는 느낌을 받게 된다.

　나 역시 개인적으로 고색가칠이 못마땅하다. 숭례문 현장을 찾은 나는 현장소장에게 고색가칠에 대한 의견을 묻는다. 그는 자신의 경험담을 털어놓는다.

　'1990년대 중반까지는 고색가칠을 많이 했다. 그때는 문화재를 고치면 의당 해야 하는 절차로 생각할 정도였다. 고색가칠이란 것이 정해진 방법이 없다. 새로 단청을 칠할 때는 '고색단청'이라고 해서 일부러 색깔을 죽여 오래된 것처럼 보이게 어둡게 했다. 단청이 없는 민가의 경우에는 새 부재에 옅은 먹물을 칠하기도 하고 심지어는 황토를 물에 풀어 바르기도 했다. 좀 웃기는 이야기이지만, 아무리 고색가칠을 해도 기존부재와 이질감이 나니까, 아예 기존부재까지 먹물이나 황토물을 칠하기도 했다. 말하자면 품질을 균일하게 하기 위해 '하향평준화' 한 것이다.'

　일제강점기에는 문화재 공사를 하면 의당 고색가칠하는 것으로 되어 있었기 때문에 그게 전범이 된 모양이다. 돌은 어떻게 고색가칠을 하느냐고 묻자, 그는 황토를 물에 풀어 바르기도 하고 먹물을 옅게 타서 바르는 방법도 있다고 대답한다.

　나는 다소 눈에 거슬리더라도 교체한 재료의 진정성을 드러내는 것이 더 중요하다고 믿는다. 시간이 지나면 새 부재도 세월의 흔적을 머금게 될 것이다. 재료의 진정성은 불탄 부재를 다시 쓰는 목공사에도 해당한다. 복구 기본원칙에서 기존부재를 최대한 다시 사용한다고 했기 때문에 화재로 불탄 부재 중 구조적으로 문제가 없는 것은 다시 사용한다. 윗부분만 불탄 기둥은 불탄 부분만 잘라내고 새 부재를 이어서 다시 쓰고, 겉만 살짝 그을린 창방과 평방은 그대로 다시 사용한다. 이 때 불탄 흔적은 지우지 않고 그대로 살린다. 이 또한 숭례문의 아픈 역사를 보여주면서 재료의 진정성에 충실하려는 의도다.

뇌록의 산지에 가다

전통안료, 뇌록을 찾아서

전통안료의 대표적 산지, 뇌성산

2012년 12월 18일, 나는 천연기념물과 지질담당 사무관과 뇌록 전문가들과 함께 단청안료인 뇌록의 산지 뇌성산을 찾는다. 뇌성산의 뇌록을 확인하고 천연기념물로서 가치가 있는지 살펴보려고 계획한 현장답사다. 숭례문 단청에 전통안료를 사용했기 때문에 나는 자연스럽게 국내에서 생산되었던 전통안료에 관심을 갖게 되었다. 그중 대표적인 것이 뇌성산에서 생산되었던 뇌록이고, 이 역사적인 사실이 우리를 이곳으로 이끌었다. 단청과 관련된 뇌성산의 가치는 천연기념물로 지정해도 손색이 없어보인다.

이미 숭례문복구단 직원들이 수 개월 전 이곳을 답사한 후, 뇌록을 함유한 돌을 내게 가져다준 적이 있다. 나는 천연기념물 담당국장으로서 천연기념물과에 지시해 이 자리를 마련했다. 답사를 함께한 뇌록과 관련된 전문가는 지질자원연구소 H박사, 상지대학교 L교수, 부경대학교 B교수, 경기대학교 U교수다. 장기면 향토사학인인 G선생이 흔쾌히 뇌성산으로 우리 일행을 안내하기로 했다.

1995년 U교수는 수원 화성의 공사기록인 『화성성역의궤』를 보다가 전통 단청안료인 뇌록을 경상도 장기현에서 구입했다는 기록을 발견하고 1996년 1월 뇌성산을 방문했다. 그때 그는 당시 장기중학교 교감이었던 G선생의 안내로 뇌성산에 올라 뇌록을 채취하던 흔적을 확인했다. U교수는 이후 뇌성산 답사의 경험담을 건축역사학회 학술지『건축역사연구』에「장기면 뇌성산의 뇌록 탐사기 ―단청 본래의 바탕색을 찾아서―」란 제목으로 발표했다.[24] 나는 단청자료를 조사하다가 뇌록 산지인 뇌성산에 대한 U교수의 글을 발견하고 뇌성산 답사에 그를 모셨다. 전문가 그룹 중 U교수는 뇌록생산의 역사적인 측면을, H박사와 L교수, B교수는 뇌록의 광물학적 특성을 자문한다. G선생은 몇 년 전 장기중학교 교장으로 정년 퇴직한 후, 지금은 장기면 향토사학자로 활동하고 있다.

우리 일행은 G선생의 안내로 뇌성산으로 향한다. 뇌성산의 현 주소는 '경상북도 포항시 남구 장기면 학계리'다. 멀리서 바라본 뇌성산은 큰 소가 웅크리고 앉은 듯 완만하고 둥글둥글한, 해발 212미터에 달하는 그리 높지 않은 산이다. 겉으로 봐서는 한반도 어디에나 있을 법한 평범한 산이다. 우리는 뇌성산 기슭까지 차로 이동한 다음 등산을 시작한다. 산으로 난 길 입구에 소를 키우는 축산농장이 자리잡고 있다. G선생이 농장주에게 양해를 구하고 농장을 통과해 뇌성산으로 오르는 길로 우리를 안내한다. 차를 타고 산기슭까지 온 탓인지, 임도林道인 듯한 산길을 조금 걷자 금방 산중턱에 다다른다.

길을 벗어나 오르막이 시작되는 오솔길로 접어들어 조금 숨이 찬 발걸음을 옮기자, 갑자기 지형이 달라지더니 인공적으로 쌓아놓은 듯한 돌무더기가 나타난다. 지질자원연구소의 H박사가 돌무더기 속에서 아기 주먹만 한 돌 하나를 골라 손바닥에 올려놓더니 일행을 향해 손짓한다. 돌은 전체적으로 옅은 쥐색을 띠고 있지만, 깨진 면에 푸른색이 선명하다. 뇌록이다. 푸른색이라기보다는 녹색에 가깝지만 나뭇잎에서 볼 수 있는 녹색과는 차원이 다르다. 신비한 푸른 녹색이라고나 할까. 뇌록의 색깔은 뇌성산 너머 보이는 동해의 푸른 빛깔과 흡사하다. G선

뇌성산 뇌록과 뇌록석
뇌록은 전통적으로 사용한 단청안료로, 그중 대표
적인 것이 뇌성산에서 생산되었던 뇌록이다.

생을 따라 조금 더 발걸음을 옮겨 나지막한 둔덕 하나를 넘자, 병풍처
럼 서 있는 바위로 한쪽 면이 막힌 자그마한 구릉지가 나온다. 그 바위
밑으로 큰 돌무더기 웅덩이가 있고, 다른 한 구석에는 무너져 내려 입
구가 거의 막힌 작은 굴이 있다. 이곳 구릉지에서 눈길을 돌리면, 사방
이 무너져 내린 돌로 덮여 있다. 병풍바위도 자세히 보면, 마치 작은 돌
로 모자이크 한 것같이 사방으로 금이 가 있어 곧 무너질 태세다. 바위
틈새로 뇌록인 듯한 짙은 초록색 선이 여기저기 보인다. 우리 일행의
호기심 어린 눈길을 살피며 G선생이 입을 연다.

  '여기가 뇌록을 채광하던 곳이다. 이 지방 사람들은 뇌록을 '매새'라고
불렀다. 그래서 뇌록을 채광하던 이 구덩이를 '매새구디이'라고 한다.

구덩이를 이곳에서는 '구디이'라고 하기 때문에 생긴 이름이다. 옛날 어른들 말씀을 들어보면, 채광에 동원된 사람들은 모두 죄수였다. 이 동네 사람들 중에 여기서 일했다는 사람은 아무도 없다. 전해지는 말에 의하면, 뇌록석을 채광하다가 굴이 무너져 쉰 명이 넘는 사람이 죽었다. 그래서 '쉰 명이 죽은 구덩이'란 뜻으로 이 구덩이를 아직까지 '쉰구디이'라고 부른다. 무너져 내린 굴을 파보면 유골이 나올지도 모른다.'

G선생의 설명을 들은 후, 지질전문가인 두 사람이 미리 준비해온 괭이와 삽으로 뇌록을 채취한다.

천연기념물로서의 가치

뇌성산 조사를 마친 일주일 후, C사무관이 전문가 세 사람의 의견을 종합한 조사보고서를 작성해 보고한다.

'뇌록은 단청을 할 때 밑바탕 칠인 가칠에 쓰이는 안료다. 뇌록이란 자연적으로 녹색을 띠고 있는 여러 가지 광물질로 녹토綠土, green earth라고 부른다. 뇌록은 점토광물로 운모류에 속한다. 뇌록에 속하는 대표적인 광물로는 해녹석海綠石, glauconite과 회녹석灰綠石, celadonite이 있는데, 뇌성산 뇌록은 회녹석이다. 회녹석은 주로 현무암질 암석 내의 공동에서 산출된다. 뇌성산 뇌록은 신생대 제4기 현무암 지대에서 현무암 내에 발달한 절리를 따라 충전되어 1센티미터 내외의 두께로 산출된다. 뇌성산 뇌록은 색상이 뛰어나고 항균성이 탁월한 것으로 평가된다. 우리나라 뇌록 산지는 포항 뇌성산, 황해도 풍천, 평안도 가산이 알려져 있다. 조선 후기에 뇌록이 생산된 곳은 뇌성산이 유일하다. 역사기록에 의하면 불국사 대웅전, 통도사 영산전 다보탑 벽화, 기림사 대적광전,

보경사 대적광전 등 조선시대 주요 건축물의 단청과 사찰의 벽화에 사용되었다. 뇌록에 관한 옛 문헌은 다음과 같다.

1. 1486년 편찬된『동국여지승람』23권, 장기현 편 토산조에 "뇌록은 뇌성산에서 난다"라고 했다.
2. 1805년 창덕궁 인정전을 다시 짓는 공사기록인『인정전영건도감의궤』에 "경상도 관찰사는 장기에서 나는 뇌록 20두斗를 채굴하여 조달하라"는 명령서가 있다.
3. 1830년 경희궁의 내전을 다시 짓는 공사기록인『서궐영건도감의궤』에 "경상감영에서 뇌록 500두를 장기현에서 조달할 것"을 명령한 기록이 있다.
4. 1834년 창경궁 내전을 다시 짓는 공사기록인『창경궁영건도감의궤』에 "경상감영에서 뇌록 700두를 보낼 것"을 명령하는 기록이 있다.'

이상과 같은 뇌록생산에 대한 역사적 사실과 뇌록의 광물학적 희귀성을 고려할 때 뇌록을 채굴했던 뇌성산 지역은 천연기념물로 지정할 만한 가치가 있다.

준공행사를 미루다
•
불가능한 대통령 임기 내 준공행사

준공행사 대신 대국민 보고회로

      숭례문 복구는 화재 직후인 2008년 2월부터 2012년 말까지 5년 동안 추진하는 것으로 계획되었고, 이에 맞추어 세부적인 계획을 수립하여 실행해왔다. 화재 수습과 고증조사 및 복구를 위한 설계를 제외하면 순수한 공사기간은 2010년 1월부터 2012년 12월까지 딱 3년이다. 우연인지는 몰라도, 5년간의 숭례문 복구기간이 대통령 임기와 꼭 맞아 떨어진다. 2012년 후반기가 되자, 숭례문 복구 준공행사 시점을 두고 여기저기서 기대와 우려가 뒤섞인 말이 흘러나오기 시작한다. 현 정부에서는 물론 대통령 임기 내에 준공식을 치르기를 원한다. 정권 초기에는 공사기간을 앞당겨 2012년 8월 15일로 맞추라는 주문도 은근히 있었지만, 2010년 광화문 현판이 갈라지면서 그 소리는 자취를 감추었다. 공사를 서둘러 부실공사가 되었다는 비난여론이 비등했기 때문이다. 2012년 중반 청와대 교육문화수석비서관이 숭례문 현장을 방문한 적이 있는데, 그때 수석비서관은 '금년 내에 준공식을 하는 게 좋겠다'는 원칙적인 의견만 피력하는 정도였다.

      그러나 숭례문복구단에서 아무리 검토해봐도 2012년 내에 준공하는 것은 불가능하다. 문화재청에서 하고 있는 숭례문 복구공사의 계약만료일이 12월 15일이고, 서울시가 주관하는 숭례문 관리동의 계약만

료일이 12월 25일이다. 모든 일이 순조롭게 된다손 치더라도, 국가계약법 상 공사완료 후 14일 동안 준공검사를 하게 되어 있어, 숭례문만 하더라도 실제적인 준공은 12월 29일 이후라야 가능하다. 더욱이 숭례문 준공은 서울시에서 공사하고 있는 관리동 준공과 연관되어 있다. 숭례문에 설치한 CCTV와 화재감지기 그리고 스프링클러 등 각종 방재설비를 제어하고 감시하는 통제장치가 관리동에 설치되기 때문이다.

숭례문은 화재가 난 건물이라 전에는 없던 온갖 첨단 방재설비를 설치했는데, 그것이 작동되지 않는 상태에서 준공할 수는 없다. 그런데 관리동 공사가 상당히 지연될 것 같은 조짐이 보인다. 숭례문복구단에서 관리동 공사진행상황과 준공 예정일을 서울시에 물어봐도 시원한 답변이 없다. 관리동 감리의 말을 들어보면, 공사가 많이 늦어지는 것이 확실하다. 관리동 감리는 숭례문 복구공사 감리와 같은 회사에서 맡고 있다. 감리의 설명에 따르면, 관리동 지하 터파기 공사 중에 예상치 못했던 장애물이 많이 나와 지하공사가 상당히 지연되었다. 이 때문에 12월 말까지는 골조 콘크리트 타설까지만 가능한 실정이다. 그 다음 공사는 동절기 시공이 불가능한 외부방수공사 등 물공사라 내년 봄에나 공사를 재개할 수 있다는 비공식 의견이다. 그렇게 되면, 아무리 빨라도 내년 4월 중순은 되어야 준공이 가능하다. 이러한 상황을 고려하면, 준공행사는 빨라야 내년 4월 말 이후라야 한다.

그러나 이건 어디까지나 숭례문복구단의 실무적인 판단이다. 숭례문 복구에 대한 국민적인 관심을 생각하면 청와대를 비롯한 윗선에서 내리는 정무적인 판단은 다를 수 있다. 연말 연초에 잡힌 굵직한 정치 일정은 실무적인 판단의 보폭을 제한하기에 충분하다. 12월 19일이 대통령 선거일이고 다음해 2월 25일이 대통령 이취임일이다. 아무리 양보를 하더라도 현 정부에서는 대통령 임기가 끝나기 전에는 준공행사를 하고자 할 것이다. 내년 4월 말 이후라야 준공이 가능하다는 숭례문

복구단의 보고에 청장은 난감해하며 '정무적인 차원'의 걱정을 한다. 자칫 정부 말기에 청와대 무시한다는 소리를 들을 수 있다는 것이다.

2012년 12월 말까지 숭례문 복구를 마치는 것이 당초 계획이었기 때문에, 현 정부에서는 당연히 금년 내에 준공식을 치르고자 할 것이다. 숭례문 복구 준공을 내년 4월 말 이후로 연기하려면 거기에 합당한 명분이 필요하다. 서울시에서 숭례문 관리동 준공 일정을 감리의 말대로 내년 4월 중이라고만 알려주면 그것이 명분의 단초가 될 수 있다. 관리동도 없이 무턱대고 불에 타 복구한 숭례문을 개방할 순 없으니까. 마침내 서울시에서 숭례문 관리동 공기를 4월 20일까지 연장했다고 알려온다.

다행히 정무적인 판단도 실무적인 판단과 궤를 같이한다. 나는 청와대에서 문화재청 업무를 담당하는 L행정관에게 숭례문 준공 일정에 대한 사정을 이야기했는데, 그가 문화재청 담당 수석비서관에게 잘 보고해 양해를 구한 것이다. L행정관은 무리하게 준공을 추진하면 괜스레 여론의 역풍만 맞을 것이라며 수석비서관을 설득했다고 한다. 현 정부의 임기 내에 준공 못하는 것에 대해 굉장히 아쉬워했다는 수석비서관의 말을 내게 전하면서.

그러나 문화체육관광부장관의 정무적인 판단은 좀 다르다. 장관은 숭례문 복구 준공행사가 현 정부 문화행사의 대미를 장식해야 한다고 강조한다. 관리동 준공이 지연되어 불가피하게 숭례문 준공이 지연될 것이라는 문화재청의 보고에 장관은 관리동 준공은 본질이 아니라며 준공을 늦추지 말라고 지시한다. 그러던 중 청와대도 준공행사 연기의 불가피성을 인정했다는 보고를 받은 후에야 현실을 받아들인다. 그 대신 장관은 화재 발생 5주기가 되는 날 숭례문 복구에 대한 대국민보고회를 가질 것을 지시한다. 그러나 5주기가 되는 2013년 2월 10일은 공교롭게도 설날이라 숭례문복구단에서는 며칠 늦추어 2월 14일에 언론사 기자들을 초청해 대국민보고회를 가지기로 하고 준공행사를 다음 정부로 넘긴다.

2013년 2월 25일 새 대통령이 취임하고 새 정부가 출범함에 따라, 정부 각 부처의 장차관과 외청장이 새로 임명된다. 문화재청장도 3월 15일 새로 임명된다. 새로 부임한 문화재청장은 첫 외부 일정으로 숭례문 복구현장을 찾는다. 얼마 전, 새 정부의 총리와 문화부장관이 모두 첫 현장방문지로 숭례문을 택했던 전례에 따른 듯하다.

3월 24일 일요일 저녁, 나는 집에서 한가롭게 인터넷 검색을 하다 '문화재청 인사'란 제목을 발견한다. 이상한 생각이 들어 마우스를 갖다 대고 클릭하자, '문화재정책국장 최종덕'이라고 바뀐 직책과 내 이름이 뜬다. 문화재보존국장이 숭례문복구단장을 겸하게 되어 있으니 숭례문 복구단장에서 해임된 셈이다. 다음날 사무실에 출근하자, 몇몇 직원들이 찾아와 나를 위로한다. 숭례문 복구는 이제 준공식만 남았다. 그러나 어찌하랴. 인사명령 한 줄에 이리도 가고 저리도 가는 것이 공무원 생활인 것을.

잃은 것과 얻은 것

숭례문 화재로 우리 모두는 가슴이 미어졌다. 왜 그랬을까. 소중한 것을 잃었다고 느꼈기 때문이리라. 그날 밤, 지붕 위로 이글거리는 화마 아래 무너져 내리는 기왓장을 나는 차마 쳐다볼 수 없어 두 손으로 얼굴을 가렸다. 다음 날 아침, 불타고 남은 숭례문의 참담한 실체가 모습을 드러냈다.

불행 중 다행이라고나 할까. 화재의 물질적 피해는 화재로 인한 우리의 정신적 충격에 비하면 크지 않았다. 피해 상황을 살펴보면, 상하층으로 된 숭례문 문루 중 하층은 거의 온전하고 상층은 기둥의 머리를 수평으로 연결하는 창방과 평방 이하는 거의 온전했다. 피해를 입은 것은 평방 위에 있는 공포를 포함한 지붕 부분이다. 피해 부재는 크게 목부재와 기와, 그리고 단청으로 나눌 수 있다.

목부재의 경우, 전체 17만 2,947재 중 이번 복구에 재사용한 것은 5만 8,684재다. 여기서 '재' 材는 목재의 양을 나타내는 전통적인 단위로 1재=1치×1치×12자를 말한다. 1자는 30.3센티미터, 1치는 10분의 1자이다. 다른 말로 하면, 전체 목부재 중 34퍼센트는 멀쩡했고 66퍼센트가 훼손되었다는 소리다. 훼손된 목부재 중 조선시대 것은 30퍼센트 정도, 즉 전체 목부재의 약 20퍼센트였다. 불탄 상층 목부재 중 가장 아쉬운 것은 상량문이 적혀 있던 부재를 잃은 것이다. 숭례문은 특이하게 종도리, 중도리 받침장여, 하중도리 받침장여 등 상층 문루 목부재에 상량문이 적혀 있었다. 보통은 두루마리 종이나 천에 상량문을 써서 이를 지붕 속 가로부재에 판 홈에 넣고 봉한다. 기와의 경우, 기존의 것을 재사용한 것은 장식기와 몇 점에 불과하다. 잡상 총 64개 중 세 개, 토수 총 여덟 개 중 두 개만 재사용했다. 기존의 장식기와 중 조선시대 것은 취두 두 개 중 한 개, 잡상 64개 중 여덟 개, 토수 여덟 개 중 한 개에 불과했다. 이를 제외한 나머지는 대부분 1997년 번와공사 시 새로 제작된 것이어서 그 가치를 인정하기 어렵다. 단청의 경우, 화재 당시의 것은 1988년에 화학안료로 단청한 것이다. 문양이나 색조 역시 근거가 없는 것이어서 가치를 부여하기 어렵다. 따라서 화재로 사라진 것 중 가치 있는 것은 목부재 약 20퍼센트와 부서진 장식기와 몇 점이다.

그러면, 숭례문 복구로 얻은 것은 무엇일까. 불탄 것을 복구하면서 얻은 것이 있다니 얼토당토않은 소리로 들릴 법하다. 조선시대 이후 변형된 것과 잘못된 관행을 이번 기회에 바로잡은 것을 얻은 것이라고 할 수 있지 않을까. 이러한 관점에서 얻은 것이 꽤 있다.

우선 전통기법의 사용을 들고 싶다. 전통기법을 크게 운반과 가공으로 나눌 때, 달라진 시대적 환경을 감안해 운반은 현대적 장비를 이용했지만, 가공은 전통기법에 충실하려고 노력했다. 이에 따라 가공된 부재의 질감도 지금까지의 기계가공과는 달리 옛 부재의 질감을 닮을 수 있었다. 숭례문 화재 전까지의 문화재 수리와 복원에서는 전동공구를 사용한 가공이 일반화되어 있었다. 숭례문 석공사의 경우, 돌을 가르는 것부터 다듬는 것까지 오직 정과 망치를 사용했다.

다음으로는 전통재료의 사용을 꼽을 수 있다. 화재 전 숭례문에 사용된 기와는 99.9퍼센트 공장기와였고, 단청안료와 접착제는 모두 전통과는 거리가 먼 현대의 화학제품이었다. 공장기와는 전통기와와 질감, 색상, 무게 등 물성이 전혀 다르다. 공장기와는 너무 매끈한 질감과 검은색 일변도의 색상으로 전통기와와 많이 다르다. 아니, 전혀 다르다고 하는 편이 정확할 것이다. 전통기와의 사용으로 숭례문 지붕은 화재 전에 비해 자연스럽고 고풍스런 분위기를 풍기게 되었다. 단청안료와 접착제 역시 전통재료를 사용함으로써 현대의 화학재료로는 표현할 수 없었던 자연스런 색감을 표현하려고 노력했다. 철물의 경우, 기존에 사용된 전통철을 재사용하는 한편, 경복궁 경회루에서 회수한 전통철물을 재사용했다.

화재 전 변형된 숭례문의 모습을 원래의 모습으로 되돌릴 수 있었던 것이 또 하나의 소득이다. 제일 눈에 띄는 변화는 성곽의 복원을 들 수 있다. 1907년 철거된 성곽을 복원함으로써 숭례문이 한양도성의 남대문이었다는 것을 시각적으로 확인시켜준 셈이다.

다음으로는 지붕의 변화를 꼽을 수 있다. 화재 전 숭례문 지붕은 1960년대의 수리로 크게 변형되었다. 용마루가 짧아지고 추녀마루는 길어졌으며, 거의 직선이었던 용마루와 추녀마루가 모두 곡선으로 변해 단아했던 숭례문의 품위를 잃고 말았다. 이번 복구과정에서 옛 숭례문 지붕의 모습을 담은 실측자료를 확보해 변형된 지붕의 모양을 원래의 모습에 가깝게 만들었다. 또한 지붕의 내부도 1960년대 이후 변형된 것을 원래의 구조로 되돌려놓았다. 지붕 속의 적심을 빼고 덧서까래를 넣고 강회다짐 층을 두었던 1960년대 이후의 신공법을 적심과 보토가 있는 전통공법으로 되돌렸다.

옛 단청으로의 복귀 또한 복구의 성과다. 화재 전 숭례문 단청의 문양과 색조는 근거가 없는 것이었다. 이번 복구에서는 조선시대 단청의 흔적을 찾아 청록색 계통의 차분한 모로단청의 분위기로 돌아갔다.

숭례문을 오르는 계단 폭을 바로잡은 것도 이번 복구의 성과다. 숭

숭례문 상층 문루 내부 ⓒ여동원

례문 문루에는 각각 동쪽과 서쪽으로 출입하는 두 개의 문이 있다. 이처럼 주된 출입문의 좌우에 달린 작은 문을 '협문'夾門이라 하는데, 동쪽 협문으로 오르는 계단 부근을 허물어 조사한 결과 조선시대 계단의 유구를 발견했다. 협문으로 오르는 계단은 '성을 오르는 계단'이란 뜻으로 오를 '등登' 자를 써서 '등성登城계단'이라 하는데, 그 폭이 화재 전에는 약 3미터였다. 이번에 발견한 옛 계단의 유구는 본래 등성계단의 폭은 5미터가량이었다는 것을 증언하고 있다. 1907년 성벽을 철거하고 숭례문 주변으로 도로를 내면서 계단 폭이 좁아진 것이다.

숭례문 복구로 얻은 의외의 성과는 변형된 현판 글씨를 바로잡은 것이다. 화재 전 숭례문 현판 글씨는 1953년 잘못된 수리로 변형된 상태였으나, 아무도 이 사실을 몰랐다. 이번 복구 중 화재로 손상된 현판을 수리하는 과정에서 글씨체가 변형된 것을 발견하고, 현판의 옛 탁본을 구해 원래의 글씨체로 바로잡을 수 있었다.

모든 것이 잘 되었으면 얼마나 좋았을까. 나무와 단청, 기와 등을 중심으로, 복구된 숭례문에 대한 우려의 목소리가 높다. 해오던 방식대로 했다면 시행착오는 덜 했을 것이다. 옛날의 공사속도는 요즘보다 훨씬 빨랐다. 목재는 대부분 공사 직전에 벌채했다. 목재의 갈라짐은 자연스런 현상이다. 나무를 떼는 전통가마에서 구운 기와는 한 가마에서 생산되어도 불길이 닿는 정도에 따라 약간씩 색상이 다르다. 이것이 전통기와의 특성이기도 하다. 손으로 만든 기와가 겨울을 날 수 없으면 애당초 전통기와는 성립할 수 없었다. 단청은 전통기법이 제대로 전승되지 않아 무엇보다 아쉽다.

숭례문 화재로 소중한 것을 잃었다는 안타까움은 완벽한 복구에 대한 기대로 부풀었다. 그러나 나라를 잃은 후 우리도 모르는 사이에 조금씩 잃어버린 전통기법을 단 한 번의 시도로 되살리는 것은 불가능하다. 현실이 이렇다는 것, 그리고 앞으로 해야 할 일을 분명히 깨달은 것 또한 얻은 것이 아닐까. 단청뿐만 아니라 그동안 소홀히 해왔던 전통기법과 전통연장 그리고 전통재료를 되살리는 것은 앞으로 우리 모두가 함께 풀어야 할 과제이다. 시행착오를 얻은 것이라 하면 자신에 대해 너무 관대한 것일까.

연표로 보는 숭례문

<table>
<tr><td rowspan="4">태조</td><td>2년(1393) 8월 5일</td><td>• 한양도성의 공사를 시작하다.</td></tr>
<tr><td>5년(1396) 9월 24일</td><td>• 한양도성의 남쪽 문을 숭례문崇禮門, 속칭 남대
문이라 하다.</td></tr>
<tr><td>5년(1396) 10월 6일</td><td>• 숭례문의 상량식을 거행하다.</td></tr>
<tr><td>7년(1398) 2월 8일</td><td>• 숭례문이 완공되어 임금이 살펴보다.</td></tr>
<tr><td rowspan="3">세종</td><td>7년(1425) 4월 19일</td><td>• 임금이 흥천사興天寺의 종을 숭례문에 옮겨 달
라고 명하다.</td></tr>
<tr><td>15년(1433) 7월 21일</td><td>• 임금이 숭례문의 산세가 미약하다고 지적하며
땅을 북돋우고 그 위에 숭례문을 다시 세워야
한다고 말하다.</td></tr>
<tr><td>29년(1447) 8월 30일</td><td>• 좌참찬左參贊 정분鄭苯 등을 감독으로 임명하
여 숭례문을 새로 짓게 하다.</td></tr>
<tr><td rowspan="2">성종</td><td>9년(1478) 3월 20일</td><td>• 임금이 숭례문을 고치라고 명하다.</td></tr>
<tr><td>10년(1479) 4월 2일</td><td>• 숭례문의 상량식을 거행하다.</td></tr>
<tr><td>중종</td><td>31년(1536) 4월 9일</td><td>• 임금이 정릉과 원각 두 폐사지에 있던 종을 흥
인문과 숭례문에 달라고 명하다.</td></tr>
<tr><td>명종</td><td>18년(1563) 11월 16일</td><td>• 임금이 숭례문에 있는 종을 내수사內需司에 보
내라고 명하다.</td></tr>
</table>

선조	27년(1594) 9월 18일	• 임금이 숭례문에 종을 달라고 명하다.
고종	5년(1868) 9월 7일	• 임금이 숭례문을 비롯한 한양도성의 문을 수리하도록 명하다.
	44년(1907) 3월 30일	• 숭례문 좌우 성곽 8간씩을 헐어버리다.
	44년(1907) 6월 22일	• 이완용 등이 도로에 방해가 된다며 나머지 성벽을 헐어버릴 것을 아뢰자 임금이 허락하다.
	44년(1907) 10월 15일	• 남지南池가 매몰되다.
대한민국	1953년	• 한국전쟁으로 피해를 입은 숭례문에 대해 응급복구하다.
	1961~1963년	• 전면적으로 숭례문을 수리하다.
	1962년 12월 20일	• 국보 제1호로 지정하다.
	2008년 2월 10일	• 방화로 숭례문이 불에 타다.
	5월 20일	• '숭례문 복구 기본원칙'이 발표되다
	2009년 2월	• 숭례문 화재 1주년 특별전시회를 열다.
	12월 10일	• 중요무형문화재 각 장인을 선정하다
	2010년 2월 10일	• 화재 2주기를 맞아 착공식을 거행하다.
	2012년 3월 8일	• 상량식을 거행하다.
	2013년 5월 4일	• 약 5년 2개월에 걸친 복원공사 끝에 준공식을 거행하다.

제1부. 준비

1   『태조실록』, 7년 2월 8일.

2   『세종실록』, 29년 8월 30일.

3   『서울 남대문 수리보고서』, 서울특별시교육위원회, 1965, 82쪽.

4   『고종실록』, 5년 9월 7일.

5   최용완, 「서울 남대문공사를 참관하고」, 『건축』 제7권 제3호, 1963, 2쪽.

6   김정기, 「남대문통신(4)」南大門通信(四), 『고고미술』 제3권 제11호, 1962, 321쪽.

7   영건의궤연구회, 『영건의궤: 의궤에 기록된 조선시대 건축』, 동녘, 2010, 104~135쪽.

8   http://en.wikipedia.org/wiki/Stadtschloss,_Berlin

9   서유구(안대회 역), 『산수간에 집을 짓고: 임원경제지에 담긴 옛사람의 집 짓는
    법』, 돌베개, 2005, 288쪽.

10 김왕직, 『조선 후기 관영건축공사의 건축경제사적 연구』, 명지대학교 대학원 박사
    학위논문, 1998, 40~41쪽, 43~44쪽, 48~50쪽.

11 장대원, 「경복궁 중건에 대한 소고」, 『향토 서울』 제16호, 1963, 29~30쪽.

12 박원규, 김요정, 한상효, 「연륜연대를 이용한 17세기 전통건축 편년연구: 남원 광한
    루 사례를 중심으로」, 『한국건축역사학회 춘계학술발표대회 논문집(2004~2005)』,
    한국건축역사학회, 115~116쪽.

13 박원규, 김요정, 한수원, 한상효, 김세중, 「화성 팔달문, 창덕궁 신선원전 및 덕수
    궁 중화전 적심재의 연륜연대 측정」, 『한국건축역사학회 춘계학술발표대회 논문집
    (2002~2005)』, 한국건축역사학회, 69쪽.

14 『근정전 보수공사 및 실측조사보고서 상』, 문화재청, 2003, 304~305쪽.

15 「당산철교 미美 측 진단 신빙성 낮다」, 연합뉴스, 1995년 12월 13일.. 성기영, 「당산
    철교 철거 놓고 지하철공사·학회 대립」, 『시사저널』, 제341호 1996년 5월 9일.

16 『서울 남대문 수리보고서』, 서울특별시교육위원회, 1965, 34~35쪽.

17 김동욱, 「주심포 다포라는 용어는 언제부터 쓰였을까?」, 『건축역사연구』 제17권 제
    5호, 2008, 134~135쪽.

18 최종덕, 『건축문화재 보존체계의 관점에서 본 경복궁 복원의 특성에 관한 연구』 서
    울대학교 대학원 박사논문, 2011, 89~98쪽.

19 김재국, 「1910~1965 건조물문화재 보수공사의 시공특징에 관한 연구」, 『건축역사

연구』 제15권 제1호, 2006, 78, 86~89쪽, 91~95쪽., 『지심귀명례至心歸命禮: 수덕사! 천년의 아름다움』, 수덕사근역성보관, 2008, 190~192쪽.

20   『서울 남대문 수리보고서』, 서울특별시교육위원회, 1965, 37쪽.

21   『서울 남대문 수리보고서』, 서울특별시교육위원회, 1965, 37쪽.

22   『서울 남대문 수리보고서』, 서울특별시교육위원회, 1965, 45쪽.

23   김왕직, 이상해, 「목조 건조물문화재의 보존이론에 관한 연구: 일본 건조물문화재의 수리 사례를 중심으로」, 『건축역사연구』 제11권 제3호, 2002, 39~40쪽.

24   김재원, 임천, 윤무병, 『무위사 극락전 수리공사보고서』, 국립박물관, 1958, 43~44쪽.

25   『서울 남대문 수리보고서』, 서울특별시교육위원회, 1965, 43쪽.

26   「법주사 팔상전 보수설계 검토의뢰」, 문화재관리국, 1967년 6월 15일., 『봉정사 극락전 수리공사보고서』, 문화재관리국 문화재연구소, 1992, 166~167쪽., 『강진 무위사 극락전 수리보고서』, 문화재관리국, 1984, 72쪽.

27   『창경궁 중건보고서』, 문화재관리국, 1987, 242쪽.

28   「문화재수리표준품셈」은 2011년 예정대로 개정 작업이 마무리되었다.

제2부. 현장

1   『숭례문 현판 보존처리』, 국립문화재연구소, 2009, 88~89쪽.

2   『서울 남대문 수리보고서』, 서울특별시교육위원회, 1965, 83쪽.

3   『숭례문 현판 보존처리』, 국립문화재연구소, 2009, 95쪽.

4   『숭례문 현판 보존처리』, 국립문화재연구소, 2009, 104쪽.

5   『숭례문 현판 보존처리』, 국립문화재연구소, 2009, 105쪽.

6   정동유鄭東愈, 『주영편』晝永編, 국립중앙도서관 소장본, 古091-7, (『숭례문 현판 보존처리』, 국립문화재연구소, 2009, 106쪽.)에서 재인용.

7   이유원李裕元, 『임하필기』林下筆記 제35권 설려신지薛荔新志 (『숭례문 현판 보존처리』, 국립문화재연구소, 2009, 106쪽.)에서 재인용.

8   『숭례문 현판 보존처리』, 국립문화재연구소, 2009, 103쪽.

9   『숭례문 현판 보존처리』, 국립문화재연구소, 2009, 107~108쪽.

10   서유구(안대회 역), 『산수간에 집을 짓고: 임원경제지에 담긴 옛사람의 집 짓는 법』, 돌베개, 2005, 288쪽.

11   『화성성역의궤 건축용어집』, 경기문화재단, 2007, 240쪽.

12   영건의궤연구회, 『영건의궤: 의궤에 기록된 조선시대 건축』, 동녘, 2010, 228~238쪽.

13   영건의궤연구회, 『영건의궤: 의궤에 기록된 조선시대 건축』, 동녘, 2010, 321~326쪽.

14   『건축장인의 땀과 꿈』, 국립민속박물관, 1999, 111쪽.

15   『세종실록』, 15년 7월 21일.

16 『세종실록』, 29년 8월 30일.

17 『승정원일기』, 인조 4년 4월 10일.

18 『광해군일기』, 7년 8월 8일.

19 『성종실록』, 10년 1월 17일.

20 영건의궤연구회, 『영건의궤: 의궤에 기록된 조선시대 건축』, 동녘, 2010, 306~307쪽.

21 영건의궤연구회, 『영건의궤: 의궤에 기록된 조선시대 건축』, 동녘, 2010, 1031~1033쪽.

22 영건의궤연구회, 『영건의궤: 의궤에 기록된 조선시대 건축』, 동녘, 2010, 1004~1006쪽.

23 『정조실록』, 즉위년 9월 25일.

24 김정아, 「숭례문 복구 전통방식 맞아? … 굴착기 사용 논란」, YTN, 2011년 1월 11일.

25 『서울 남대문 수리보고서』, 서울특별시교육위원회, 1965, 6~7쪽.

26 「남대문 중수공사 시공에 대한 연석 회의록」, 문화재관리국, 1962년 2월 22일.

27 허윤희, 「숭례문 '상세도면' 없이 복구공사」, 조선일보, 2011년 11월 3일.

28 『숭례문 복구용 전통기와 제작 보고서』, 국립문화재연구소, 2009, 206쪽.

29 『숭례문 복구용 전통기와 제작 보고서』, 국립문화재연구소, 2009, 138쪽.

30 『승정원일기』, 영조 4년 4월 15일.

31 문소영, 「불탄 숭례문 복구에 나와 목수들 '품' 기부」, 서울신문, 2012년 1월 7일.

32 문소영, 「서울신문 보도 그 후, 숭례문복원 목공사 한 달여 만에 재개」, 서울신문, 2012년 1월 10일.

제3부. 끝을 향하여

1 박성래, 「'서기·단기' 그만 쓸 때 됐다」, 한국경제, 2012년 4월 3일.

2 『광해군실록』, 8년 5월 4일.

3 『태조실록』, 3년 6월 1일., 『세종실록』, 23년 12월 2일, 24년 2월 15일., 『성종실록』, 2년 5월 25일., 『승정원일기』, 숙종 2년 10월 9일.

4 『광해군실록』, 10년 4월 10일.

5 『명종실록』, 3년 10월 10일., 『홍재전서』, 184권., 『승정원일기』, 순조 21년 5월 1일.

6 『장조영우원묘소도감의궤(莊祖永祐園墓所都監儀軌)』, 1762년., 『홍재전서』, 184권., 『승정원일기』, 영조 22년 9월 10일.

7 김희정, 『한국 단청의 이해』, 한티미디어, 2012, 388~392쪽.

8 『능원단청』, 문화재관리국 문화재연구소, 1981, 59~63쪽.

9 『문종실록』, 1년 3월 3일.

10 『승정원일기』, 인조 21년 7월 13일.

11 http://www.noblesse.com/v3/nvzine/View.do?articleId=5004

12 예용해, 「단청」, 『무형문화재조사보고서』 제12집, 문화재관리국, 1970년 12월, 115쪽.

13 「홍례문 처마곡선과 기와 문양 설계 · 시공 등 부적정」, 감사원, 1999년 6월 23일.

14 『경복궁 홍례문 권역 중건공사 보고서』, 문화재청, 2001, 63쪽.

15 『서울 남대문 수리보고서』, 서울특별시교육위원회, 1965, 62~64쪽, 82쪽., 신영훈, 「서울 남대문 지붕의 변천」, 『고고미술』 제6권 제10 · 11호, 134~135쪽.

16 신영훈, 「서울 남대문 지붕의 변천」, 『고고미술』 제6권 제10 · 11호, 134~135쪽.

17 「문화재보호법」 (법률 제8346호, 2007. 4. 11 전부 개정, 시행 2007. 4. 11) 제16조 (관리단체에 의한 관리) 제1항.

18 이윤상, 「일제하 '조선왕실'의 지위와 이왕직의 기능」, 『한국문화』 제40집, 2007, 324~325쪽.

19 김재국, 박언곤, 「1897~1945년의 문화재 보존정책에 관한 연구」, 『대한건축학회 논문집』 제21권 제7호, 2005, 127쪽.

20 「숭례문 관리책임 아무도 안 지겠다고?」, 중앙일보, 2012년 8월 9일.

21 「덕수궁 관리위임 등에 따른 의견조회」, 서울특별시 중구청, 2008년 1월 21일.

22 『서울 남대문 수리보고서』, 서울특별시교육위원회, 1965, 59~61쪽.

23 조현용, 「신新 숭례문, '방염처리' 건너 뛰어 화재 취약」, MBC, 2012년 9월 10일.

24 김동욱, 「장기면 뇌성산의 뇌록 탐사기-단청 본래의 바탕색을 찾아서-」, 『건축역사연구』 제4권 제2호, 1995, 164~168쪽.

참고문헌

1. 원사료

『태조실록』

『세종실록』

『문종실록』

『성종실록』

『정조실록』

『고종실록』

『광해군일기』

『승정원일기』

이유원李裕元, 『임하필기』林下筆記 제35권 설려신지薛荔新志

정동유鄭東愈, 『주영편』晝永編

2. 단행본(연도순)

『건축장인의 땀과 꿈』, 국립민속박물관, 1999.

서유구(안대회 역), 『산수간에 집을 짓고: 임원경제지에 담긴 옛사람의 집 짓는 법』, 돌베
　　개, 2005.

『화성성역의궤 건축용어집』, 경기문화재단, 2007.

『지심귀명례至心歸命禮: 수덕사! 천년의 아름다움』, 수덕사근역성보관, 2008.

영건의궤연구회, 『영건의궤: 의궤에 기록된 조선시대 건축』, 동녘, 2010.

김희정, 『한국 단청의 이해』, 한티미디어, 2012.

3. 논문(연도순)

김정기, 「남대문통신(4)」南大門通信(四), 『고고미술』 제3권 제11호, 1962.

최용완, 「서울 남대문공사를 참관하고」, 『건축』 제7권 제3호, 1963.

장대원, 「경복궁 중건에 대한 소고」, 『향토 서울』 제16호, 1963.

신영훈, 「서울 남대문 지붕의 변천」, 『고고미술』 제6권 제10·11호, 1965.

김동욱, 「장기면 뇌성산의 뇌록 탐사기-단청 본래의 바탕색을 찾아서-」, 『건축역사연구』 제
　　4권 제2호, 1995.

김왕직, 「조선 후기 관영건축공사의 건축경제사적 연구」, 명지대학교 대학원 박사학위논
　　문, 1998.

김왕직, 이상해, 「목조 건조물문화재의 보존이론에 관한 연구: 일본 건조물문화재의 수리 사례를 중심으로」, 『건축역사연구』 제11권 제3호, 2002.

김재국, 박언곤, 「1897~1945년의 문화재 보존정책에 관한 연구」, 『대한건축학회논문집』 제21권 제7호, 2005.

김재국, 「1910~1965 건조물문화재 보수공사의 시공특징에 관한 연구」, 『건축역사연구』 제15권 제1호, 2006.

박원규, 김요정, 한수원, 한상효, 김세중, 「화성 팔달문, 창덕궁 신선원전 및 덕수궁 중화전 적심재의 연륜연대 측정」, 『한국건축역사학회 춘계학술발표대회 논문집(2002~2005)』, 한국건축역사학회.

박원규, 김요정, 한상효, 「연륜연대를 이용한 17세기 전통건축 편년연구: 남원 광한루 사례를 중심으로」, 『한국건축역사학회 춘계학술발표대회 논문집(2004~2005)』, 한국건축역사학회.

이윤상, 「일제하 '조선왕실'의 지위와 이왕직의 기능」, 『한국문화』 제40집, 2007.

김동욱, 「주심포 다포라는 용어는 언제부터 쓰였을까?」, 『건축역사연구』 제17권 제5호, 2008.

최종덕, 『건축문화재 보존체계의 관점에서 본 경복궁 복원의 특성에 관한 연구』, 서울대학교 대학원 박사논문, 2011.

4. 보고서 및 기타 자료(연도순)

김재원, 임천, 윤무병, 『무위사 극락전 수리공사보고서』, 국립박물관, 1958.

『서울 남대문 수리보고서』, 서울특별시교육위원회, 1965.

예용해, 「단청」, 『무형문화재조사보고서』 제12집, 문화재관리국, 1970년 12월.

『능원단청』, 문화재관리국 문화재연구소, 1981.

『강진 무위사 극락전 수리보고서』, 문화재관리국, 1984.

『창경궁 중건보고서』, 문화재관리국, 1987.

『봉정사 극락전 수리공사보고서』, 문화재관리국 문화재연구소, 1992.

『경복궁 흥례문 권역 중건공사 보고서』, 문화재청, 2001.

『근정전 보수공사 및 실측조사보고서 상』, 문화재청, 2003.

『숭례문 복구용 전통기와 제작 보고서』, 국립문화재연구소, 2009.

『숭례문 현판 보존처리』, 국립문화재연구소, 2009.

5. 공문서(연도순)

「남대문 중수공사 시공에 대한 연석 회의록」, 문화재관리국, 1962년 2월 22일.

「법주사 팔상전 보수설계 검토의뢰」, 문화재관리국, 1967년 6월 15일.

ㅊ

ㅋ